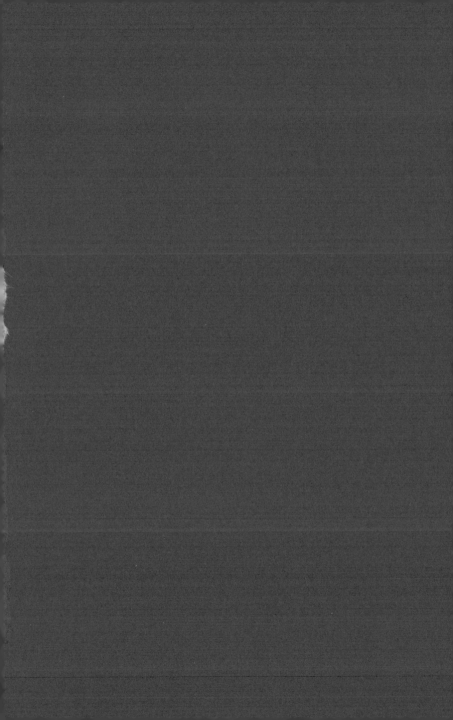

そうしない
ことは
ありえたか?

自由論
入門

Takasaki
Shohei

高崎将平

青土社

そうしないことはありえたか？

目次

そうしないことはありえたか？　自由論入門

序章　なぜ自由を哲学するか？

私たちは果たして**自由**であるのか。この問いは長年の――遡れば古代ギリシャの時代からの――哲学者たちの悩みのタネで、この二千年来ああでもない、こうでもないと喧々囂々《けんけんごうごう》の議論が繰り広げられてきた。しかし、哲学者たちは何をそんなに悩んでいるのだろうか。たしかに日常で「不自由」を感じることはよくある――口内炎ができて満足に食事ができなかったり、従いたくもない校則や規律に縛られていたり、受験競争という名のもとに将来何の役に立つかも分からない微分積分の問題を解かされたり。ただそうはいっても、私たちがある意味で「自由」であるのは、確かな事実であるように思われる。私たちは食後のデザートをショートケーキにするかモンブランにするか自由に選ぶことができるし、どの学校を受験するか、あるいは将来どのような道に進むかについても、（少なくともある程度は）自由に自分の意志で選び取ることができるのだ。

だがしかし、哲学者はまさに最後に述べた種類の「自由」の存在を――受験や就職のような人生の選択の自由だけでなく、ケーキを選ぶ自由といった、日常的で卑近な自由の存在すらも――疑いにかける。そのさい哲学者は、ある極端な状況を想像する。それは、「私たちが日常におこなっている行為の全ては、実は私たちが生まれるはるか前から決まっていたのではないか?」という想像である。世界の在り方が私たちの意志にかかわらずあらかじめ決まっているのだ、という考えは、「**決定論**」的な世界観と呼ばれる。自由という哲学的問題を考えるにあたって、本章ではまず、この決定論という世界観を掘り下げて考えてみたい。というのも、決定論的な世界観がどんなものであるのかを理解することで、哲学者たちがなぜ自由を問題にするのか、そしてなぜこの問題がかくも長きにわたって哲学者を悩ませ続けるのか、その理由が明らかになってくるからだ。

1　運命と決定論

「決定論」について考えるといっても、「全ての物事はそう起こるよう決まっているのだ」という主張はあまりに途方もないので、読者の中にはあまりピンと来ない方もいるかもしれない。そこで本節では、決定論的な世界観についての具体的なイメージをつかんでもらうために、まずは決定論とつながりの深い、「運命」というおなじみのワードを鍵に語り始めることとしよう。

人と人との出会いの全ては――友人や恋人との日常的な出会いから、ジョン・レノンとポール・マッカートニーの邂逅《かいこう》のような歴史的事件に至るまで――偶然の産物だ。あなたは、あの大学に合格していなければ、あの会社に就職しなければ、あの日あの時間にふとあの喫茶店に立ち寄っていなければ、あなたの大切な人とは出会っていなかったかもしれない。一九五七年七月六日、セント・ピーターズ教会でのコンサートでジョンとポールが出会っていなければ、ビートルズは結成されていなかっただろう。だが私たちはときに、そんな偶然の出会いの中にある種の「必然」を感じ取ることがある。それは、何か自分の見知らぬ力によって、そうなるべく決められていたのではないか、といった感覚だ。冷めたリアリストなら、そんな感覚は単なる気のせいで、しょせん単なる偶然の出来事にすぎないのだ、と言ってすませるかもしれない。しかし私たちの多くはきっと、日常の出来事に対して単なる偶然ではすまされない何かを感じることがあり、その感覚を「運命的な出会い」といった言葉で表現するのである。

このように、「決定論」的な世界の見方と「運命」には、実は深いつながりがある。そうだとすれば、決定論というものもなかなかロマンチックでいいじゃないか、と思われるかもしれない。だが、運命が存在するという考えも、突き詰めていくとなかなかロマンチックな気分ではいられなくなる。それを見るために、運命観の極端な形を考えよう。それによれば、特定の人との出会いだけでなく、私たちの身の回りに起こる全てのことは運命により決定づけられている――あなたがこれまでに体験した全ての出会いも、あなたが今朝スクランブル・エッグとトーストを食べたことも、そしてあなたがどのような人生の最期を迎えるのかも。仮に運命の束縛から抜け出そうといくら足掻いたとしても、そのこともまた運命によって決定されている。あなたのなすこと全ては運命の網の目の中に絡み取られていて、あなたは決してそこから抜け出すことができない。このような世界観を「**運命論**」と呼ぼう。[1]

さて、運命論が言うように、この世界の全てが運命によって決まっているとしよう。このときあなたは、「それでも私たちは自由だ！」と自信を持って言えるだろうか。もしそう断言できない気持ちがどこかにあるなら、あなたはすでに、立派に自由に関する哲学的思索の一歩を踏み出している。というのも、冒頭で述べた哲学者の悩み――決定論的な世界で私たちは自由でありうるのか、という悩み――は、運命論的な世界観にいまあなたが感じたであろう薄気味悪さに通底するものがあるからだ。

だがここで、科学的指向のある読者は、運命なんて非科学的、オカルト的なものなんて、単純に信じなければいいではないか、と反論するかもしれない。だって、その運命というのは誰が決めているんだ？　神さま？　でも私は神さまの存在なんか信じないぞ、というわけだ。それはもっともな反論である。そこで次節では、より「科学的な」バージョンの決定論について考えてみたい。すぐ明らかになるように、科学的なバージョンの決定論こそが、現代の自由論者たちの懸案となっているタイプの決定論なのである。[2]

2　私たちの活動は因果連鎖のチェーンにすぎないのか？――因果的決定論

現代に生きる私たちは多かれ少なかれ、科学的な世界観に染まっている。その世界観によれば、全ての出来事には原因がある。[3] 自然現象を例にとって考えてみよう。木から一つのリンゴが落ちる。その原因はその直前に吹いた一条の風だ。そしてその風が生じた原因は、大陸と海上の温暖の差であり、さらにその温暖の差の原因は……と因果関係の連鎖は延々と続いていく。この世界で起こる全ての出来事は因果連鎖によって結び付けられ、やがてビッグバンという宇宙の始まりの出来事にまでたどり着く。この世界の成り行きの全ては、ビッグバンから始まる長大な因果連鎖によって連続的に、必然的に結び付けられているのだ。

この考え方に従うと、私たちの日常的な行為も自然現象と同様、因果連鎖の網の目に包摂された出来事にすぎない。あなたが友人を殴ってしまったとしよう。その原因はあなたが友人に抑えがたい怒りを感じたことである。そしてあなたが怒りを感じた原因は、友人にあなたの恋人を奪われたことであり、あなたの恋人を奪われた原因は……と、これまた因果連鎖が延々と続いていく。その因果連鎖をずっとたどっていけばいずれ、およそあなたの怒りとは無関係に思える出来事へと行き着くに違いない（「風が吹けば桶屋が儲かる」の故事を思い起こされたい）。

もしかしたらここで、こう考えたくなるかもしれない――私たち人間は、木から落ちるリンゴのような単なる物体と違って、自分の意志で行為し、それによって因果連鎖からなるこの世界のありようを自分たちの力で変えることができる。ほら、いまだって私は落ちかけたリンゴを手で受け止めることができた。こうやって自然の因果の秩序に介入して変化をもたらすことができるのは私たちの人間の特権であり、それがまさに私たちが自由であることの根拠なのだ、と。

人間はこの世界の中で（右に述べた意味で）特権的な存在である、というのはたしかに私たちの偽らざる実感であるし、魅力的な考えだ。だがこの考えをきちんと正当化するのは、実は中々に難しい。まず、即座に次のような疑問が発せられるだろう――「ではなぜ私たち人間は、そして私たち人間だけが、この世界の因果連鎖から自由でいられるのか?」」。この問いに対して、たとえば「霊魂」のような存在(世界の因果秩序に縛られない純粋に精神的な存在)を持ち出して応答しようとする方法は、あまりオススメできない。というのも、その答えは単に「非科学的」であるだけでなく、答えなければならない難題をむやみに増やしてしまいかねないからだ。その一例としてあなたは、「物理的な身体と非物理的な魂とはどのような仕方で結び付いているのか?」という、有名な哲学的問題に直面することになるだろう。[4]

結局のところ、物理の教科書が教えてくれる次のような事実を認めなければいけないようだ——この世界の全ては分子や素粒子といったミクロな粒子から構成されている。テーブルも木も私たちの身体も、そういった粒子の集合体であるという意味では違いがない。そしてそれら粒子のふるまいは、例外なくこの世界の因果連鎖に包摂されている。したがって私たちの行為もまた、因果連鎖を構成する一つのチェーンにすぎない。

以上のような科学的世界観(ときに「唯物論的世界観」などとも呼ばれる)は、私たちを「**因果的決定論**」という世界観へと導く。因果的決定論によれば、私たちの身の回りに起こる全ての出来事や私たちの行為は、直前に生じた出来事によって生じる必然的な結果である。言い換えれば全ての出来事は、その直前に起きた何らかの出来事によって因果的に決定されている。その因果関係はビッグバンにまで遡ることができるから、突き詰めればいまの世界の全状態はビッグバンが起きたときから因果的に決定されていたことになる。[5]

因果的決定論は運命論と同様、かなり途方もない主張であるように思われる。しかし因果的決定論の厄介なところは、運命論とちがって、「そんな考えが正しいはずがない」と即座に切り捨てることが難しいことにある。というのも、因果的決定論の背景にある科学的世界観は、私たちの日常的なものの見方にあまりにも深く浸透しているからだ。例として次のような状況を考えよう。あなたの愛車のエンジンが故障したので、腕のいい修理業者を呼ぶことにした。駆け付けた修理業者は綿密な検査を繰り返し、あなたにこう結果を報告する――「何度も調べてみたのですが、残念ながらエンジンの故障の原因はどこにも見当たりませんでした。私が思うに、このエンジンの故障にはそもそも原因がなかったのです。つまりエンジンの故障は、何か別の要因によって引き起こされたのではなく、いわば無から生じたのです」。あなたはこの業者の弁解を聞いて、きっとこう思うのではないだろうか――「そんなはずはない、エンジンの故障には本当は原因があるのだが、業者がそれを見つけることができなかっただけだ。おそらくもっと慎重な精査を施したなら、その原因を見つけることができただろう」と。そう思うならばあなたは十分に科学的世界観に染まっている。全ての出来事には原因があるという世界観を、私たちは自然に、そして無意識のうちに受け入れているのだ。

　ここで、一つの重要な疑問に触れておくことが賢明だろう。現代物理学に通じた読者は、「量子力学の標準的な解釈によれば、素粒子のようなミクロな物体のふるまいは原理的に確率論的であるから、因果的決定論は間違っているのではないか」と考えるかもしれない。これはもっともな指摘だ。実際、現代の理論物理学者の多くは、この世界を「非決定論的」だと考えているようである。とはいえ、このことから「自由と決定論などという問題は虚妄にすぎないのだ」と即断するのは性急だろう。まず、（少数派であるとはいえ）量子力学の標準的解釈に反対して、いわゆる「多世界解釈」と呼ばれる量子力学の決定論的な解釈を提案する物理学者も存在する。また、より重要な点だが、仮にこの世界がミクロレベルでは決定論的でないとしても、私たちの身体のようなマクロな物体は決定論的にふるまうということは十分に考えられる。もし私たちの行為やふるまいが全て過去の出来事によって決定論的に引き起こされているのだとしたら、仮にミクロレベルで非決定性が見出されるとしても、マクロレベルでの近似的な決定論が私たちの自由にとって脅威となることは明らかだろう。その限りで、「自由と決定論」の問題の意義と重要性は残り続けるのである。[6]

ついでに述べておけば、世界の非決定性——つまり、物事の生起が決定されているのではなく、ランダムにすぎないということ——もまた、私たちの自由に対する脅威となりうる。私たちのなすことがランダムな過程からの偶然の結果にすぎないのだとすれば、いかにしてそれを自由だと言えるのだろうか。これは決定論とは独立の観点からの問題であり、真剣な考慮に値する。第4章で私たちはこの「自由と非決定論」という問題に立ち戻ることになるだろう。

3　なぜ自由は私たちにとって重要なのか？——自由のニヒリズムに応答する

ここまで議論を進めてきて、読者の中には次のように考える人がいるかもしれない。「たしかに私たちの行為は必然的な因果連鎖の結果だから、私たちが自由になしていると思っている行為は実は全て決定されている。よって私たちの自由は幻想にすぎない。だが、それで何の問題があるのだろうか？　テツガクシャたちの言う「自由」なんてそんな大事なものなのだろうか？」。要するに自由なんてあってもなくても変わらないのだから、考えるだけムダだ、というわけだ。これはいわばニヒリスト的な開き直りだが、立派な一つの哲学的立場であり、考察に値すると思う。この立場を（自由の）ニヒリズムと名づけ、もう少し詳しくこの立場の主張について考えてみたい。

ニヒリズムの主張が正しいかどうかを評価するために、「自由」という概念が私たちにとって重要なものなのか、という問いについて考えよう。そのためには、自由が全く存在しない世界を想像してみるのが良い。まずは例として次のような事例を考えてほしい。ある青年が法廷で強盗殺人の罪に問われている。そこでその青年の弁護人が次のような弁護を展開する――「被告が殺人を犯したことは、彼の遺伝子配列や育った家庭環境その他の要因によってあらかじめ因果的に決定されており、彼は殺人を犯すことを避けることはできなかった。そうであるならば、彼に罪科を問うことは不当である。なぜなら、彼が罪を犯すことがあらかじめ決まっていた以上、その犯罪が生じたことは彼のせいであるとは言えないからである」[7]。

この弁護人の陳述は詭弁にすぎない、と思われるかもしれない。だがここで指摘したい重要な点は、ニヒリズムの主張がまさに、右の弁護人が持ち出した論理を導きかねない、ということである。他者を非難する場面についていま一度考えてみよう。他者をその人のしたことで非難するときふつう私たちは、その人が自由な主体であることを前提している。もしその行為が当人の自由でなく、たとえば他の誰かに強制されてなされたものだとしたら、私たちはその行為者を非難の対象にはしないだろう。また極端な例で言えば、私たちは台風が大災害をもたらしたとしても、台風を（普通の意味で）非難したりはしない。台風のような自由を持たない自然現象は本質的に、「非難」という道徳的評価の対象にはなりえないのだ。だが因果的決定論を根拠に私たちの自由のリアリティを捨て去ってしまうことは、台風のような自然現象と私たちの日常の行為との区別の一切をなくしてしまうことを帰結しかねない。その結果、他人の行為を非難したり、その行為の結果に応じて責任や罪を帰したりするといった社会的、道徳的な営みの正当化がきわめて困難になるのである。

また、他者を非難したり罪を帰したりする場合と同様、称賛されるべき行為や業績に関しても類似の問題が生じる。ある物理学者が新しい素粒子の発見によってノーベル物理学賞を受賞したとしよう。その授賞式の席で、自由のニヒリズムを信じる記者が次のような質問をする――「たしかにあなたの発見は物理学に新たな進展をもたらす偉大なものであるかもしれません。ですがあなたがこの発見をしたことは、あなたが生まれた瞬間から決定されていたことです。それならば、あなたがノーベル賞を受賞したことも、単に運が良かっただけではないのでしょうか?」。

この失礼な記者の思想は極端に映るかもしれないが、これもまさにニヒリズムが受け入れなければならない帰結であるように思われる。私たちが他者の行為を称賛する場面を想像してほしい。私たちが他者の行為――たとえば電車でお年寄りに席を譲るといった行為――を称賛するのは、その行為がその人によって自由になされたときに限る。もしあなたが誰かに強制されて仕方なく席を譲ったとしたら、私たちはあなたの行為を称賛したりしないだろう。

ここまでの考察から、自由のニヒリズム、ひいては「なぜ自由なんて論じる必要があるのか?」という疑念に対するさしあたりの応答の方向性が明らかになる。他者の行為を称賛したり非難したり、行為の結果に対する責任を帰属したりといった営みは、私たちの社会的生活の基盤をなしているものだ。しかし、ニヒリズムのように私たちの自由を否定することは、私たちのそういった営みの意義を全て捨て去ってしまいかねない。言い換えれば、私たちが自分のしたことに責任を負い、他者のしたことを称賛したり非難したり、法廷にかけて刑事責任を問うたり、といった諸々の営みが成立するためには、私たちが自由な主体であることが必要不可欠なのである。だからこそ、哲学者たちは、私たちは自由ではないかもしれないという疑念を真剣にとり、自由と決定論の問題と真摯に向き合ってきたのである。

もっとも、自由を否定することによって、右で示唆したような悲劇的な結末を私たちの社会が迎えることになるという見解に対しては、実は異論が存在する。自由についての懐疑論――右記のニヒリスト的なアイデアを理論化した哲学的見解をこう呼ぼう――の中には、仮に私たちの社会から「自由」やそれに関連する様々な実践を取り払ってしまっても、私たちの社会が直ちに無秩序なディストピアになってしまうとは限らない、と主張する者もいるのだ。この種の見解は懐疑論の中でも**楽観的懐疑論**と呼ばれ、盛んに議論されている。楽観的懐疑論については、本書の第6章で詳細に検討することになるだろう。

4　責任、非難に値すること、称賛に値すること

前節の議論で、私たちが探求する自由は「責任」概念と密接に関わっていることが示唆された。実際、「責任」は自由論の論争の中で「自由」に勝るとも劣らぬ重要概念であると言っても過言ではない。そこで本節では、「責任」という語を本書がどのような意味で用いるのかを、もう少し詳しく特徴づけておこう[8]。

まずは日常的な事例の記述から始めよう。あなたは仕事から帰宅したところ、大事にしていた花瓶が割れているのに気づく。いったい誰がこんなことをしたのだろうか！　事情聴取の結果、あなたの夫が、昨晩の夫婦ゲンカの腹いせに割ったのだということが判明した。あなたは、なぜそんなことをしたのかと夫を問い詰め、彼のしたことについて彼を非難するだろう。このときあなたは、夫は花瓶を割ったことについて責任があり、それゆえに彼は非難に値するのだ、と判断しているのである。

私たちは、自身のなした行為やその結果に対して（常にではないにせよ）責任を負う。これがきわめてあたりまえの考えであることは、「彼は自分のしでかしたことについて責任を負うべきだ」とか「彼女はやむにやまれぬ事情からそうしたのだから、彼女には責任がない」とかといった表現を私たちが日常的に用いることからも明らかだろう。そして右の例から示唆されるように、人が自らの行為について責任を負うということは、その行為の善悪やそれがもたらす結果の良し悪しに応じて非難や称賛といった道徳的評価を受けるに値することと表裏一体である。つまり、自らの行為に対して責任を負うとは、おおざっぱに述べれば、その行為が道徳的に悪いものであるときには他者からの非難に

値し、その行為が道徳的に良いものであるときには称賛に値する、ということなのである。本書が扱う「責任」概念[9]は、非難や称賛といった道徳的実践と関連し、その正当性の基盤となるような意味での責任である。

では、どのようなときに、人は自身の行為に対して責任を負うのだろうか。前節の議論からも示唆されるように、私たちが自らの行為に責任を負うという事実は、その行為を自由に行ったということを前提しているように思われる。先の花瓶の例を再び考えよう。花瓶が無残にも割れたことは、夫のかんしゃくではなく、夫の持病であるてんかんの発作によって生じたのだとしよう。夫が花瓶を割ったことは、自由に彼の意志でなされたものではなかったのである。この場合、花瓶を割ったことについて夫に責任を問い、彼を非難するのはお門違いというものだろう。私たちは、ある行為が自由に、その人の意志で選択されたものであるからこそ、その行為に対して行為者に責任を問い、その行為の道徳的な良し悪しに応じてその人を非難したり称賛したりするのである。

もっとも、人は自由に行った全ての行為に対して責任を負う（べきである）とは限らない。家に遊びに来た友人に、あなたがコーヒーをもてなすとしよう。友人が甘党であることを知っているので、あなたは角砂糖を一つ、コーヒーに入れて友人に渡した。しかし、（あなたにとって全く思いもよらないことに）その角砂糖の中には有毒のヒ素が混入しており、友人は体調を崩してしまった。この事例で、コーヒーに角砂糖を入れた行為はあなたが自由になしたことだが、あなたは友人が体調を崩したことについて責任がある（非難に値する）とは言えないだろう。逆に、その角砂糖にヒ素が混入していることを知っていて同じ行為をしたならば、あなたはその行為に責任がある（非難に値する）と言えるだろう。

以上のケースは、ある行為やその結果について行為者が責任を負うためには、当の行為が自由になされただけではなく、その行為の道徳的な善悪やその行為がもたらしうる結果について行為者が一定程度の知識を持っていなければならない、ということを示唆する。これは行為者の「知識」の有無に関する条件であるので、責任の「**認識的条件**」と呼ばれる。[10] 行為者が行為に責任を負うために認識的条件が満たされている必要があるという要請はきわめてポピュラーなものだ。その証拠に、私たちはしばしば、「それが悪いことだとは／悪い結果をもたらすとは知らなかったのだ」と弁明することによって、責任を免れようとすることがあるだろう。[11]

責任の認識的条件については色々と興味深い話題もあるのだが、そろそろ「自由」の議論へと戻ってくることとしよう。[12] 本節で確認したかったのは、以下の二点だ。一つ目は、本書が理解する「責任」概念は、非難や称賛といった私たちの道徳的な実践と関わる意味での責任であるということ。二つ目は、自由は私たちが行為に責任を負うための必要条件の一つであるように思われる、ということだ。必要条件の〝一つ〟と言ったのは、責任には「認識的条件」のような別の条件もあるからに他ならない（なお、「必要条件」という言葉が耳慣れない、あるいは苦手意識のある読者もいるかもしれない。そんな方は、本章の第6節を注意深く読んでいただければと思う）。「責任には自由が必要である」という関係性があるからこそ、哲学者たちは、「自由」が存在するかどうかという問いを真剣に受け止め、日夜議論を交わしているのである。

5　自由と決定論は両立するか？——論争の整理

すでに述べたように、私たちは決定論という考えをトンデモ理論だといって無視することはできない。決定論は、私たちの日常的思考に深く浸透している科学的な世界観に裏打ちされているからだ。また同時に、「私たちは本当は自由なんかじゃないんだ」と簡単に開き直ることもできない。というのも、「自由」という概念は責任の帰属や他者への非難・称賛といった私たちの道徳実践と密接に結びついており、自由を否定することはそれら実践の意義をも否定することにつながりかねないからだ。かくして、私たちは「自由と決定論」という哲学的問題の前に立ち止まって、納得のゆくまで考え抜かねばならない。本節では、哲学者たちがこの問題に対しどのような立場をとってきたかを整理し、自由論という広大な議論領域の大まかな見取り図を描いてみたい。

自由という哲学的主題の主軸となる問いは、私たちが（ときに）自由であるということと決定論が真であることとが両立するか、一言で言えば、「自由と決定論は両立するか」である。[13] この問いに「イエス」と答える立場は**両立論**（Compatibilism）、「ノー」と答える立場は**非両立論**（Incompatibilism）と呼ばれる。両理論の詳細は本書でおいおい紹介していくこととなるが、現時点で、「両立する／しない」というきわめて重要な用語について少していねいに説明しておこう。二つの命題が両立するとは、その二つの命題がともに真でありうる、ということだ。[14] 逆に、二つの命題が両立しないとは、その二つの命題がともに真ではありえない、ということを意味する。ここで「ありうる」「ありえない」という語が表すように、両立性／非両立性についての主張は、現実に二つの命題がともに真であるか

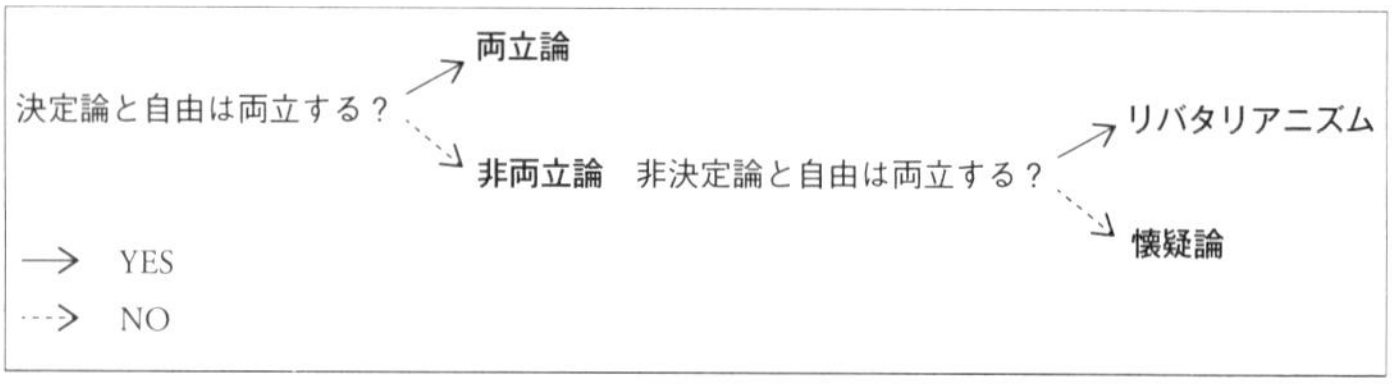

図0.1　論争的立場の区分

どうかではなく、可能性・不可能性（哲学用語で様相ともいう）に関する主張であることに注意しよう。つまり、両立論という立場は、文字通りには、私たちが自由であり、かつ決定論が真であることは可能である、と主張する（もっとも、ほとんどの両立論者は、私たちは現に自由であるとも主張するのだが）。一方、非両立論は、私たちが自由であり、かつ決定論が真であることは不可能である、と主張する。

　さて、仮に非両立論――この世界が決定論的だとしたら、私たちは自由ではありえないのだ、と考える立場――をとるとしても、そこからただちに自由の否定が帰結するわけではない。非両立論は、さらに非決定論と自由が両立すると考えるか否かに応じて、さらに二つの立場に分岐する（図0・1を参照）。まず非両立論者には、この世界は非決定論的であり、非決定論的な世界像のもとで人は自由でありうるのだ、と論じる余地がある。この種の見解は、非両立論の中でもとりわけ**リバタリアニズム**と呼ばれる（また、リバタリアニズムをとる論者のことをリバタリアンと呼ぶ）。一方で、この世界が決定論的であれ、非決定論的であれ、いずれにせよ私たちは自由でないのだ、という見解がある。この立場を、**自由についての懐疑論**、あるいは単に**懐疑論**と呼ぼう[15]。

6　本書の方法と構成

本書は、自由をめぐる哲学的議論の中でも、とりわけ「分析哲学」と呼ばれる、現代の英語圏の哲学者を中心に展開されてきた潮流を主題的に扱う。[16] そこで本節では、分析哲学において典型的な哲学の方法論——要するに、どうやって自由という問題にアプローチするか——について簡単な説明を施し、その方法論の魅力と重要性をアピールすることとしたい（「典型的に」と但し書きをつけたように、以下で紹介する方法論は、分析哲学の専売特許では決してないし、分析哲学の唯一の方法論だというわけでももちろんない）。その方法論は、**概念分析**と呼ばれるものだ。概念分析とは、一言で述べれば、私たちが解明したい概念について、その概念が適用されるための必要十分条件を与えることを指す。概念分析という方法論は本書の各所で登場するので、なじみのない読者はぜひ本節の内容を理解してから次章に進んでもらいたい（逆に、すでに概念分析に親しんでいる方はこの節を飛ばしてしまって構わない）。

概念分析のイメージをつかむために、まずは非哲学的な例、「哺乳類」という概念から始める。私たちは哺乳類という言葉の意味を（少なくともなんとなくは）知っているはずだが、何かが哺乳類であるとは、厳密には何を意味するのだろうか。この問いに答えを与えるために、まずは「哺乳類」に次のような概念分析を与えてみよう。

哺乳類の分析案①：xが哺乳類であるのは、xが胎生であるとき、かつそのときに限る。

ここで、「〜とき、かつそのときに限る」という表現が、この分析が必要十分条件を与えていることを示している（「〜とき」が十分条件を表し、「〜ときに限る」が必要条件を表す）。ちなみに「胎生」とは、ざっくり言えば、卵を直接産むのではなく、卵を体内でふ化させて、幼生（子ども）の状態で出産することである。

さて、このように概念分析を提案したあと、次にするべきは、この分析が正しいかどうかの検証である。この検証は、典型的には、この分析に対する**反例**がないかどうかを調べる、というものだ。すなわち、概念分析の右辺「xは胎生である」が真であるのに、左辺「xは哺乳類である」が偽であるような事例（分析の十分性に対する反例と呼ばれる）や、右辺「xは胎生である」が偽なのに、左辺「xは哺乳類である」が真であるような事例（分析の必要性に対する反例と呼ばれる）を探すのである。そして、右記の分析に対する反例は現に存在する――カモノハシは、卵を産む（＝胎生でない）けれども、哺乳類に分類されている。つまり、カモノハシの事例は分析案①の必要性に対する反例になっている。

分析に対する反例が見つかれば、その反例を克服すべく、もとの分析を修正することとなる。そして、修正された分析に対してもさらなる反例がないか検証し、反例が見つかればさらに分析を修正する、という仕方で、徐々に洗練された概念分析が得られる。洗練された概念分析が得られれば、私たちは問題となっている概念をより良く理解することができた、と言える[17]。このようにして、はじめは大雑把で素朴なものに留まっていたある概念への理解の解像度を、概念分析という手法を通じて徐々に上げていき、よりクリアな理解に至ることを目指すというのが、現代の分析哲学者たちが不断に続けている営みなのである[18]（こうした「分析哲学的な」探求は、人によってはチマチマ重箱の隅をつついているようにも見えてしまうかもしれない。しかし、少なくとも筆者は、分析哲学、そして概念分析という方法論に少なからぬ魅力を感じている一人である）。

本書で私たちにとって最も関心のある概念は、言うまでもなく「自由」だ。したがって私たちは、次のような形式の概念分析を与えることを目指すことになる。

自由の概念分析：xが自由であるのは、xが〇〇〇とき、かつそのときに限る。

この「〇〇〇」に入る具体的な条件を提案し、その分析に対する反例を考案し、さらに修正版の分析を提示し、という哲学者たちの飽くなき探求を、本書を読み進める中で読者の皆さんに追体験していただき、あわよくば、分析哲学における自由論の虜になってもらおうというのが、筆者のひそかな願いである。

最後に、本書全体の議論のロードマップを示して序章を終えることとしよう。本書は大きく、第Ⅰ部（1章、2章）、第Ⅱ部（3章〜6章）、第Ⅲ部（7章、8章）という三つのパートに分かれている。第Ⅰ部では、「自由」を理論化する上での二つのモデルを順に検討する。最初に論じるのは、自由の**他行為可能性モデル**と呼ばれる自由理解だ。第1章では、他行為可能性モデルが私たちの日常的な思考や実践に照らして非常に説得的であることを確認したのち、このモデルに対する強力な批判として**フランクファート型事例**という思考実験を紹介する。章の後半では、フランクファート型事例の成否が批判的に検討される。第2章では、他行為可能性モデルに代わる自由理解として、自由の**源泉性モデル**

を提示し、その内実を明確化する。そして、源泉性モデルの（両立論的な）理論の代表として、フランクファートの**二階の意欲説**を紹介する。二階の意欲説に対するいくつかの反論やその応答の試みを概観して、第Ⅰ部は締めくくられる。

第Ⅱ部で、いよいよ「自由と決定論の両立性」という自由論の主軸となる問いの探求にとりかかる。第3章では、自由の他行為可能性モデルと決定論の非両立性を示す議論の中でも最も有名な、ヴァン・インワーゲンの**帰結論証**を主題的に扱う。帰結論証を概説したのちに、両立論の側からの応答として、**古典両立論**、**傾向性両立論**という二つの立場を順に検討する。次に第4章では、自由の源泉性モデルと決定論の非両立性を示す議論として、ペレブームによる**操作論証**を考察する。第5章では、問いの矛先を変えて、「自由と非決定論の両立性」の問題を考察する。具体的には、非決定論的な世界の中に自由の存立余地を求めるリバタリアニズム、とりわけケインの**出来事因果説**を紹介し、出来事因果説に対する最も重要な批判である**運の問題**を定式化、検討する。第3章から第5章にかけて、自由と決定論／非決定論の非両立性をめぐる議論は現在でも未決の難題であることが確認される。ここから、世界が決定論的であれ非決定論的であれ、自由は存在しないのではないか、という懐疑論的な結論の可能性に私たちは導かれる。第6章では、自由や責任についての懐疑論の中でも、「懐疑論的な帰結は必ずしも私たちの生や社会にとって悪いものではないのだ」と主張する、**楽観的懐疑論**と呼ばれる立場を紹介し、この立場の見込みと課題を批判的に検討する。

第Ⅲ部は、これまでの議論とは少し毛色の異なる二つの章からなる。第Ⅱ部までの議論では、本章の第3節で確認したように、自由と責任の関連性、つまり「自由は責任に必要である」という主張を議論の上で前提してきた。第Ⅲ部では、この自由と責任の関連性を改めて問い直すことが主たるテーマとなる。第7章では、「自由」概念とは独立の観点から責任を理解しようとする試みとして、ストローソンの責任理論を取り上げる。これは、人が他者に対して向ける「怒り」に代表される感情——**反応的態度**と呼ばれる——に定位して責任概念を理解するものである。章後半では、ストローソンの現代的な後継理論として、マッケンナの**会話理論**を検討する。最後に第8章では、責任とのつながりを一旦カッコに伏して「自由」概念を探求する、という方法論の可能性と課題を考察する。具体的には、「責任を基礎づける」という以外にどのような役割を「自由」は果たしうるか、という観点から、従来の「責任のレンズを通して見られた」(cf. Vihvelin 2011)自由よりも多面的、多元的な仕方で自由概念を理解することを目指す。

I　自由の二つのモデル

第1章　そうしないことはありえたか？――自由の他行為可能性モデル

前章は、「自由」についての私たちの日常的な理解を描写することから始まった。そして私たちが有するとされる自由は、どうやら「決定論」と呼ばれる科学的な世界観と折り合いが悪いということが確認された。これが「自由と決定論の両立性／非両立性」という伝統的な哲学の問題だ。錚々《そうそう》たる哲学者たちをして悩ませてきたこの難題に、本書は真正面から取り組むことになる。しかし勇み足はよろしくない。健全で精密な議論のためには、決定論との対立が問題となる「自由」とは厳密にはどのようなものなのかについて、より深い理解を得ることが先決だろう。よってまずは、前章で前提されていたラフな自由理解をさらに具体化する作業から始めたい。前章でも述べたように哲学的探求とは、徹底的な考察と分析を通じて、大雑把な概念理解の解像度を上げていく試みなのである。

本章の構成を示しておこう。第1節では、私たちの日常的な自由理解として、本書が「自由の他行為可能性モデル」と呼ぶものを提示し、そのもっともらしさを確認する。第2節では、他行為可能性と責任の間に密接なつながりが存在するように思われることを論じ、責任についての「他行為可能性原理」と呼ばれるテーゼを定式化する。続いて第3節で、他行為可能性原理、ひいては自由の他行為可能性モデルに対する強力な批判として、「フランクファート型事例」と呼ばれる思考実験を紹介する（このフランクファート型事例が、本章のメインディッシュである）。最後に、第4節と第5節で、フランクファート型事例に対して自由の他行為可能性モデルを支持する論者の側からどのような応答が可能か、その可能性を検討することとしたい。

1　分岐道を選ぶ自由——自由の他行為可能性モデル

自由とは何か。私たちは「自由」という言葉を日常で当たり前のように用いている。その意味で、私たちは「自由」という言葉をよくわかっているはずだ——あなたの友人が「こんな仕事やめて、早く自由になりたいなあ」と言ったとしても、あなたは「ねえ、いま君が言った「自由」って厳密にはどういう意味？」とは聞き返さないだろう。そんな方は、この本を手に取る前に円滑なコミュニケーションを教える本を読む方が良いかもしれない。しかし、深く考える前にはわかっていると思っていたことが、改めて問われると途端にわからなくなるのが哲学の醍醐味だ。私たちもここで立ち止まって、改めて自由とは何かについて考えてみよう。

自由論に携わる現代の哲学者はしばしば、自由の描像として、アルゼンチンの作家、ホルヘ・ルイス・ボルヘスの短編小説に由来する「分岐道の園」[1]と呼ばれる比喩を好んで用いる（cf. Kane 2007）。

それはおおよそ次のようなものだ。あなたの眼前には、様々な未来、実現するかもしれない可能性が広がっている。それらを、無際限に分岐していく道に喩えることができる。あなたは行為選択の度ごとにその分岐道の中から一つを選び、進んでいく旅人だ。ここで二つ以上の選択肢を同時に選んだり、一度選んだ道を引き返してやり直したりすることはできない。どの分岐道を進むかは――常にではないにせよ――あなたが、自分の意志で選ぶことである。「自由」とはまさに、この分岐の地点で生じる。すなわち、複数の選択肢から一つを選び取るということが、私たちが「自由」と呼ぶものの正体に他ならない。これが、分岐道の園で喩えられる「自由」の描像である。

分岐道の園の比喩において、複数の選択肢が私たちに開かれているということが決定的に重要だ。選択肢が「開かれている」という句には解釈の余地があるが、現時点ではラフに、それぞれの選択肢を行為者が選ぶことができる、ということだと理解しておこう。なぜ選択肢が開かれていることが重要なのかを理解するには、その逆の状況、つまり私たちにいかなる選択肢も開かれていない状況を想像してみるとよい。それは、先ほどの分岐道の園の比喩で言えば、さながら果てしなく続く一本道を歩んでいくかのようである。そのようなあり方は、とうてい自由であるとは呼べないように思われるだろう。

ここで、重要な用語を一つ導入しておきたい。複数の選択肢があなたに開かれているとき、実際にはその中の一つを選んで行為するわけだが、あなたは他の行為を行うこともできた（あるいは、現実の行為を行わないこともできた）と言える。[2] この、「実際にしたのとは他の行為をすることもできた／実際の行為をしないこともできた」可能性のことを、「**他行為可能性**」（alternative possibility）と呼ぶ。たとえば、あなたが食後にショートケーキを注文したとしよう。このとき、代わりにモンブランを注文することもできたなら、あなたにはそのとき他行為可能性があった、と言える。対してあなたがショートケーキを注文する以外のことができなかったなら、あなたには他行為可能性がなかったことになる。以降、本書で「他行為可能性」という語はひんぱんに出現する。最初は堅苦しくて読みにくいかもしれないが、その意味するところはシンプルなので、慣れていただきたい。

さっそくこの用語を用いて、前述の「分岐道の園」の比喩によって表現される、本書が「**自由の他行為可能性モデル**」と呼ぶ自由理解を次のように定式化しよう。[3]

> **自由の他行為可能性モデル**：行為者Sがする（した）行為Aが自由であるのは、行為者Sがそのときに行為Aとは別の行為をすることもできる（できた）ときに限る。

（「ときに限る」という句が示すように、自由の他行為可能性モデルは、自由の必要条件について述べたものである。つまり、行為者Sの行為Aが自由であるためには、行為Aとは別の行為をすることもできる（できた）ことが必要である、という主張と同義である。）

すでに分岐道の園の比喩で確認したように、自由の他行為可能性モデルは、私たちの日常的な理解ともよく親和する。そのことは、私たちが「不自由」であるとみなす典型的な事例を考察することでさらに明らかになる。たとえば、ある人は「不自由」ということで、厳しい校則が課されていることを想像するだろう。またある人は、鎖などで身体を縛られている状態を「不自由」の典型とみなすだろう。さらには、銀行強盗に銃を突きつけられ、脅迫に屈して泣く泣くお金を差し出すさまに、「不自由」の極致を見出す人もいるかもしれない。これらは、いわば様々なレベル（制度的、物理的、心理的etc）での強制・制約が行為者に働いている事例である。そして、なぜこれらの事例で行為者が自由でないと思われるかという問いに対して、「なぜなら、行為者には他行為可能性がない（もしくは、制限されている）からだ」と応えることで、自然で統一的な説明を与えることができる。

だが、自由の他行為可能性モデルの重要性と意義は、おそらく自由と「責任」との関連を考えることで最も鮮明に浮き彫りになる。次節では、他行為可能性としての自由と責任の関係性に焦点を当てて、自由の他行為可能性モデルについての理解をより深めることとしたい。

2　他行為可能性と責任——他行為可能性原理（PAP）の定式化

他行為可能性は私たちの自由理解にとって本質的であると思われるだけでなく、責任概念や、他者への非難や称賛といった道徳的な実践とも密接に関連している。そのことを見るために、まずはあなたと友人の間に交わされる、次のような会話をイメージしてみよう。

あなた：「おい、今日までに俺が貸した一万円を返してくれるって約束してたじゃないか。なんで返してくれないいんだよ」

友人：「いや違うんだ、返したかったのは山々だし、ちゃんと返すために一万円を工面してたんだけど、来る途中に不良グループのカツアゲに遭ってお金をとられてしまったんだ」

友人が日頃から誠実な人柄であることをあなたは知っているので、友人の主張は非難から逃れるためのでっちあげではないだろう、とあなたは判断したとする。また、友人は非力であり、不良グループのカツアゲに太刀打ちできる余地がないこともあなたは理解しているとしよう。するとあなたはきっと、友人がお金を返せなかったことは仕方のなかったことだと考え、友人に対する先ほどの態度を撤回し、謝罪することだろう。

この事例のポイントは、私たちはしばしば、行為者に他行為可能性がなかったということを理由にして、その人への責任の帰属を控えることがある、ということだ――あなたが友人を許したのは、友人に降りかかった災難を考慮すればお金を返すことができなかったからだ、と述べることは自然だろう。このことは、責任と他行為可能性の間に次のような関係が成り立つことを示唆する。

他行為可能性原理（PAP）[4]：行為者が彼の行為に責任を負うのは、彼が実際にしたのとは別の行為をすることができたときに限る。

（PAPは責任の必要条件を述べる原理だ。この点で、前述した自由の他行為可能性モデルの定式化とは区別して理解していただきたい。）

ＰＡＰのもっともらしさを確認しておこう。まずこの原理によって、右の借金返済の例のような、「こうするしかなかったんだ」という形式の弁解の正当性を説明することができる。この種の弁解を表明することによって人は、行為を遂行したとき自分には他行為可能性がなかったのだと主張し、そのことを根拠にして、自身に対する責任の帰属を免除／軽減するよう要求するわけだ。さらに、前節で挙げた「不自由」の事例で、行為者に自分のしたことに対する責任がないように思われるのはなぜかも説明してくれる。脅迫のケースを例にとろう。銀行員は、逆らえば命を奪われるかもしれないというリスクをふまえると、強盗からの脅迫により金を引き渡す以外の行為をすることができなかった（＝他行為可能性がなかった）のであり、それゆえにその行為に対する責任を負う必要がないと判断されるのである。

ここまでの議論を見る限りでは、ＰＡＰは責任実践についての私たちの日常的な理解と合致した、きわめて自然なテーゼであるように見える。ところが、ＰＡＰの先述の定式化には修正が必要である。というのもＰＡＰはこのままでは、明白な反例に直面してしまうからだ。次の事例を考えよう。

飲酒運転の事例：太郎はある日の飲み会で、酩酊状態になるまで酒を飲んだ。あろうことか太郎は、代行運転などを利用せずに、自家用車で家に帰ることを決めた――太郎は車で飲み会の会場に来たのだが、その時点では、その日はノンアルコールで済ませようと考えていたのである。太郎は前後不覚になるまで酒を飲んだので、彼の認知能力や反応速度は著しく低下していた。彼は帰りの夜道をかっとばしていた。すると――普段その時間帯に歩行者などいないのだが――突然歩行者が彼の車の目の前に飛び出してきた。しらふの状態だったならば急ブレーキをかけることもできただろうが、へべれけの彼にはそれができなかった。結果的に、不幸なことに彼はその歩行者を轢いてしまった。

この事例で太郎は、彼の認知能力、反応速度の低下をふまえれば、歩行者を轢いてしまうことを避けられなかったと思われる——つまりそのときの彼には他行為可能性がなかったのだと言える。だがそうだとしても、「この事故は避けられなかったんだ」という弁明はこの場合無効だろう。太郎は自分の引き起こした人身事故に対して責任を負うべきだし、彼のしたことは非難に値する、と私たちのほとんどは考えるはずだ。かくして飲酒運転の事例は、一見するとＰＡＰへの反例になっているように思われる。太郎には他行為可能性がなかったにも関わらず、自らの行為（飲酒運転）およびその結果（人身事故）に責任を負うように思われるからだ。

この種の事例が存在することをふまえて、ＰＡＰを修正しよう。その際にカギとなるのが、「**直接的責任**」と「**派生的責任**」という責任概念の区別だ。まず直接的責任とは、自分のなした自由な行為それ自体に対して負う責任のことである。私たちは日常で行う様々な選択それ自体に対して責任を負う——私たちは会話で何を発言するかについて責任を負うし、誰と結婚するか、どこに就職するかの選択についても責任を負う。これらはすべて行為者が行為に直接的に責任を負う事例だ。だが私たちは自分の行為それ自体だけでなく、自分の行為がもたらす様々な予見可能な結果に対しても責任を負う[5]。企業のワンマン社長が経営方針について決定を下す場面を考えよう。当然のことながら、彼女は自身の決断について直接的に責任を負う。さて、その経営方針の決定によって、様々な結果が生じるだろう――その決定がうまくいき、売り上げが伸びるかもしれないし、はたまた失敗して、経営縮小や人件費の削減を迫られるかもしれない。こういった結果は経営決定を下した社長の手をはなれて次々と派生していく。彼女はこれらの結果についても、それが自身の下した決定から十分に予見可能と考えられる限りで、責任を負うだろう。このような、行為者の自由な行為の（予見可能な）結果に対して負う責任のことを、直接的責任と対比して派生的責任と呼ぶ。

直接的責任と派生的責任の区別を、先ほどの飲酒運転のケースに適用してみよう。太郎は酒を飲むとき、（悪い上司に強制的に一気飲みさせられた、とかでない限り）自由に自分の意志で飲むことを決めたはずである。したがって、彼は飲酒という行為に直接的に責任を負う。そして酩酊状態で運転したら事故が起きるかもしれないということは、酒を飲むことを決断した時点で十分に予見可能な結果であるはずだ。だから太郎は、自身の過剰な飲酒によって生じた結果であるところの人身事故についても、派生的に責任を負うのである。

以上の考察をふまえると、ＰＡＰは、行為者の直接的責任についての原理として理解するのが妥当である。すると、ＰＡＰを以下のように修正することができる。

ＰＡＰ（修正版）：行為者が彼の行為に直接的に責任を負うのは、彼が実際にしたのとは別の行為をすることができたときに限る。

以下、本書で単に「ＰＡＰ」というときには、この修正版の原理を意味するものとしよう。

最後に、ＰＡＰと自由の他行為可能性モデルの関連について述べておきたい。ＰＡＰは責任の必要条件を述べるテーゼであり、他行為可能性モデルは自由の必要条件を述べるテーゼだが、この二つはある意味で一心同体である。というのも、序章の第3節で確認したように、私たちが目下探求している「自由」は、責任に関連する意味での自由、もっと言えば責任の必要条件としての自由だからだ。このことをふまえると、自由の他行為可能性モデルを採用するからには、ＰＡＰも正しい原理として受け入れなければならない。これは逆に言えば、もしＰＡＰを否定する強力な根拠が示されたならば、それは自由の他行為可能性モデルの妥当性をも揺るがすということだ。そして、まさにＰＡＰを否定する強力な根拠が、一九六九年に一人の哲学者によって提示された。それが次節以降で主題的に検討する、「フランクファート型事例」である。

3　他行為可能性は責任に必要か？——「フランクファート型事例」の衝撃

行為者が行為に責任を負うためには他行為可能性が必要だ、という他行為可能性原理（ＰＡＰ）は、哲学の論争でも長きにわたって常識的な見解とみなされ、真剣な批判の対象となることは少なかった。だが一九六九年に、ハリー・フランクファートという哲学者から、この一見もっともらしい原理に疑いを投げかける画期的な思考実験が提示された。[6] この種の思考実験は、以降様々な哲学者によって考案された類例も含めて、「**フランクファート型事例**」と総称される。少し長くなるが、読者の皆さんも次のような状況を実際に想像してみてほしい（以下の話はドストエフスキーの有名な『罪と罰』をもとにしている）。

鬱屈した生活を送る青年ラスコーリニコフは、金品目当てで質屋の老婆の殺害を計画する。葛藤と熟慮のすえ、彼はついに斧を手に持ち、老婆の殺害を決行する。そして老婆は彼の計画通り、無残にも殺されてしまう。

ここまでは『罪と罰』での出来事の一描写だ。私たちは間違いなく、ラスコーリニコフの残虐な性格を非難し、彼の行為を罪に問いたいと思うだろう（あなたが陪審員としてラスコーリニコフを裁く法廷に参加しているところを想像してほしい）。だが、以上の話にさらに次のような突飛な状況を追加してみよう（ここからはもとの『罪と罰』にはないストーリーなので、以下では原作のラスコーリニコフと区別するために彼を「ラス」と呼ぶこととしたい）。ドクターXは悪のマッドサイエンティストだ。ドクターXもラスと同様、その老婆を憎んでおり、この世から葬り去ってしまいたいと思っていた。だがドクターXはずる賢いことに、なるべく自分の手を汚さずに老婆を亡きものにしてしまう術がないものか思案する。そこでラスが老婆を殺そうと計画していることに気づいた彼は、こんな妙案を思いつく――ラスの脳内に（気づかれないように）あるチップを埋め込もう。そのチップは、ラスが自分の意志で老婆の殺害を決行する限りでは、作動することはなく、ラスの行為に何の影響ももたらさない。ただし、もしラスが熟慮の末殺害を思いとどまり、殺害をやめようと決心する素振りを見せたならば、その瞬間にチップが作動し、彼の脳神経に変化を生じさせ、当初の計画通り老婆の殺害へと向かわせる。つまりこうすれば、仮にラスが殺害を思いとどまったとしても、憎き老婆の殺害が約束されるのだ。

さて、実際にはラスは彼自身の意志で老婆を殺したため、ドクターXが仕込んだチップは作動しなかった。このとき、ラスは老婆の殺害に責任を負うべきだろうか。これが、フランクファートが私たちに突き付けた思考実験のあらましである。

私たちの多くは、悪の科学者ドクターXの存在を加味したとしても、ラスは老婆の殺害に（直接的に）責任を負うべきである、と考えるのではないだろうか。なぜなら、事実問題としてドクターXの仕込んだチップは作動しなかったのであり、老婆の殺害という出来事はまさしくラスが自分の意志で自由になした行為の結果だと思われるからだ。もし仮に彼が良心の呵責に駆られて殺害を思いとどまったのに、その際にチップが作動して結局老婆を殺してしまったのだとすれば、ラスには責任がない、と言えるかもしれない。だがこの思考実験の面白いところは、あくまで装置が作動しなかったことにある。この殺人事件においてドクターXの存在は結果的に「無関係」であり、したがって殺害の責任を問われるべきなのはもっぱらラスである、という結論に私たちは導かれるのだ。

だが少し待ってほしい。この思考実験の中でラスは、「老婆の殺害」を避けることはできなかったのではないだろうか。彼は自身の望むと望まないとにかかわらず、ドクターXの仕掛けた巧妙な装置によって、老婆を殺すことを余儀なくされたのだ。ならばラスは、まさに他行為可能性をもたなかったとみなされるべきなのではないだろうか。ここがフランクファートの思考実験の最重要ポイントだ。ラスに他行為可能性がないとしても、自らのなしたことに対して責任を負うべき行為者である、と言えるのではないだろうか。もしそうであるならば、この思考実験はＰＡＰへの反例になる。

フランクファート型事例が他行為可能性への強力な反例だということに説得された読者も多いかもしれない。実際、フランクファートの議論の影響力は絶大で、以来多くの哲学者は、この議論に説得されて「他行為可能性なき自由／責任」の探求へと路線をシフトすることになる（その議論の一部は次章で検討される）。ただそうはいっても、前節まで見たように自由や責任に他行為可能性が必要だという直観（つまり、私たちの前理論的な判断）も強力で、おいそれとは捨てがたいものだ。そういうわけで、第4節と第5節では、フランクファート型事例に対してどのような反論が可能か、PAPの擁護者の視点から検討してみよう。

4　行為者に他行為可能性は存在したか？――フランクファート型事例に対する反論（1）

フランクファート型事例の成否をめぐっては、これまでに膨大な量のインクが費やされてきた。[7] 本書でそれらすべてを詳論することはとても不可能である。そこで本節では、膨大な論争の中からとくに重要な反論を概略的に紹介するに留めたい。それでも、フランクファート型事例をめぐる論争の奥行きと難しさを感じてもらえるのではないかと思う。

まずは、議論の見通しを明確にするために、フランクファート型事例のポイントを改めて述べ直しておこう。フランクファート型事例とは一般に、次の二つの条件を満たす行為者を含む事例である。

（1）行為者Sはある行為Aを遂行したが、A以外の行為をすることはできなかった。

（2）行為者Sは行為Aに対して責任を負う。

条件（1）は要するに行為者Sに他行為可能性がなかったということを述べているので、提示された事例において（1）と（2）がともに満たされていれば、その事例はPAPへの反例となる。したがって、フランクファート型事例に抵抗してPAPを守りたい論者は、フランクファート陣営が提示する各々の事例に対して、（1）と（2）のどちらかを否定することを迫られる。本節で（1）を拒否する代表的な議論を二つ、次節で（2）を拒否する代表的な議論を一つ、順に検討することとしたい。

条件（1）を否定する、すなわちフランクファート型事例で行為者には他行為可能性があったのだ、と主張する議論として、どのようなものが考えられるだろうか（再びラスの事例を引き合いに出して議論を進める）。一つの戦略は、ラスが老婆の殺害を決断する時点より前の時点に、「他行為可能性」が存在する余地を求めるというものだ[8]。この戦略のポイントを理解するために、まずはドクターXが介入を行う段取りをもう少し詳しく特定することから始めよう。ドクターXは、できることなら自分の手を汚したくないので、ラスが老婆の殺害をためらう素振りを見せたときにだけ、チップを通じた介入を行うのだった。ここでドクターXは、ラスに現れる行為への何らかの兆候を手掛かりとして、介入するかどうかを決定しているはずだ。その兆候を、今回の事例では仮に「頬の紅潮」とでもしておこう。つまり、ある時点t_1にラスの頬が紅潮すれば、（介入などがない限り）彼は老婆の殺害を時点t_2に決断す

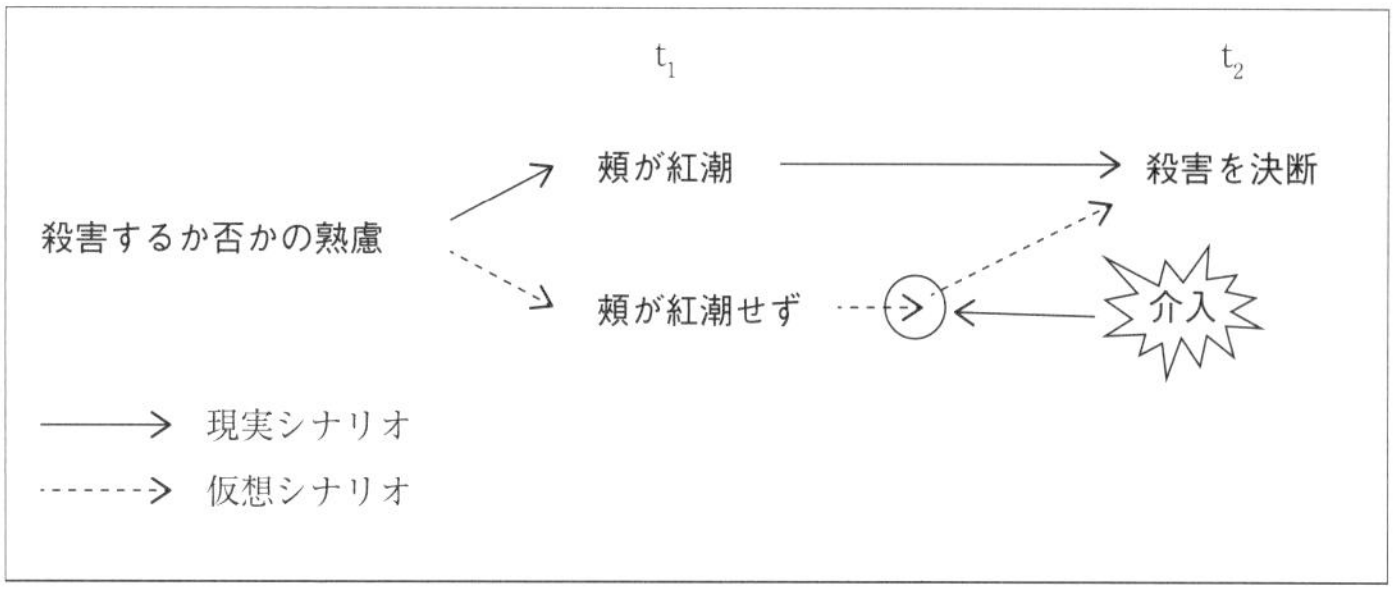

図1.1

るだろうし、時点t_1にラスの頬が紅潮しなければ、（介入などがない限り）彼は老婆の殺害を控えることを時点t_2に決断するとしよう。するとここには、実現しうる二つのシナリオが存在することになる――時点t_1に頬が紅潮し、そのままラスが自分の意志で殺害を決行する場合と、時点t_1に頬が紅潮せず、その結果ドクターXの介入によりチップが作動して殺害が遂行される場合だ。実際には前者の可能性が実現したので、前者を「現実シナリオ」、後者を「仮想シナリオ」と呼ぶこととしよう（図1・1）。

この図をふまえて、フランクファート型事例の条件（1）に反論する戦略に話を移そう。反論者は、もしかすると時点t_1の直前に見出される「分岐」に活路を見出すことができるかもしれない。時点t_1以前の時点、すなわちラスが殺害を決行するかどうかを熟慮している瞬間には、現実シナリオと仮想シナリオという二つの可能性が彼に開かれていたと言える。この二つの可能性は、いずれにせよ「老婆の殺害」という同じ結果にたどり着いてしまうとしても、ラスにとって開かれた「分岐道」であることに変わりはないのであり、ここに「他行為可能性」の余地が生じるのではないだろうか。[9] さらに言えばこの分岐は、ラスにとって決して些細なものではないように思われる。というのも、どちらの道を進むかによって、ラスに帰せられる責任の有無が大きく変わってくるからだ。そうだとすれば、この分岐の存在は決して軽視できない、ラスにとって重要な「他行為可能性」だと言えるのではないだろうか。

この種の反論は、しばしば「**自由の微光**」(flicker of freedom)という言葉を用いて表現される。[10] たしかに、頬が紅潮するかしないかという分岐は、通常の自発的な選択の場合とは異なり、ラスが自ら選び取りうる類のものではない。その点で、このような他行為可能性は、たとえあるとしても、儚くちらつく自由の微光にすぎないかもしれない。だがそれでも、ラスにある種の他行為可能性が存在することは確かなのであり、その限りでフランクファート型事例はＰＡＰの反駁には成功していないのだ、と反論者は主張するだろう。[11]

自由の微光に訴える先述の反論に対して、ジョン・マーティン・フィッシャーは重要な批判を提起している(Fischer 1994 Ch.7)。「自由の微光」論者は、たしかにフランクファート型事例において何らかの「他行為可能性」が存在すると指摘することには成功したかもしれない。だが、そのことを示すだけでは、ＰＡＰの擁護という目的にとって不十分である。反論者はさらに、フランクファート型事例で見出される「他行為可能性」が、行為者の責任を基礎づけるに足るほどに「**頑健な**」(robust)ものだということまで示さなければならない。[12] 他行為可能性が責任を「基礎づける」とはつまり、まさに行為者が他行為可能性をもつという事実によって行為者への責任帰属が正当化される——端的に言えば、他行為可能性が責任の根拠となる——ということだ。さて、ラスの頬が紅潮するかしないかという可能性は、ラスの責任を基礎づけるほどに頑健なものであろうか。明らかに「否」である、とフィッシャーは主張する。

行為者が自由に行為しないような代替の可能性が存在するということによって〔道徳的責任を基礎づけうる〕種類のコントロールを行為者が持っていることが示されるという考えは、非常に不自然で理解しがたいものであると私は考える。（Fischer 1994 141）

フィッシャーが指摘するように、時点t_1に頬が紅潮しないという可能性は、せいぜいラスが不自由な仕方で（ドクター・Xの干渉によって）ふるまうことを保証するにすぎない。そのような自由の微光によって行為者の責任が基礎づけられるというのは、まるで「錬金術」であるかのようである（Fischer 1994 141）。このようにフィッシャーは論じ、「自由の微光」論者によるPAPの擁護は失敗している、と結論する。[13]

フィッシャーの議論は説得的に見えるが、「自由の微光」論者にもまだ、ラスの有する微かな他行為可能性は責任を基礎づけるに足る「頑健な」ものなのだ、と反論する余地があるかもしれない。[14] 残念ながら本書ではこの論争にこれ以上深入りすることはできないが、その代わりに、これまでの議論から引き出される重要な教訓を述べておきたい。私たちはフランクファート型事例の条件（1）の成否を評価する際、「ラスに他行為可能性はあるのか」という比較的単純な問いからスタートした。しかし、この問いはもっと具体的に述べられるべきだということが明らかになった。すなわち、フランクファート型事例において係争点となっているのは、「ラスに、責任を基礎づけうるほどに頑健な種類の他行為可能性があるのか」という問いなのである。「自由の微光」に訴えてＰＡＰを維持したい論者は、後者の問いに対して肯定的な答えを与えるだけの根拠を提示せねばならないだろう。

さて、議論のために、類が紅潮するか否かという「自由の微光」は、ラスの責任を基礎づけるほどに頑健なものではない、というフィッシャーの見解を受け入れるとしよう。そうした上でも、ＰＡＰの擁護者にはフランクファート型事例に応答する余地がまだ残されている。それが、ロバート・ケインやデイヴィッド・ワイダーカーによって提起された「**ジレンマ批判**」（dilemma objection）と呼ばれる議論だ（Kane 1985, 1996; Widerker 1995）。ジレンマ批判はその名の通りジレンマ論法の形をとる――その基本的な構造だけあらかじめ述べておけば、フランクファート型事例における行為者の行為過程は決定論的か非決定論的かのいずれかだが、いずれにしてもフランクファート型事例はＰＡＰの反駁に成功しないのだ、と論じられる。このジレンマの二つの角がどのようにサポートされるか、以下で詳しく見ていくこととしよう[15]（この節は、第4章のリバタリアニズムの議論を知ってからの方が読みやすいかもしれない。読んでみて難しいと感じた方は、一度第4章まで読み進めてからこの節に戻ってくるのもよいだろう）。

まず議論の下準備として、序章で区分した論争的立場の一つ、リバタリアニズムに登場してもらおう。リバタリアニズムとは、決定論と自由（責任）は両立しえないが、非決定論と自由（責任）は両立しうる、と考える立場のことであった。すべてのリバタリアンが自由の他行為可能性モデルをとるわけではないが、多くのリバタリアンは自由の他行為可能性モデル、およびＰＡＰを支持する。したがって、フランクファート型事例を、自由の他行為可能性モデルをとるリバタリアニズムに向けられた批判として見ることができる。

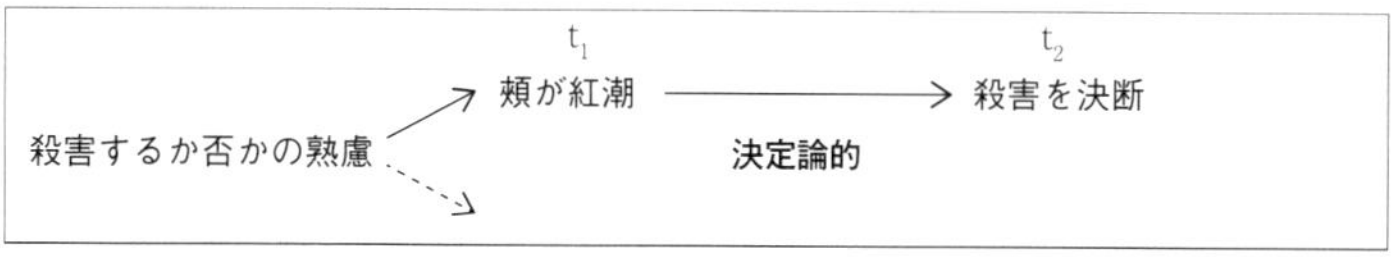

図1.2

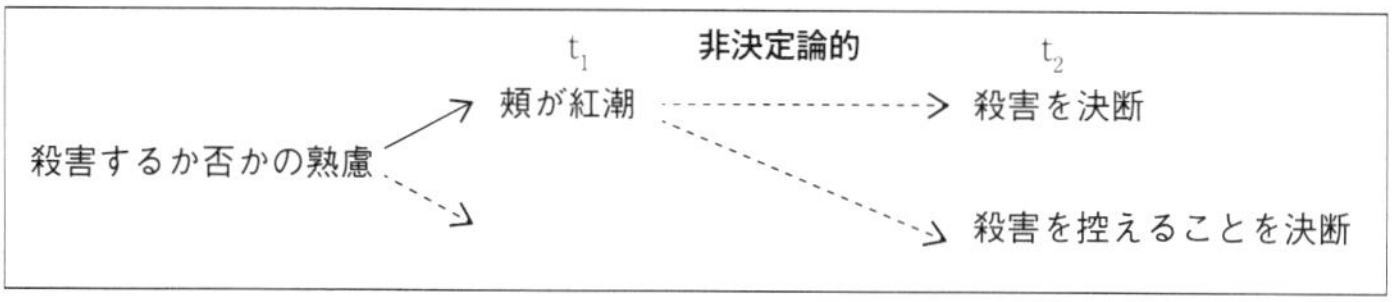

図1.3

では、リバタリアニズムに対する批判として見たとき、フランクファート型事例は十分に説得的なのだろうか。否、とケインやワイダーカーは論じる。再び図1・1に注目しよう。現実のシナリオでは、時点t_1にラスの頬の紅潮が生じ、それから時点t_2に老婆の殺害という決断が生じている。この、時点t_1から時点t_2に至るまでのプロセスは、決定論的であるか非決定論的であるかのいずれかだ。まず決定論的である場合を考えよう（図1・2）。この場合、頬が紅潮するかどうかという「頑健でない」他行為可能性を別にすれば、ラスの行為はもっぱら決定論的なプロセスを経てもたらされることになる。しかし、リバタリアン（もしくはリバタリアン的な直観を持つ人）は、そのような行為者をそもそも自由であるとはみなさないだろう。つまり、決定論的な設定の下では、フランクファート型事例の条件（2）――「ラスは老婆の殺害に対して責任を負う」――をリバタリアンに説得させることはできないように思われるのである。

では、時点t_1から時点t_2に至るまでのプロセスが非決定論的であるとしたらどうか（図1・3）。この場合、仮に時点t_1でラスの頬が紅潮したとしても、その時点のラスには、時点t_2に老婆の殺害を決断する可能性も、また殺害を控えることを決断する可能性も、ともに開かれていることになる。だとすれば、ドクターXはいかにして、ラスが老婆を殺害するという結末を確たるものにできるというのだろうか。つまり、非決定論的な設定の下では、フランクファート型事例の条件（1）――「ラスは老婆の殺害以外の行為をすることはできなかった」――がなぜ満たされるのか、それが明らかでなくなるのである。

ジレンマ批判のポイントをまとめよう。フランクファート型事例を決定論的な設定の下で構築すると、たしかに介入者（ドクターX）による介入を確実なものにすることができるものの、そこでの行為者（ラス）はリバタリアンにとって自由とは認められない存在になってしまう。よって、条件（2）が成り立たなくなる。一方、フランクファート型事例を非決定論的な設定の下で構築すると、今度はなぜ条件（1）が成り立ちうるのか、つまり、なぜラスが他行為可能性を持たないと言いうるのか、それが明らかではなくなる。いずれにしても、条件（1）と（2）を同時に満たすような事例を作ることはできない、というのが、ケインやワイダーカーの主張である。[16]

ジレンマ批判が提示されて以降、フランクファート型事例の支持者たちは、非決定論的でありながら行為者の他行為可能性が奪われている（条件（1）が成り立つ）ような事例を作るのに多大な労力を払ってきた。その結果として、現在有望とされているフランクファート型事例は、私たちが考察してきたラスの事例よりもはるかに複雑なものとなっている。[17] このあたりの論争（のほんの一部）をコラム①で紹介しているので、是非そちらもご覧いただきたい。

5　行為者は何をするべきだったのか?――フランクファート型事例に対する反論(2)

最後に、条件(2)を否定する戦略、すなわち、ラスには老婆の殺害に対する責任を負わないのだ、と論じる方針を検討してみよう。ラスに責任がないという主張は一見すると信じがたいもので、トンデモな議論に思われるかもしれない。しかし実は近年この路線の議論が注目を集めており、フランクファート型事例をめぐる論争は新たな展開を見せているところなのだ[18]。さっそく、この路線の代表的な論者であるワイダーカーの議論を紹介しよう。

ワイダーカーの議論は、「非難に値する」(blameworthy)という概念に定位して論じられる。したがってまずは、PAPを責任ではなく「非難に値すること」(blameworthiness)についての原理として定式化し直しておこう。

PAP-B：行為者が彼の行為について非難に値するのは、彼が実際にしたのとは別の行為をすることができたときに限る。

序章で述べたように、本書で(そして現代の自由論において)問題となる「責任」概念は、「非難に値する」とか「称賛に値する」といった概念と結びつく意味での責任である。したがって、PAPを認める論者は、このPAP-Bの正しさも認めると考えてよいだろう[19]。

さて、フランクファート型事例について先ほど「ラスは彼の行為に責任を負うべきか?」という問いを立てたが、これを「ラスは彼の行為について非難に値するか?」という問いに置き換えて考えてみよう。この置き換えも、ラスの行為が道徳的に悪いものであり、しかもそのことを彼が十分に理解していることをふまえれば、特に問題なく受け入れられるだろう。

準備が整ったところで、ワイダーカーの議論の検討に移ろう。フランクファート型事例の支持者は、ラスはあくまで自分の意志で——脳内チップの介入を受けることなく——老婆の殺害を決行したのだから、彼はそのことで非難に値する、と主張する。既に確認したように、これは一見して自然な主張に見える。しかしこの主張は本当に正当化されうるのだろうか。フランクファート型事例の支持者に対して、ワイダーカーは次のように問う。

> 彼〔ラス〕が〔老婆を殺害するという〕決断について非難に値すると考えるのであれば、あなたの意見では、彼は代わりに何をすべきだったのかを私に教えてほしい。さて、あなたは、彼は〔老婆の殺害を〕決断すべきではなかったのだ、と主張することはできない。というのも、これは彼の力のうちにあることではないからだ。したがって、あなたがいかにして彼をその決断について非難に値するとみなしうるのか、私にはわからない。(Widerker 2003 63)

ワイダーカーは、ラスは非難に値すると考える人——もしフランクファート型事例が説得的であると感じたならば、読者のあなたもその一人だ——に対して、「では、ラスは代わりに何をすべきだったのか?」と問う。そしてワイダーカーは、この問いへの理にかなった回答をフランクファート型事例の支持者は持ち合わせていない、と主張する。というのも、ラスには――他行為可能性がないのだから――老婆の殺害の代わりにすることができたような代替の行為など存在しないからだ。しかし、他にすべきであったと言える行為が存在しなかったのにラスを非難することは、彼にとってアンフェアではないだろうか。ある意味ではラスは、ドクターXの策略によって老婆の殺害に至ることを余儀なくされた、不幸な犠牲者にすぎないのではないだろうか。このような疑念を喚起するのがワイダーカーの目論見である。彼のこの議論は、代わりに「何」をすべきだったのかと問うことでフランクファート型事例における行為者（私たちの事例でいえばラス）を弁護するものなので、"What"の頭文字をとって**「W－弁護」**（W-defense）と呼ばれる。

ワイダーカーのW－弁護には、一定の説得力があるように思われる。日常で私たちが他者のなした行為についてその人を非難するとき、私たちはたいてい「その人はそれをすべきでなかった」という信念のもとでそうしている。あなたに嘘をついた友人の例でいえば、あなたは「その友人は嘘をつくべきでなかった」と考えるからこそ、友人を非難するのである。こうした場合には、「友人は代わりに何をすべきだったのか？」というワイダーカー流の問いかけに明確な答えが存在する――友人は代わりに真実を述べるべきだったのである。私たちが他者に対する非難を差し控える事例を考察すると、ワイダーカーのポイントがより鮮明になるかもしれない。本章の第1節で挙げた、銀行強盗による脅迫の事例を考えよう。私たちの多くは、銀行員が強盗に屈してお金を差し出したことは非難に値しないと判断するだろう。なぜか。一つの答えはこうだ――銀行員には、実際になした行為以外にするべきであったと正当に言えるような、代替の行為の候補が存在しなかったからである。もちろん、厳密に言えば彼にはいくつかの選択肢はあった。一瞬のスキを突いて強盗をやっつけようとすることもできただろうし、金庫を開けることを拒んで射殺されることを選ぶこともできたかもしれない。だが、これらの行為選択をするべきであったと彼に要求するのは不当であろう。この意味で彼には、「代わりにこうすべきであった」と正当に言えるような代替の行為が存在せず、それゆえに彼は非難に値しないのだ、と考えられるのである。

ワイダーカーの議論の核となるステップは、「行為者が代わりになすべきと言える行為はなかった」という規範に関する主張から、「行為者は当人のしたことについて非難に値しない」という「非難に値すること」に関する主張への移行である。この移行はどのような論理によって導かれているのだろうか。ワイダーカーは前述の引用に続く箇所で次のように論じている。

> 私たちが誰かをある行為について道徳的に非難に値すると考えるとき、私たちは道徳的に言って彼はそうすべきでなかったと信じるがゆえに、そう考えるのである。この信念は、彼のふるまいへの私たちの道徳的な不賛同にとって本質的である。しかしながら、ときに、そのような信念はたとえば次のような場合には正当なものであるとは言えない。それはたとえば、行為者が当該の行為をすることが避けられなかったことが明らかであるような場合である。そのような状況下で行為者にその行為をすべきでなかったと期待することは、彼に不可能事をするように期待することに等しい。(ibid. 63)

ワイダーカーの議論の見通しをよくするために、この一節から示唆される論証を構成してみよう。

（1）行為者Sが行為Aについて非難に値するのは、その状況下で、SにAしないよう期待することが道徳的に正当であるときに限る。[20]〔ワイダーカーの前提①〕

（2）SにAしないよう期待することが道徳的に正当であるのは、SがAをすることを避けることができたときに限る。[21]〔ワイダーカーの前提②〕

（3）ラスは老婆の殺害を避けることはできなかった。〔フランクファート型事例の前提〕

（4）ラスに老婆を殺害しないよう期待することは道徳的に正当ではない。〔2、3より〕

（5）したがって、ラスは老婆の殺害について非難に値しない。〔1、4より〕

前提（1）と前提（2）は、ワイダーカーが引用文で示唆する主張を明示したものである。私たちは既に、これらの前提が一定の説得力をもっていると思われることを確認した。前提（3）はフランクファート型事例の支持者が認める想定に他ならない。（1）から（3）を認めれば、（4）、（5）は演繹的な、つまり論理的に正しい推論によって導出される。かくして、前提（1）、（2）を認めれば、フランクファート型事例の仮定から、ラスは老婆の殺害について非難に値しないということが結論される。この結論は、フランクファート型事例がPAPへの反例とはならないことを意味する。

ここで、鋭い読者は、「ワイダーカーの議論はフランクファート型事例の支持者に対して論点先取の誤りを犯しているのではないか？」と疑問をもったかもしれない。論点先取とは、まさに自分がその正しさを論証しなければいけない当の主張を議論の上で前提してしまうことだ。実はこの疑問はある意味で的を射ており、だからこそ、ワイダーカーの「W－弁護」の意義をもう少し丁寧に説明する必要がある。本節の残りはこの説明に充てることとしよう。

まず、ワイダーカーの議論が論点先取であるという点について。前提（1）、（2）はそれぞれ「AならばB」「BならばC」という形式をしている。[22] したがって、（1）と（2）から簡単な論理的推論によって、直ちに「AならばC」、つまり「行為者Sが行為Aについて非難に値するのは、SがAをすることを避けることができたときに限る」という主張が導かれる。この主張は、先ほど定式化したPAP－Bと同義である。すなわち、（1）と（2）を議論の上で前提することは、PAP－Bを前提することに他ならない。しかし、フランクファート型事例はまさにPAP－Bを否定するという目的の下で考案された事例だったはずだ。この点で、ワイダーカーの議論は論点先取であるとみなすことができそうである。

では、ワイダーカーは議論においてズルをしていたのだろうか。必ずしもそうではない、という見方をとることもできる。一つの見解では、「W－弁護」は、フランクファート型事例が失敗していることを論証しようとするものではなく、これまで十分な根拠づけが与えられてこなかったPAP－B（ひいてはPAP）に理論的なサポートを与える議論として見るべきである。つまり、「なぜPAP－B（PAP）は正しいのか？」という問いに何らかの実質的な答えを与えようとする試みとして見るべきなのだ。ワイダーカーの議論によれば、PAP－Bの正しさは、私たちが他者に対して課す道徳的要請が正当であるための条件から説明される。この説明は、最終的に正しいと言えるかどうかはともかく、単に「PAP－Bは直観的にもっともらしい」という主張を超えた重要な理論的進展であると評価できるだろう。

本章の議論をまとめよう。自由の他行為可能性モデルは非常に直観的な牽引力のある自由理解だが、その運命共同体である他行為可能性原理（PAP）に対して、フランクファート型事例という強力な批判が存在することを見てきた。第4節、第5節で概観したように、フランクファート型事例に対する反論の試みは活発になされてきた（そして、フランクファート型事例から五〇年を経たいまも続いている）ものの、多くの哲学者がフランクファート型事例に説得されているのが現状である。では、仮にフランクファート型事例が示唆する通り、責任に関連する意味での自由に他行為可能性が必要ないのだとしたら、代わりに何が自由の必要条件として挙げられるのだろうか。ここにおいて私たちは、改めて「自由」とは何かについての考察に立ち戻ることとなる。次章では、他行為可能性モデルとは別の自由理解、すなわち自由の「**源泉性モデル**」に焦点を当て、この自由理解の明確化を目指すこととしたい。

コラム①　現代版のフランクファート型事例——ペレブームとジネットの論争

第1章では、フランクファート型事例に対する反論の一つとして、ケインとワイダーカーによる「ジレンマ批判」を紹介した。本編では深追いすることができなかったが、ジレンマ批判を受けて、「非決定論的な設定の下でいかにしてフランクファート型事例を構築するか」という観点から、何人かの哲学者がフランクファート型事例の改良を試みている。本コラムでは、その中でも特に有力とされるダーク・ペレブームによる事例を概説し、さらにそれに対するカール・ジネットの反論を紹介することとしたい。

ペレブームは、ジレンマ批判を免れるフランクファート型事例として、次のような入り組んだ事例を考案した。

脱税の事例：ジョーは、家を購入した際に生じた高額の登記費用の税額控除を申請しようかどうか思案している。彼はその控除申請が違法であることを知っているが、おそらく捕まることはないだろうし、仮に捕まったとしても、説得的に無知からの弁解を訴えることができるということも知っている。さて彼には、他者が損害を被ったり自身が違法行為に手を染めることになるとしても私益を満たしたい、というとても強力な、とはいえ常に支配的というわけではない欲求があるとしよう。さらに、彼はリバタリアン〔が自由に要請する条件をすべて満たす〕行為者である。しかし、彼の心理状態は次のようなものだ――この状況下で彼が脱税を決断することを控える唯一の方法は、道徳的理由に気づくことである。つまり、彼は特に理由もなく、なんとなく気分で脱税を控えるということはありえない。実際、一定の強さの道徳的理由が彼に浮かぶことが、この状況で脱税の決断を控えるための因果的な必要条件である〔…〕。だが、その強さの道徳的理由が彼に浮かんだとしても、それは脱税の決断を控えるための因果的な十分条件ではない。たとえそのような理由が浮かんでも、彼はリバタリアン的な自由意志によって、その理由に従って行為するか否かを選ぶことができる。さて、彼が脱税を決断することを確実なものとするために、ある神経科学者が彼にある装置を埋め込み、もし彼に一定の強さの道徳的理由が浮かんだことを感知したら、彼の脳内に電気刺激を与えて脱税を決断するように仕向けるようにした。実際のところ、彼には道徳的理由が浮かぶことがなく、装置は作動しないまま彼は脱税をすることを決断した。(Pereboom 2000 128)

便宜のために、ジョーが熟慮を開始した時点をt_0、脱税することを決断した時点をt_2としよう(ラスの事例と同様に、介入者が介入を判断する兆候——今回の場合は道徳的理由の生起——が生じる時点をt_1とする)。この事例で、ジョーは脱税を控えることはできないと言えそうだ。というのも、もし脱税を控えるための必要条件である道徳的理由が彼に浮かんだならば、そのとたん装置が作動して彼は脱税を決断するように仕向けられてしまうからだ。しかし、結果的に装置は作動せず、ジョーは自身の利己的な欲求に従って脱税を決断したのだから、彼はその行為に対する道徳的責任を負うと言えるだろう。ここまでは、ベーシックなフランクファート型事例と何ら変わるところはない。ペレブームの事例の巧妙なポイントは、時点t_0から時点t_2の間のどの時点においても、ジョーが脱税を決断することの因果的な十分条件は成立していないところにある。なぜなら、「選択(決断)の直前までの行為の因果的歴史の任意の地点において、一定の強さの道徳的理由が彼に思い浮かぶことはあり得るからだ」(Pereboom 2000 130)。かくして、脱税の事例では、介入者がジョーの他行為可能性を奪うことを確実なものとしつつ、ジョーの行為過程がリバタリアン的な自由の要請と抵触しないものとなっているように思われる。

ペレブームの事例に対して、ジネットは次のような反論を提起している(Ginet 2002)。たしかに、時点t_2より前の時点で道徳的理由が生じたならば、介入者は成功裡にジョーを時点t_2に脱税へと仕向けることができるだろう。しかし、仮に時点t_2ちょうどに、脱税を控えるための必要条件である道徳的理由が生じたらどうだろうか。その場合、介入には一定の時間がかかると想定されるので、脱税の決断は時点t_2より後の時点（時点t_3としよう）にもたらされることになる。だが、そうだとすれば、ジョーが時点t_2に脱税を決断しない他行為可能性が開かれていることにならないだろうか。ジネットのこの議論は、道徳的理由が生じるタイミングに依拠してＰＡＰの擁護を試みることから、「タイミングからの擁護」（timing defense）などと呼ばれる。

ジネットの議論に対して後年のペレブームはさらに再反論を試みているのだが、その顛末を掘り下げることはやめておこう（cf. Pereboom 2012, 2014）。ジネットの議論（あるいはペレブームの事例）がうまくいっているかどうかは、読者の皆さんへの宿題としておきたい。

第2章　自由とは「自らに由《よ》る」ことか？――自由の源泉性モデル

前章ではまず、自由の「他行為可能性モデル」と呼ばれる描像を提示した。それによれば、人が自由であるためには、複数の選択肢が行為者に開かれており、実際になす行為以外の行為を選択できるのでなければならない。この、自由についてのきわめて日常的で自然な見方は、さらに、私たちの「責任」理解とも密接に結びついていると思われることを確認した。その関係を定式化したのが、他行為可能性は責任の必要条件であるという原理、すなわち他行為可能性原理（PAP）であった。

前章の後半では、自由の他行為可能性モデル、およびPAPの正しさに重大な疑義を投げかける議論として、フランクファートによる有名な思考実験――フランクファート型事例――を紹介した。もしフランクファートの議論に説得されるならば、私たちが自らの行為やその結果に対して責任を負うために、他行為可能性は必ずしも必要でないことになる。このことは、自由は責任の必要条件だという自然な想定と合わせると、他行為可能性としての自由は責任に必要でないという見解を導く。

現代自由論の論争を振り返ると、フランクファート型事例の登場は実に大きな歴史的分岐点であったことが分かる。フランクファート型事例に説得された論者たちの間で、「他行為可能性」に依拠しない別の自由のモデルを模索しようとする風潮が形成されてきたのだ。[1] それが、本章で主題的に検討する自由の「**源泉性モデル**」である。自由の源泉性モデルとは一言でいえば、自由の本質を、行為の源泉が行為者自身のうちにあることに求める考え方のことだ。ただこうはいっても、まだイマイチ「源泉性」としての自由とは何かピンと来ない方も多いと思う――行為の源泉とは何だろうか、また、それが行為者自身のうちにあるとはどういうことだろうか、といった疑問をもつのはもっともなことだ。[2] そこで本章ではまず、自由の源泉性モデルについての詳細な理論を検討する前に、「源泉性」の意味するところについて、もう少しかみ砕いて説明することから始めたい（第1節）。その後で、源泉性モデルの代表的な理論として、前章でも登場した哲学者、フランクファートによる「**二階の意欲説**」（Frankfurt 1971）を紹介する（第2節、第3節）。その後、二階の意欲説に対する重要な批判を二つ検討し、二階の意欲説の可能性と課題を明らかにすることを目指す（第4節、第5節）。

1　自由の源泉性モデル

まずは議論の土台を設定するために、本書が自由の「源泉性モデル」と呼ぶ自由理解を次のように定式化しておこう。

自由の源泉性モデル：行為者Sがする（した）行為Aが自由であるのは、行為Aの源泉が行為者S自身の内にある（あった）ときに限る。

この種の自由理解は、様々な哲学者によって、多種多様な概念・言葉を用いて描写されている。たとえばトマス・ネーゲルは、私たちが自身の行為の創り手であるというところに、自由の本質を求める（Nagel 1986 114［邦訳 187］）[3]。ロデリック・チザムは、人間の自由の本質は出来事間の物理的な因果秩序、つまり「出来事因果」には還元されない特殊な因果的力能、すなわち「行為者因果」に存すると主張し、そのような因果的力能を持つ人間の在り方を、神になぞらえて「不動の動者」と表現する（Chisholm 1964）[4]。このように、「源泉性」は決して一枚岩の概念ではなく、そもそも「源泉性とは○○である」という画一的な特徴づけが可能であるのかも明らかではない。とはいっても、源泉性モデルをとる論者が共通に持つ、自由理解の核をなすアイデアは存在する。それは、自由概念を理解するうえで、行為が本当の意味で、**行為者自身によって生み出されたものであるかどうかが決定的に重要だ**、という考えである。したがってまずは、行為が「本当の意味で行為者自身によるもの」であるとはどのようなことか、いくつかの具体例の考察を通じてこのアイデアの輪郭をスケッチすることを目指そう。

行為者がある行為を行うとき、ある意味では、その行為が行為者自身によってなされたものであることは自明である。というのも、行為者は文字通り「行為」者であり、その行為を記述する述語を含む主語述語文の主語の座に入る「主体」としての資格を持っているからだ。しかし、文字通りには当の行為の主体と言えるにもかかわらず、その行為は「本当の意味で彼／彼女がしたこととは言えないのだ」と言いたくなるような場合が存在する。次の事例を見てみよう。

催眠の事例：ある国のスパイであるアンは、敵国に潜入して重要な軍事機密の入手を狙っていた。しかし任務遂行中にうっかり素性が露見してしまい、敵国に捕らえられてしまう。そこでアンは、強力な催眠術をかけられ、その暗示により、自国の企みや他の仲間の情報を洗いざらい自白させられてしまった。

たしかに、ある意味では自国の機密情報を自白したのはアンに他ならない。だが、彼女が自白後に敵国による拘束から解放され、自国に逃げ帰ったときのことを想像してみよう。アンの仲間は、彼女が自白してしまったことを責め、非難するかもしれない。そのとき、アンが次のように弁解することは容易に想像できるだろう――「自白は催眠にかけられた結果であって、私自身がしたことではないんだ！」。このように、催眠の事例では、文字通りの意味での行為の「主体」と、本当の意味での行為の産出者という意味での「主体」とが乖離していると言えるように思われる。[5]

催眠の事例を受けて、次のように言いたくなるかもしれない――この種の事例では、行為者に対して催眠という外的な干渉が生じたことが原因で、行為者は自分のしたくない行為をすることを余儀なくされている。しかし、外的な干渉や障害なく、行為者の欲するままに行為していれば、行為が本当の意味で行為者自身によるものであると言えるのではないか、と。[6] この主張は、近似的には自由概念の内実を捉えていそうだが、まだ正確な記述とは言えない。というのも、この主張の反例となる、次のような事例が存在するからだ。

麻薬依存症の事例：シュウは、麻薬依存症の患者である。麻薬に手を染めてから、彼の人生は破滅的なものへと一変してしまった。彼は普段は心から麻薬などやめてしまいたいと思っているが、麻薬が体内から切れると禁断症状が出て、自身の欲求に抗えずに麻薬を摂取してしまう。

シュウには、麻薬を摂取するよう彼を仕向けるような、外部からの強制が存在するわけではない。むしろ、彼は自分自身の欲求の赴くままに麻薬を摂取していると言える。それにもかかわらず、私たちは麻薬依存症患者のシュウを自由な主体であるとはみなさないだろう。なぜか。それは、彼の行動を突き動かす欲求は彼にとって制御不能なものであり、彼はいわば欲求のドレイ、あるいは欲求が自身を駆り立てるのを眺めているだけの無力な傍観者にすぎないように思われるからだ。ここでも、「その行動（麻薬の摂取）は、本当の意味で彼がしたことではないのだ」と言いうる余地がある。つまり、麻薬の摂取という行動において働いているのはもっぱら欲求の抗いがたい力であり、シュウという行為者自身はその行動の産出に何ら寄与できていない、と考えられるのである。麻薬依存症と同様の事例としては、これ以上手を洗わなくてよいと分かっていても強迫観念から手を洗い続けてしまうといった強迫性障害の事例や、窃盗への欲求を抑えることができない（重度の）窃盗癖の事例などを挙げることができる。

源泉性としての自由とは、本当の意味で行為が行為者自身によるものである、という意味での自由である。その自由は、催眠下の行為者や麻薬依存症の患者には欠けているが、通常の状態の人間は有しているとさしあたりは思われるような、そうした意味の自由である（「さしあたりは思われる」ともったいぶった書き方をしたのは、哲学的探求の結果、私たちも前述の諸事例における行為者と同様に源泉性としての自由を持たないのだ、という懐疑論的な結論が導かれる理論的な可能性を担保するためである）。もっとも、本節での若干の考察から得られた「源泉性としての自由」は、いわば大理石の塊から大まかな輪郭を切り出しただけの粗い彫像にすぎない。この自由概念の細部をどのように彫琢するかは、各々の哲学者の裁量に任されている。その一つの重要な試みを、次節以降で紹介することになる。だがその前に、本節の残りの部分で、「源泉性モデル」という自由理解、また「他行為可能性モデル」と「源泉性モデル」の区別について、いくつかの補足的注意を施しておきたい。

本書では、すべてとは言わずともほとんどの現代自由論の哲学者をその内に網羅することができる二分法として、他行為可能性モデルと源泉性モデルを導入している。[7] だがここで、「自由」はすぐれて多義的、多元的な概念であり、そのような二分法はそもそも適切なのか、という疑問が生じるかもしれない。これは正当な懸念だと思う。そこで、この懸念を少しでも和らげるために、自由の源泉性モデルをこれまでとは少し異なる角度から説明してみたい。

自由の他行為可能性モデルは、現実とは異なる行為をすることができた可能性に自由の本質を求める自由理解だ。それと対比して述べるならば、自由の源泉性モデルは、何が起こりえたかではなく、まさに現実にどのような仕方で行為がもたらされたかという、その仕方に自由の本質を求める自由理解である。[8]この対比をより良く見て取るためには、前章で詳述したフランクファート型事例における行為者、ラスが持つとされる「自由」に注目するのが良い戦略だろう。ラスには他行為可能性としての自由が欠けているにもかかわらず、それでも自由な行為者であり、それゆえに自身の行為に責任を負うのだ、という強力な直観が存在する。このことは、他行為可能性モデルをとる論者に対する重大な挑戦を提起していたのであった。しかし、源泉性モデルをとる論者は、特に問題なく、ラスには自由があり、ゆえに責任を負うのだと主張することができる。源泉性モデルの論者は、「ほら、ラスが現実に老婆の殺害という行為をもたらしたプロセスを見てごらんなさい」と忠告する。[9]もし仮に、ドクターXがラスの脳内に埋め込んだチップが作動したことによって老婆の殺害に及んだならば、ラスはそれを自由に行ったとは言えないだろう。しかし、現実問題、ドクターXの仕掛けは発動しなかった。言ってみれば、ドクターXの仕掛けの有無とは無関係に、ラスは自分の意志で老婆の殺害に及んでいた。だからこそ、ラスは自由に行為を行ったのであり、ゆえに自身の行為に責任を負うのだ。源泉性モデルの論者は、このように主張するだろう。自由の本質を「現実」の行為産出プロセスに求めるか、「代替」の可能性に求めるかという対比で源泉性モデルと他行為可能性モデルの区別を理解すれば、この二つがおおよそ網羅的な区分となっているという本書の主張がいくらかサポートされるだろう。

第二の補足として、自由の他行為可能性モデルと源泉性モデルは、両立可能な自由理解である。つまり、他行為可能性も源泉性もともに自由の本質的な要件をなす、という見解は十分に考えられる（実際、第4章で検討するケインの出来事因果説を、ある意味で両モデルのハイブリッド的な理論とみなすことができる）[10]。したがって本書を読み進める上でも、「他行為可能性モデル」と「源泉性モデル」は二者択一の、相互に排他的な自由理解ではないのだということを念頭に置いていただきたいと思う[11]。

2　欲求を反省する能力――フランクファートの二階の意欲説

哲学者ハリー・フランクファートといえば、読者の皆さんにはすでに前章の「フランクファート型事例」でおなじみだろう。フランクファート型事例は、自由や責任に他行為可能性が必要でないという、いわばネガティブな結論を示す議論であった。しかしフランクファートは、自由や責任に何が必要であるのかについてのポジティブな議論をも提示しており、その議論も、フランクファート型事例に勝るとも劣らない論争的な影響力を持っている（Frankfurt 1971）。それが、本章で主題的に検討する「二階の意欲説」であり、自由の源泉性モデルの代表例の一つと言ってよいだろう。なお、二階の意欲説は両立論的な理論であるが、非両立論的な自由の源泉性モデルも存在する。その最も伝統的かつ有名なものは、「行為者因果説」である（行為者因果説に関しては第5章で簡潔に紹介している）。

フランクファートの議論の面白いところは、自由を考察するうえで、そもそも「人間」とは何かという問いから論じ起こしているところにある[12]。したがって本書も、自由の源泉性モデルの理論化というゴールを目指すにあたり、フランクファートに倣って迂回路をとることとしたい。まずは「人間」の本質は何かについてのフランクファートの議論から始めて（本節）、そこから「自由」についての議論へと歩を進めることとしよう（次節）。

私たち「人間」とは、どのような存在なのか。[13] フランクファートはこの問いに取り組むにあたって、人間と他の動物との間に存在すると思われる本質的な違いに注目する。[14] 一匹のカエルを考えよう。カエルの目の前に虫が飛んでいる。カエルはその瞬間舌を伸ばして虫を捕らえる。このときカエルは、カエル自身の欲求（この場合食欲）に導かれて虫を捕らえた、と言うことができるだろう。この点でカエルの行動は人間のそれと似ているように見える――私たち人間も、自分自身の食欲に導かれて、目の前にある食べ物にありつくからである。

だが人間とカエルには一つの重要な違いがある。それは一言で言えば、自分自身の欲求を反省的に評価する能力の有無である。例として、卒業論文を執筆中の大学生、太郎を想像してみよう。太郎は卒業論文の締め切りに追われている――あと二週間だ。太郎は、卒業論文は大学での学びの集大成であるから、最善を尽くして良い論文を完成させたいと思っている。一方で、面倒な執筆作業はもう切り上げて、冷蔵庫にある大好物のビールを飲んでしまいたいとも思っている（太郎は下戸なので、飲んでしまったらもう執筆はできない）。心の中の悪魔が太郎にささやく――「面倒な作業はほっぽって飲んじまいな。手抜きで提出したって落とされることはまずないだろうよ」。一方で、心の中の天使がこう反論する――「いやいや、出来の悪い論文を提出してしまったら、あとで後悔することになるよ。ここはもうひと踏ん張りして、最善を尽くそうよ」。天使と悪魔のささやきはともに魅力的であり、太郎は葛藤する。そして熟慮の末に、太郎は「ビールという誘惑に負けずに論文の執筆を続けるような、そんな人間でありたい」と考える。かくして彼は心の中の天使の声に従って、執筆作業を続けることを決めたとしよう。このとき太郎は、ビールが飲みたいという誘惑に打ち克ち、こうありたいと思う理想の自己像に忠実に行為したのであり、そんな自分を誇らしく思うだろう。

ここで、太郎の脳内で進行しているプロセスをより厳密に記述するために、少しテクニカルな用語を導入したい。太郎がビールを飲むかどうか思案しているとき、彼の心の中には衝突する二つの欲求がある。それは、「ビールを飲みたい」という欲求と、「良い論文を書きたい」という欲求だ。このような、「何をしたいか」という特定の行為への欲求を一般に、フランクファートに倣って**一階の欲求**（first-order desire）と呼ぼう。さて、フランクファートによれば、私たちがもつ欲求はこのような一階の欲求だけではない。私たちは、「かくかくしかじかの（一階の）欲求をもちたい」という、いわば欲求についての欲求をもつのである。このような欲求は一般に、**二階の欲求**（second-order desire）と呼ばれる。さて、フランクファートが「人間」概念の理解において重要視するのは、ある特別な種類の二階の欲求、すなわち**二階の意欲**（second-order volition）である。二階の意欲とは、「かくかくしかじかの（一階の）欲求が行為を実際に動機づける力をもってほしい」（あるいは、「かくかくしかじかの（一階の）欲求に導かれて行為したい」）という二階の欲求のことを指す。[15] 再び太郎の例に立ち戻ろう。太郎の心の中の天使の声が象徴するように、彼は「ビールの誘惑に負けてしまうのではなく、良い論文を書きたいという欲求に導かれて行為したい」という欲求をもっている。太郎がもつこの欲求は、まさに「二階の意欲」の一例である。

二階の意欲と（より一般的な）二階の欲求の区別はややこしいと思われるので、もう少し補足しておこう。「かくかくしかじかの（一階の）欲求をもちたい」という形式で表される二階の欲求のすべてが、

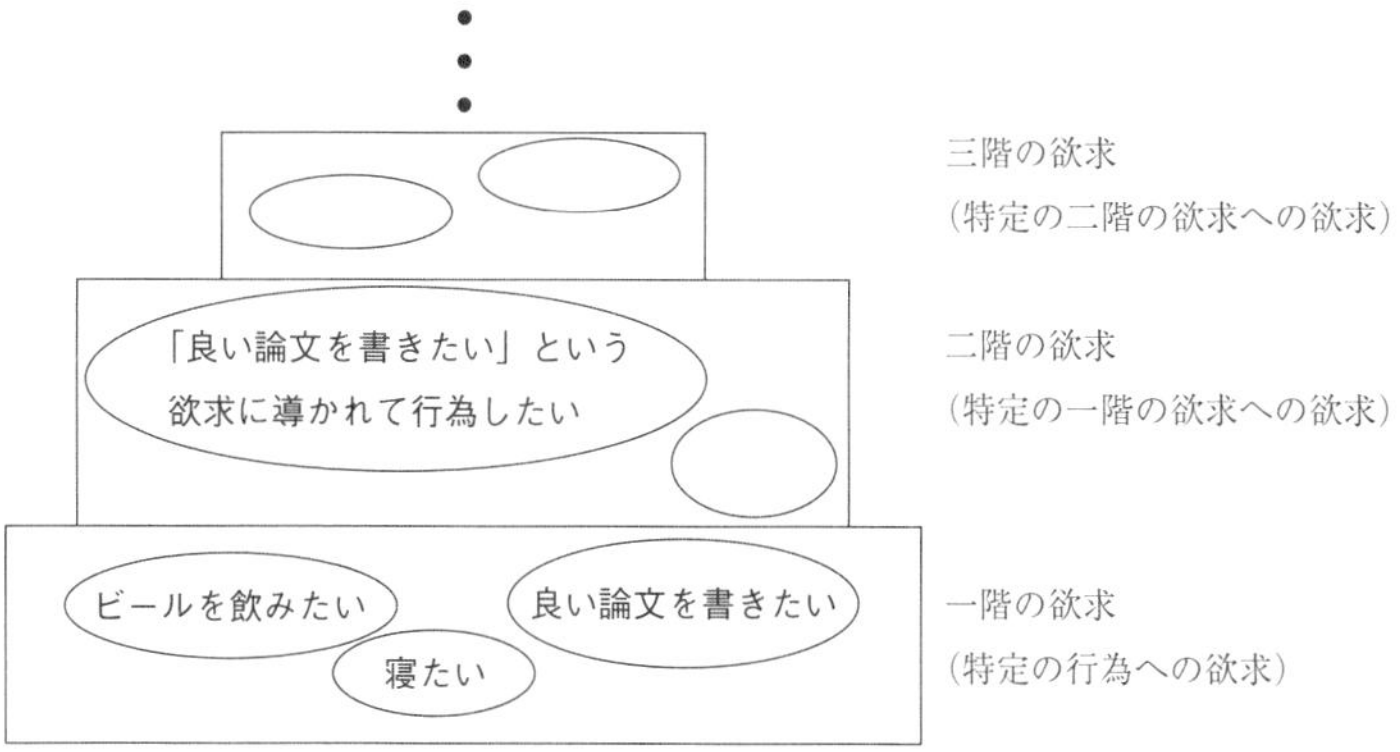

図2.1　欲求の階層構造の図

「その欲求に導かれて行為したい」という「二階の意欲」であるとは限らない。フランクファートは二階の意欲ではない二階の欲求の見事な例として、麻薬依存症の患者をカウンセリングする医師の事例を挙げる。医師は、患者に効果的な治療を施すために、「麻薬を摂取したい衝動に駆られる」とは現象的にどのような感じなのかを知りたいと思うかもしれない。このとき、医師は「麻薬を摂取したいという欲求をもってみたい」という二階の欲求をもっている。しかし、医師はとうぜん麻薬摂取がもたらす悲惨な結末を知っているから、本当に麻薬を摂取してみようなどとは思わない。つまり、「麻薬を摂取したいという欲求に導かれて行為したい」という二階の意欲はもっていない。いわば医師のもつ二階の欲求は、医師を特定の行為（麻薬摂取）へと動かす動機づけの力をもたないのだ。

　同様にして、「かくかくしかじかの二階の欲求をもちたい」という欲求は「三階の欲求」と呼ばれる。以下、原理的には際限なく高階の欲求を考えることもできる（実はこの点は後に問題になる）。ともあれ、現時点でおさえてほしいことは、一階の欲求と二階の欲求（意欲）という、欲求の階層的な区別である。欲求のこのような階層構造に基づいていることから、フランクファートの理論は「**階層理論**」（hierarchical theory）とも呼ばれる。

フランクファートは、二階の意欲を形成する能力こそ、人間という存在の本質的な特徴であると考える。人間も他の動物も、特定の行為をしたいという一階の欲求に導かれて行為するという点では同じだ。しかし、人間は他の動物と異なり、「どの（一階の）欲求に導かれて行為したいか」という二階の意欲を形成し、その二階の意欲と調和した一階の欲求に従って行為するように（常にではないにせよ）努める。[16]人間と動物の間のこの違いを、どの一階の欲求が最終的に行為を導くかを「気にかける」かどうかという観点から述べることもできる。[17]人間の場合でも動物の場合でも、ときに一階の欲求どうしが衝突し、どちらの欲求に従うかの選択を迫られることがある。このとき、動物は最終的にどの一階の欲求が勝ち残るかを気にかけることはしない――最も「強い」欲求が選ばれるというだけだ。しかし人間は、どの欲求が行為を導くかをとても気にかける生き物だ。だからこそ、太郎は誘惑に打ち克って執筆作業を続けたならば自分の意志の強さを誇りに思うだろうし、ビールの誘惑に負けてしまったときには自分を恥じたり後悔したりするのだ。

二階の意欲こそが人間の本質なのだと言われて、「ふーん、そんなものなのか」と納得してしまうかもしれないが、これは中々にオリジナリティあふれる人間観であると筆者は思う。そのオリジナリティは、フランクファートが考案した、「**ウォントン**」（wanton）と呼ばれる存在者の考察を通じて鮮明に浮かび上がってくる。ウォントンとは様々な一階の欲求を形成しうるが、二階の意欲を形成する能力がないような存在一般のことを指す。人間以外の動物や、人間の幼児、重度の精神的な疾患をもつ成人などは、フランクファートによればウォントンに含まれる。ウォントンは、自分のもつ一階の諸欲求の競合の結果、どの欲求が勝ち残るかについてまったくこだわりがない。先に見た太郎が抱くような、誘惑に打ち克って論文を執筆したことに対する誇りや、ビールを飲んでしまったことへの恥や後悔といった感情は、ウォントンには無縁なのである。

フランクファートによれば、ウォントン、つまり二階の意欲を形成しえない存在者は、十全に責任を帰属しうる主体という意味での「人間」の要件を満たさない。ここで強調したいのは、ウォントンは高度に合理的でありうるということだ。つまり、自身の目的に照らしてどの手段が最も効率的かを判断したり、諸欲求のもたらす効用を比較考量したりする能力――これらは「実践的推論」能力などと呼ばれる――を、人間と同程度に備えていると想定してもよい。ウォントンはもしかすると、高度な言語運用能力を発揮することさえできるかもしれない。高度な実践的推論能力や言語運用能力は人間と動物を区別する本質的な特徴としてしばしば挙げられるが、フランクファートの視点からは、それらは人間の本質ではない[18]。この点に、二階の意欲を形成する能力をもってはじめて「人間」とみなされる、というフランクファートの見解の独創性を見出すことができるだろう。

ここまでのフランクファートの議論は、「人間」の本質をめぐるものであり、「自由」についてのものではなかった。だがフランクファートはさらに、二階の意欲は人間の「自由」の本質的な要件でもあるのだと主張する。次節では、本節での二階の意欲に基づく人間理解が自由の源泉性モデルに自然に拡張されることを確認し、自由についての二階の意欲説を定式化することとしよう。

3　人間であること、自由であること

フランクファートは、二階の意欲を形成する能力こそが「人間」の本質なのであると論じた。では、「人間」であることの本質と、「自由」であることの本質は、どのように結びついているのだろうか。つまり、人間の本質を構成するとされた二階の意欲は、源泉性としての自由、すなわち「本当の意味で行為者自身によってもたらされた行為である」という意味での自由と、どのような仕方で関係するのだろうか。フランクファートは、まさに人間の本質であるところの二階の意欲（を形成する能力）こそが、同時に人間の自由の本質でもあるのだ、と論じ進める。彼の議論を理解するために、二階の意欲を持つとはどのようなことなのか、もう少し掘り下げて考えてみよう。

二階の意欲とは、「〇〇という一階の欲求に導かれて行為したい」という形式で表現される欲求のことであった。ところで私たちは様々な一階の欲求をもち、それらは行為選択の場面でときに競合し、対立する。そして、どの一階の欲求に導かれて行為するかは、その人の在り方や、その人の自己理解に重大な影響を与える。卒業論文を執筆中の太郎で言えば、ビールの誘惑に屈してしまう場合は自制心がなく、自堕落な人間だとみなされるし、良い論文を書きたいという欲求に導かれて執筆を続けるならば、自制心のある、確固たる意志を持った人間だとみなされるだろう。ゆえに、一階の意欲は、行為者の在るべき姿、理想とする自己像に関して、ある一階の欲求を特定するという仕方で、一定の指針を与える役割を果たしているのである。

私たちがもつ二階の意欲はもちろん、一つだけではない。太郎は先述の二階の意欲だけでなく、

「困っている人を助けたいという欲求に導かれて行為したい」という二階の意欲や、「（自分が不利を被るとしても）自分の意見を率直に相手に伝えたいという欲求に導かれて行為したい」という二階の意欲をもつかもしれない。行為者がもつこうした一群の二階の意欲は、行為者がいかなる存在であるかという、いわば実践的アイデンティティの重要な部分を構成する。ここにおいて、二階の意欲と源泉性としての自由という二つの概念の接点が現れてくる。つまり、行為者の行為が本当の意味で行為者自身によってなされたものであるかという問いは、行為者の行為が自身の二階の意欲と調和しているか否かを見ることで答えることができる。[19] ここで「調和している」とは、行為者の行為を動機づける一階の欲求と、行為者の持つ二階の意欲によって言及される一階の欲求が一致していることを意味する。つまり、行為者が「Xという一階の欲求に導かれて行為したい」という二階の意欲を持つとき、行為者の行為Aが欲求Xを動機としてなされたものであるならば、行為Aと彼の二階の意欲は調和していると言える。

　私たちが日常で行うたいていの行為は、自らの二階の意欲と調和したものである（ゆえに、「二階の意欲」という欲求の存在が自覚的に意識されることは少ない）。しかし、ときに行為者の行為と二階の意欲とが不調和を見せる場合がある。そのようなとき、行為者の行為は自らがこうありたいと願う自己像とは相容れないものとなり、その行為が本当の意味で自分自身によってなされたものではないという感覚を覚えることになる。その最たる例が、第1節で提示した、催眠の事例や麻薬依存症の事例である。麻薬依存症の事例を、「二階の意欲」という概念を用いて述べ直してみよう。麻薬依存症の患者シュウは、本心では麻薬などやめて健全な生活に戻りたいと強く望んでいた。これはつまり、彼は麻薬の摂取を控えたいという欲求に導かれて行為したいという、二階の意欲をもっていたのだと記述することができる。それにもかかわらず、彼は麻薬を欲する強い衝動に駆られて、麻薬を摂取することを控えることができない。麻薬を摂取するとき彼は、自身の二階の意欲と調和する仕方で行為することに失敗してしまっているのであり、それゆえに、彼には源泉性としての自由が欠けているように思われるのだ。

以上の考察から、フランクファートによる、自由に関する二階の意欲説を、次のように定式化することができる（ただしこの定式化は後に若干の修正を施すこととなる）。

二階の意欲説：行為者Sの行為Aが自由であるのは、AがSの持つ二階の意欲と調和しているとき、かつそのときに限る。

二階の意欲説の主張をより良く理解するために、フランクファートが提示する、二種類の麻薬依存症の区別を導入するのが有用だ。一つ目は、麻薬依存症の患者が、本心では麻薬などやめてしまいたいと思っているにもかかわらず、欲求に屈して麻薬を摂取してしまう事例である。すでに見たシュウの事例は、まさにこれに該当する。この種の事例を、フランクファートは「**不本意な依存症者**」（unwilling addict）の事例と呼ぶ。しかし、次のような麻薬依存症の事例を想定することも可能である。この種の事例は、不本意な依存症者の事例と対比して、「**本意からの依存症者**」（willing addict）の事例と呼ばれる[20]。

本意からの依存症者：シュウジは、麻薬依存症の患者である。彼はシュウと同様、自分では制御不能な麻薬への衝動にかられて麻薬を摂取する。しかし、シュウジは自分が麻薬依存症であること、抗いがたい欲求のままに麻薬を摂取することに心から満足している。彼には、「麻薬なんてやめて健全な生活に戻りたいのに」という、シュウに見られた葛藤は存在しない。

本意からの依存症者シュウジは、麻薬への欲求が強すぎることによって麻薬を摂取する以外の行動をとることができないという点では、不本意な依存症者と同様である。しかし彼は、「麻薬を摂取したいという欲求に導かれて行為したい」という二階の意欲をもっており、二階の意欲説の観点からは本意からの依存症者は自由であるとみなされる。彼は、あくまでこうありたいと本人が考える自己像と調和する仕方で、行為を行っているからである。[21]

4　なぜ二階の意欲が特権視されるのか？――二階の意欲説に対する反論（1）

フランクファートの二階の意欲説に対しては、これまでに様々な批判が提出されてきた。そのうち（おそらく）最も重要な批判は、特定の二階の意欲をもつように操作、ないしプログラムされた行為者が「不自由」であるように思われることをどのように説明するのか、というものだ（cf. Kane 1985,

Pereboom 2001, Mele 2006)。これは、二階の意欲説のみならず、「源泉性としての自由と決定論の両立可能性」というより大きな論点ともかかわる重要な問題であり、本書の第4章で詳細に検討する。したがって本章の残りでは、この論点についてはさしあたり保留し、決定論の問題とは中立的な観点から の二階の意欲説への批判を二つ、取り扱うこととしたい。それは次のようなものだ。

（1）フランクファートによれば、二階の意欲を形成する能力こそが自由の本質的条件だという。しかし、なぜ二階の意欲が特権視されるべきなのだろうか。

（2）フランクファートの二階の意欲説は、「意志の弱さ」の事例を適切に扱うことができるのだろうか。

本節で（1）、次節で（2）の批判を順に検討しよう。

フランクファートによれば、二階の意欲を形成する能力こそが「人間」の本質であり、また人間が自由であるために必要な条件である。ところが、フランクファートが二階の意欲説を世に打ち出してからほどなくして、ゲイリー・ワトソン（Watson 1975）は二階の意欲説に対する重要な批判を提起した。それは、一言で述べてしまえば、「なぜ二階の意欲が、人間の自由を基礎づけるだけの権威・特権性を持ちうるのか？」という問いである。ワトソンのポイントを理解するために、まずは二階の意欲説の核となる「欲求の階層構造」について再考してみよう。

特定の行為に対する欲求——「行為Aをしたい」という形式で表される欲求——は一階の欲求であ

り、ある特定の一階の欲求に導かれて行為したいという欲求を、二階の欲求の中でもとくに二階の意欲と呼ぶ。ここで二階の意欲は、競合する様々な一階の欲求の中からどれを動機として行為すべきかについて、行為者に指針を与える役割を果たすものであった。しかし、欲求の階層構造はこの二つの階層で完結するとは限らない。一階の欲求と同様に、行為者の持つ複数の二階の意欲同士も競合し、対立するかもしれない。また、競合する複数の二階の欲求のうちどれに導かれて行為したいかという、三階の意欲をもつかもしれない。このようないわば「高階の欲求（意欲）への上昇」は、少なくとも原理的には、無際限に続けていくことができるように思われる。つまり、どんなn階の欲求に対しても、それに対して「n階の特定の欲求に導かれて行為したい」というn＋1階の意欲を考えることができるように思われるのだ。

この点は、フランクファートの二階の意欲説に重要な批判を提起する。もし欲求の階層が原理的には無際限に続きうるのなら、なぜ、三階や四階の意欲ではなく「二階の意欲」が人間の自由にとって本質的だと言いうるのだろうか。なぜ「二階の意欲」が自由を基礎づける特権的な力をもちうるのだろうか。これが、ワトソンが提示した二階の意欲への批判の要点である[22]。

以上の懸念に対して、後年のフランクファートはどのように応答しているのだろうか。実はフランクファートは、ワトソンの提起した問題に、二階の意欲説を初めて提唱した一九七一年論文の時点で気づいていた。フランクファートは論文中で、「欲求の無際限な上昇」の問題に触れたあと、次のように述べている。

しかしながら、〔次々と高階の欲求を形成していくという〕一連の作用を、恣意的ではない仕方で終わらせることは可能である。人が自身の一階の欲求のどれか一つに自らを決定的に同化させたとき、このコミットメントは潜在的には無際限に続きうる高階の諸欲求を貫いて「共鳴する」のである。（Frankfurt 1971 21（reprinted in Frankfurt 1988））

フランクファートによれば、欲求の無際限な上昇を止めるカギは、二階の意欲に対する「**決定的なコミットメント**」（decisive commitment）という心的な作用にある。つまり、かくかくの一階の欲求に導かれて行為したいという特定の二階の意欲は、決定的なコミットメントという主体の能動的な働きかけが加わることではじめて、主体の自由を基礎づけるに足る力をもつのである。主体の決定的なコミットメントを通じて、その二階の意欲と調和する一階の欲求を自らのものとして受け入れることを、フランクファートはここで「**同化**」（identification）と呼んでいる。

とはいえ先述の引用個所では、「決定的なコミットメント」や「同化」という心的な作用が厳密にどのようなものであるかについて明確な説明は与えられておらず、高階の諸欲求を貫いて「共鳴する」という比喩的で謎めいた記述を残しているのみである。この部分の実質的な説明を欠いているという点はワトソンの論文（Watson 1975）でも手厳しく指摘されており、かくして後年のフランクファートは、「決定的なコミットメント」や「同化」といった概念の明確化の作業に奮闘することとなる。実のところ、フランクファートはこの論点に関して時期によって見解を変えており、その思想の全貌を把握するのはなかなか難しい。そこで本節では、その中でも代表的な、彼の一九八七年の論

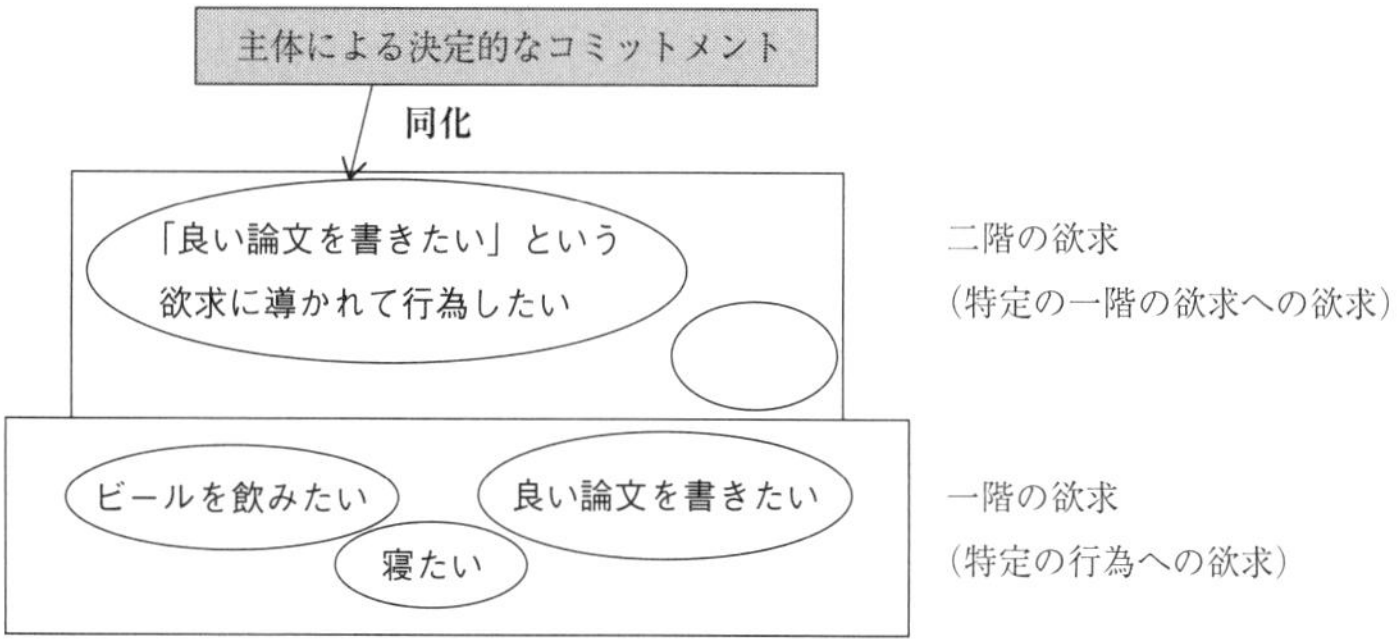

図2.2　決定的なコミットメントと同化

文「同化と本心性」（Frankfurt 1987）での見解を紹介することとしたい。

一九七一年論文ですでに示唆されていたように、二階の意欲が特権的な力を持つためには、単に二階の意欲を形成するだけでなく、主体がその二階の意欲に決定的にコミットすることが必要だ。では、「決定的にコミットする」とはどういうことだろうか。一九八七年論文でフランクファートは次のように説明する。

> 〔…〕コミットメントが決定的であるとは、それが留保なしに下されるということに他ならない。コミットメントを留保なしに下すとは、これ以上の厳密な探求を続けたとしても自分の心が変わることはないだろう、という信念をもって主体がコミットメントを下すということである。つまり、それ以上の探求を続けることに意味はないということである。
> （Frankfurt 1987 168-169）

「どの一階の欲求を自分の本心からのものとして同化するべきなのか？」という問いの探求は、原理的には終わりの見えないものであるかもしれない。しかし、主体が熟慮の結果「この一階の欲求を同化すべきだ」という結論に達し、かつ、さらに熟慮を続けてもその結論は変わらないだろう、と主体が確信するならば、そのとき主体は探求を——恣意的でない仕方で——終わらせることができる。フランクファートは「検算」のプロセスとの類比によって決定的なコミットメントの説明を補強する。複雑な計算を終えた後、その計算結果を検算する場面を想像しよう。あなたは自分の計算の跡をたどり直したり、あるいは別の方法で計算してみたりして、自分の下した結論の正しさを確かめようとするだろう。この検算のプロセスは、原理的には無際限に続きうる。なぜなら、私たちが認知的に有限な存在である以上、どんなに気を付けても計算ミスの可能性を完全に排除することはできず、絶対の確実性をもって計算結果が正しいとは言いきれないからだ。ただそうだとしても——ここからが重要だ——ある程度の検算を経たあと、「これ以上検算を繰り返しても結果は変わらないだろう」と判断して検算を終えることは合理的であると言えるだろう。この地点であなたは、自分の計算結果に対して決定的にコミットしているのである。

以上をふまえて、二階の意欲説を次のように修正することができる。

二階の意欲説（**修正版**）：行為者Sの行為Aが自由であるのは、Aが、Sが決定的にコミットする二階の意欲と調和しているとき、かつそのときに限る。ここで、Sが「一階の欲求Dに導かれて行為したい」という特定の二階の意欲Vに決定的にコミットするのは、次の条件（i）、（ii）が成り立つとき、かつそのときに限る。

（i）　Sは一階の欲求Dを自分自身のものとして同化することを決断し、かつ、

（ii）　これ以上合理的熟慮を続けてもこの決断は覆らないだろうと判断している。

決定的なコミットメントの説明において、主体の「決断」と「判断」という心的行為が含まれている点がポイントだ。前者は、特定の二階の意欲に対する主体の積極的な態度を表している。つまり、決断というプロセスを経ることによって、その二階の意欲が単に「行為者の心に生じたもの」ではなく、まさに「自分自身で選び取ったもの」となる。さらに、後者の「判断」という心的行為によって、その決断が単に恣意的なものではなく、合理的な熟慮の産物であることが担保される。この二つの条件を満たして特定された二階の意欲は、その人が本心から望むものを表現しうるし、その人の自由を基礎づけうる。これが、一九八七年論文でフランクファートがたどり着いた答えである。[23]

5　意志の弱さという現象——二階の意欲説に対する反論（2）

フランクファートの二階の意欲説に対するもう一つの重要な懸念は、「**意志の弱さ**」（「アクラシア」とも呼ばれる）の事例を適切に扱えるか、というものだ。[24] 本節では、まず意志の弱さという現象を特徴づけ、それがなぜ二階の意欲説への課題を提起するのかを確認し、二階の意欲説の側からの可能な応答を検討することとしたい。

意志の弱さ、あるいは意志の弱い行為とは、大雑把に特徴づければ、「何をなすべきかについての（あらゆる事情に鑑みた）最善の判断に反する自由な行為」のことである（cf. Davidson 1970）。私たちの多くは日常でしばしば、このような意志の弱さを露呈してしまうことがある。先に挙げた例を用いれば、卒業論文を執筆中の大学生、太郎は、執筆をもっと頑張るべきだと頭では分かっているにもかかわらず、ビールの誘惑に負けてしまうかもしれない。他にも、学校や会社に遅刻してはいけないと思いつつも（意図的に）アラームのスヌーズを止め、二度寝してしまう場合、ダイエットを決意したにもかかわらず、ついつい甘いものを食べてしまう場合、ジョギングが三日坊主で終わってしまう場合など、意志の弱さの日常的な事例は枚挙に暇がない。意志の弱さという現象は、本来合理的な生き物であるとされる人間に観察されるある種の「非合理性」の一例であるということで、自由や責任の文脈を越えて、現代哲学の中で一つの大きな問題圏を形成している。[25]

　さて、意志の弱い行為はしばしば、行為者が自身の二階の意欲に反した行為でもある。[26] 論文かビールかの二者択一を迫られる太郎のように、私たちの欲求のいくつかはしばしば、ある種の誘惑として、二階の意欲が私たちに指令する在り方への障壁となる。その誘惑を断ち切って自身の在るべき姿を貫くことができたとき、行為者は意志が強い、あるいは自制心が強い人であるとみなされる。一方で、その誘惑に屈してしまうとき、行為者は意志が弱い、非自制的な人であるとみなされる。自身の二階の意欲と合致した行為をどれだけ行うことができるかは、その人の意志の強さや弱さを図る一つの尺度となりうるように思われる。

　これが重要な点だが、意志の弱さの事例において行為者は、あくまで自由に意志の弱い行為を行ったとみなされる（もっとも、この主張は後に批判的吟味の対象となるのだが）。その点において意志の弱い行為者は重度の麻薬依存症者とは異なり、十全な責任能力を持つ主体である。このことは、二階の意欲説に対する重要な課題を提起する。というのも、二階の意欲説の観点からは、意志の弱い行為は行為者の二階の意欲に反する行為である限りで、不自由な行為であるということになるからだ。

同じ問題を別の仕方で述べ直すこともできる。太郎によるビールの摂取と不本意な依存症者、シュウによる麻薬の摂取は、当人の二階の意欲に反する行為であるという点で違いがない。だとすれば、二階の意欲は両事例の間に存すると思われる重要な違い、すなわち太郎の行為は自由であるがシュウの行為は自由でないように思われるという違いを、どのように区別することができるのだろうか。より一般的に言えば、二階の意欲説は、意志の弱さの事例と抗いがたい欲求による強制の事例をどのように区別することができるのだろうか。

意志の弱さの事例にどのように対処することができるか、フランクファートの側からの可能な応答を三つほど検討してみよう[27]。一つ目の簡潔な応答は、二階の意欲説は責任（に関連する意味での自由）の必要十分条件ではなく、単に十分条件を述べるものにすぎない、と応じるものだ（cf. McKenna and Pereboom 2016）[28]。このように応じれば、そもそも意志の弱さの問題は二階の意欲が自由の必要条件であるという主張に対して反例を提起するものであったので、この問題を回避することができる。しかし、この応答はいくつかの点からあまり有望でないと思われる。第一に、フランクファートの論述を読む限り、彼は明らかに責任に必要な自由の条件を探求していると解釈するのが自然である。第二に、こちらがより重要であるが、仮に二階の意欲説を自由の十分条件を特定する理論として解釈するとしても、「なぜ意志の弱い行為は自由であるとみなされるのか？」という問いには答えが与えられないままである。意志の弱さがきわめて日常的な現象であることに鑑みても、この現象をうまく理論内で説明できないことは、少なからぬ理論的難点である。

一つ目の応答は、やや退却的すぎたかもしれない。今度は、意志の弱さという現象に対して、よりポジティブな説明を与えることを目指してみよう。意志の弱い行為はなぜ自由であるとみなされるのだろうか。意志の弱さと、麻薬依存症に代表される強制の事例の間に存すると思われる違いは何であろうか。この問いに対する一つの自然な答えは、次のようなものだ――強制の事例では、行為者は自身の欲求に抗うことができないが、意志の弱さの事例では、行為者は自身の誘惑に打ち克って行為することもできる。あるいは、二階の意欲説に寄り添った述べ方をすれば、強制の事例では、行為者は自身の二階の意欲と調和した仕方で行為することができないが、意志の弱さの事例では、行為者は（実際にはしなかったが）自身の二階の意欲と調和する仕方で行為することもできる。

この応答は、意志の弱さの説明としては有望な戦略だと言える。しかし注意すべきは、この説明はひそかに「他行為可能性」のアイデアを輸入してしまっているという点だ。第1節で述べたように、自由の源泉性モデルと他行為可能性モデルのハイブリッド的な説明は、理論的には十分可能である。とはいっても、フランクファート自身は、フランクファート型事例の提唱者であることからも明らかなように、他行為可能性の要件を追加するこの種の応答には与しないだろう。そういうわけで、最後に、フランクファートも採用しうるような意志の弱さの事例に対する応答の方法を検討することで、本章の議論を締めくくることとしよう。

最後の応答は、意志の弱い行為は自由な行為である、というそもそもの前提に疑義を呈するものだ。この、一見すると直観に反すると思われる発想は、ワトソンによる意志の弱さの説明に見出される（Watson 1977）。ワトソンは、意志の弱さの事例と強制の事例との間の区別を次のように説明する。意志の弱い行為において行為者を駆り立てる欲求は、健常な成人が当然有するべきとされる標準的な欲求のコントロール能力を持っていれば、律することができるはずの欲求である。一方で、薬物依存症のような強制の事例では、そのような標準的な欲求のコントロール能力を持っていても、律することができないほど抗いがたい欲求によって行為者は動かされる。ワトソンによれば、行為の場面で実際に意志の弱い行為者がその能力を持っているかどうかは問題ではない。意志の弱い行為者がその行為に責任を負い、ときに非難に値するのは、健常な成人であれば当然有しているべきと期待される能力を持っていないがゆえにである。ここに、先の第二の応答における意志の弱さの説明との差異がある。先ほどの説明では、あくまで行為者は誘惑に負けずに自分を律することが（行為の場面で）でき、それゆえに意志の弱い行為は自由になされたのだと想定された。一方で、ワトソンの理解では、意志の弱い行為者が実際に（行為の場面で）誘惑に負けずに行為することができたのだと言える必要はない。もしかすると、意志の弱い行為者の観点からは、彼自身の欲求は不本意な依存症者のものに勝るとも劣らず、抗いがたいものに感じられるかもしれない。それでも、健常な成人なら当然有しているべき能力を有していないという、いわば行為者の「怠慢さ」のゆえに、彼は自らの意志の弱い行為に責任を負いうるのである。

ワトソンの議論のポイントは、「健常な成人が当然有するべきと期待される標準的な欲求のコントロール能力」という、いわば規範的な概念を導入して意志の弱さと強制の事例を区別することにある。この規範的な区別をフランクファートの二階の意欲説にも組み入れることができる。まず、健常な成人が当然有していると期待される、自らの二階の意欲に調和した仕方で行為する能力を定義する（この能力がどの程度の水準であるかは、慣習や文化にある程度相対的である）。この能力を有しているかどうかによって、自由な行為者とそうでない行為者とが区別される。さて、行為の場面でこの能力を有しておらず、それゆえに不自由であるとされる行為者を、さらに次の二つの場合に分類することができる。一つ目は、その能力の欠如について、行為者当人に非がないような場合であり、窃盗癖や強迫性障害といった事例がこれに該当する。二つ目は、その能力の欠如について、行為者当人に非があるような場合であり、意志の弱さや、自らの意志で薬物に手を染めた場合の薬物依存症などが、これに該当する。この二つ目の種類の事例において、行為者は、然るべき努力によって、より自律的な人間となることはできたはずであると想定される。ゆえに、当人の怠慢によって無自制な人間となってしまったことについて、行為者は責任を負い、そのことについて非難に値するのである。

意志の弱い行為者は「不自由」であるとするワトソンの議論は一見すると反直観的かもしれないが、行為者は自身の意志の弱さをもたらした怠惰のゆえに非難に値するのだと主張することで、意志の弱い行為者に対する私たちの責任帰属の正当性を説明することができる。その限りで、この議論はフランクファートにとって有望な、意志の弱さからの挑戦への応答を提供しうるのではないだろうか。

本章の議論をまとめよう。フランクファートの二階の意欲説は、一階の欲求の動機づけとしての力を統制する働きをもつ「二階の意欲」という欲求の階層構造に着目し、そこに人間の本質、ひいては自由や責任の条件を見出すものであった。二階の意欲説に対しては、なぜ特権視されるべきなのか（第4節）、意志の弱さの事例を説明できるのか（第5節）という懸念が存在するものの、非常に有望な自由の源泉性モデルの一つであると評価することができるだろう。

本書の第Ⅰ部（第1章、第2章）では、他行為可能性モデルと源泉性モデルという、二つの重要な自由理解を提示し、その説得力やありうる問題点を確認した。「他行為可能性」や「源泉性」といった概念の内実が何であるかについて哲学者の間で議論の余地はあるものの、現代の自由論における諸々の自由理解は、おおよそこの二つのモデルのいずれかに分類されると考えてよい。そういうわけで第Ⅱ部では、いよいよ、これらのモデルの下で理解された自由と「決定論」とが両立しうるのか、すなわち、決定論的な世界で私たちは自由でありうるのか、という自由論の中心的な問いへと足を踏み入れることとしよう。

Ⅱ　自由と決定論の両立可能性

第3章　決定論は自由の余地を無くすのか？——帰結論証の検討

第1章で私たちは、他行為可能性モデルという、日常的な「自由」の語りときわめてよく合致する自由理解から考察を始めた。それによれば、私たちが自由であるとは、私たちに開かれた複数の選択肢のうちから、一つの行為を選び取ることである。ここで、複数の行為の選択肢が私たちに開かれていると言えるためには、それぞれの行為を私たちが行うことができるのでなければならない（行うことのできない行為は、そもそも私たちに開かれた選択肢とは呼べないだろう）。かくして、他行為可能性モデルの下で、私たちが自由であるための必要条件は次のように特定された。

自由の他行為可能性モデル：行為者Sがする（した）行為Aが自由であるのは、行為者Sがそのときに行為Aとは別の行為をすることもできる（できた）ときに限る。

他行為可能性モデルに対して、様々な哲学的問いを立てることが可能である。その中でも特に重要なのは、次の二つの問いだ。

（1）他行為可能性モデルは、「自由」の理解として妥当なのだろうか。つまり、他行為可能性は自由に必要なのだろうか。

（2）他行為可能性モデルの下で理解される自由は、決定論と両立するのだろうか。

第1章で詳細に検討したフランクファート型事例は、まさしく（1）の問いに直球で疑問を投げかけるものである。フランクファート型事例に説得された論者の多くは、第2章で考察した二階の意欲説のような、自由の源泉性モデルへと向かうことになるのであった。

本章では再び自由の他行為可能性モデルに立ち戻り、右の（2）の問いに主題的に取り組んでみたい。これまでの議論では、他行為可能性と決定論とは折り合いが悪い、ということが前提とされてきた。この世界が決定論的なのだとしたら、私たちはいかにして実際にしたのとは別の行為をすることができるのだろうか、いやできるはずはない、というわけだ。しかしながら、本章で明らかになるように、この一見して当然に思われる「他行為可能性は決定論と両立しない」という主張も、厳密に論証しようとなると、これがなかなかに難しい。さらに、説得的に思われる非両立性の論証に対しても、両立論の側の応答の道筋はいくつか残されている。（2）の問い、つまり他行為可能性としての自由と決定論の両立可能性の問いも、（1）の問いに勝るとも劣らず、一筋縄ではいかないのだ。

他行為可能性としての自由と決定論の非両立性を示す論証の中でも最も有名なのが、本章で主題的に検討する、ピーター・ヴァン・インワーゲンの「**帰結論証**」（van Inwagen 1975, 1983）である。[1]帰結論証の登場の以前と以後で自由論の論争状況が一変したと言っても過言ではないほど、帰結論証は絶大な影響力を持っているのだが、その影響力のゆえんは、見事なまでの論証の厳密さにある。だが、その厳密さをしっかり理解するためには、まずいくつかのテクニカルな道具立てを準備しておく必要がある。そこで第1節は、この準備――具体的には、「決定論」の厳密な定義と、若干の基本的な論理学の用語の解説――に充てることとしたい。そのあと第2節で、帰結論証（を少し簡略化したバージョン）を紹介し、第3節以降で、両立論の側からの応答の可能性を検討することとしよう。

1　「決定論」とは何か？――厳密な定義

まずは、決定論に厳密な定義を与えることから始めよう。序章では、決定論の前理論的、直観的な理解を提示した。それによれば、決定論とは「すべての出来事には原因がある」という主張を指す。つまり、私たちの身体運動も、ビリヤード球の運動のような物理的な出来事と同様、先立つ出来事――たとえば脳内の神経運動――によって引き起こされ、さらにその神経運動もそれに先立つ出来事によって引き起こされ、といった具合に、際限なく因果の連鎖をさかのぼることができる、というものだ。この決定論理解を（後述のより厳密な決定論の定義と区別して）「**因果的決定論**」と呼び、以下のように定式化しておこう。

因果的決定論：すべての出来事は、先行する別の出来事によって（必然的に）引き起こされている。

この定式化は、決定論というアイデアを直観的に理解するには十分だろう。だが、これを「決定論」概念の厳格な定義として採用するのには、いくつかの問題がある。最大の問題点は、ヴァン・インワーゲンが指摘するように、先述の決定論理解には「引き起こす」という、因果性を明示する句が含まれていることだ。よく知られているように、因果性は長きにわたって哲学において盛んに論じられてきた、錯綜をきわめる概念だ（その点ではむろん、「自由」も例外ではないのだが）。先述の定式化の内実を厳密に理解するためには、まずもって「因果性」とは何か、原因が結果を「引き起こす」とはどのような関係か、それが「必然的である」とはどのようなことか、といった種々の問いに明確な答えを与えなければならない。しかしこれでは、いつまでたっても自由の探求を始めることができないだろう。[2]

では、「因果性」に関わる概念を含まないような仕方で、どのように決定論を定義することができるだろうか。その具体的なイメージを得るために、「ライフゲーム」と呼ばれるコンピュータープログラムを考えよう。[3] 図3・1のように、格子状にマス目が配置されており、それぞれのマス目は「セル」と呼ばれる。セルには「生」と「死」の二つの状態があり、それぞれ黒色、白色で表現されている。セルの生死の状態が世代を経るごとにどのように推移していくかは、次の法則によって定められている。なお、あるセルの「周囲」とは、そのセルと辺または頂点を共有するセルの領域を指す。つ

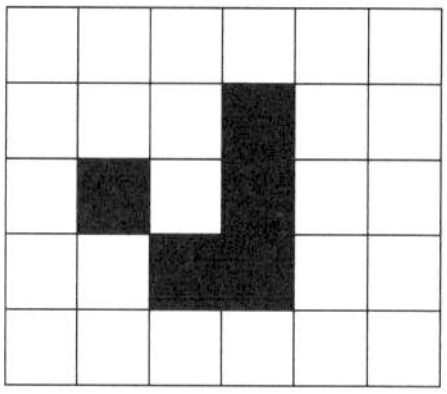

図3.1 （0世代目）

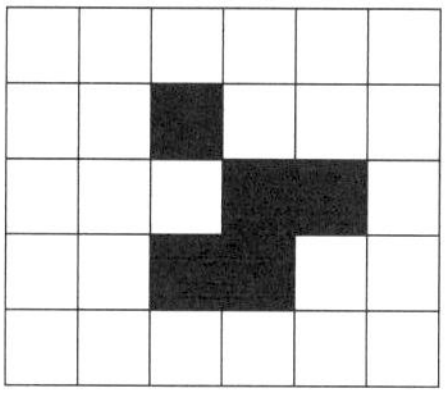

図3.2 （1世代目）

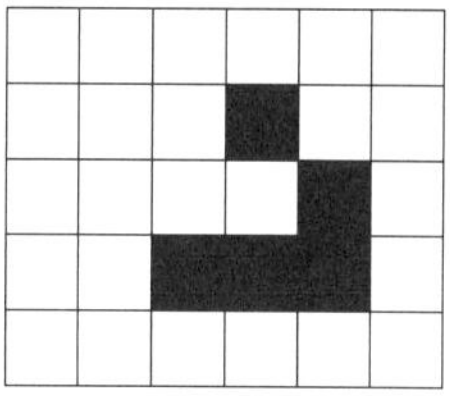

図3.3 （2世代目）

まり、セルの周囲には高々八つのセルが存在することになる。

法則①：n世代目にあるセルが生きているとき、もしそのセルの周囲に二つないし三つの生きているセルが存在するならば、n+1世代目にもそのセルは生きている。もしそのセルの周囲に一つ以下しか生きているセルが存在しない、または四つ以上の生きているセルが存在するならば、n+1世代目にそのセルは死ぬ。

法則②：n世代目にあるセルが死んでいるとき、そのセルの周囲にちょうど三つの生きているセルが存在しない限り、n+1世代目にもそのセルは死んだままである。しかし、ちょうど三つの生きているセルが存在する場合には、n+1世代目にそのセルは生きている状態になる。

ライフゲームの世界では、初期状態（0世代目のセルの生死）が定まれば、右記の法則によって、それ以降の世代におけるセルの生死が一意に決定される。この意味で、ライフゲームの世界は「決定論的」な世界であると言える。さて、ここからがポイントだが、ライフゲームの決定論的世界観を、私たちの住むこの宇宙にも適用することができる。決定論的な古典力学的法則がこの宇宙を支配しているならば、宇宙開闢のビッグバンの瞬間から、現在に至るまでの宇宙全体の物理的状態は一意に定まることになる。このような、過去の状態と自然法則とから規定される決定論理解を、因果的決定論と対比して「**法則論的決定論**」と呼び、次のように定式化しよう（cf. van Inwagen 1983 65）。

法則論的決定論：世界が決定論的であるとは、次の二つがともに真であるということを意味する。

（i）任意の時点において、その時点での世界全体の状態を表現する命題が存在する。[4]

（ii）PとQを、それぞれある任意の時点での世界全体の状態を表現する命題とし、Lを自然法則を表現する命題とすると、P∧L（「PかつL」と読む）はQを含意する。[5]

見ての通り、法則論的決定論の定式化には因果性への明示的な言及が含まれない点で、因果的決定論より優れた決定論理解であると評価できるかもしれない。とはいえ、法則論的決定論にもまだ説明を要する概念がいくつか含まれている。本節の残りは、それらの概念を明確化する作業に充てることとしよう。

まずは、「世界全体の状態」という概念について。[6] 二進法の0と1のみで記述されるライフゲームの世界の状態と違って、私たちが住むこの世界全体の状態を記述するというのは途方もない作業であり、私の部屋の中の状態に限ってさえ、それを表現する命題のすべてを特定することは人間業ではないだろう。とはいえ、私たち人間の有限な知性では把握することができないにせよ、何らかの世界全体の状態を表現する命題が存在する、という（i）の主張自体は、問題なく受け入れることのできる主張だろう。

次に、「自然法則」という概念に移ろう。ここでの自然法則とは、いわゆる理論物理学が明らかにする類の物理法則のことであると考えて差し支えない。とはいっても、実際に現代の物理学において「法則」であるとされているものが、本当にこの世界を支配する物理法則を適切に表現しているものかは定かではない――物理学の進展によって、かつては正しいとされていた「法則」が反証される、ということは常に考えられるからだ。したがってここでも、「自然法則」という概念は、私たち人間の有限の知性によって到達しうるものであるかはさておき、この世界の物理的対象が従う物理法則のことである、と理解しておこう。[7]

最後に、「含意する」という句に関して注記しておきたい。ここでの含意は、いわゆる「論理的含意関係」を表す。たとえば、命題Aと命題A→B（「AならばB」と読む）がともに真であるならば、命題Aと命題Bにどんな内容の命題が入るかによらず、必ず命題Bも真であることが帰結する。このとき、命題Aと命題A→Bは命題Bを含意する、と言う（また、命題Bは命題Aと命題A→Bからの論理的帰結である、と言う）。つまり、右の法則論的決定論の定式化が述べているのは、ある時点での世界全体の状態を表現する命題と自然法則を表現する命題がともに真であるならば、それ以降の任意の世界全体を表現する命題も真であることが論理的に帰結する、ということである。このように、法則論的決定論は、「決定論」概念に含まれるある種の必然性を、「必然的に引き起こす」といった因果概念ではなく、命題間の論理的含意の関係によって表現する。次節で見るように、まさにこの特徴によって、従来よりも厳密な仕方で自由と決定論の両立性／非両立性について語ることができるようになるのである。

2 自由を厳密に論証する——ヴァン・インワーゲンの帰結論証

帰結論証の美点は、「自由と決定論は両立しない」という主張を、論理学の道具立てを用いてこれ以上ないくらいクリアに、かつ厳密な仕方で示していることだ。そのため、帰結論証を十全に説明しようとすると、どうしてもテクニカルになってしまうことは避けられない。[8] 本節では、論理学の知識を極力前提しない仕方で、帰結論証の基本的なアイデアをできるだけ分かりやすく、かつ帰結論証の本来の明晰さを損なわないように解説することを目指す（なお、コラム②にて、論理学（様相論理）の言語で定式化した帰結論証の厳密なバージョンと、それに対するややテクニカルな反論を紹介している。論理学に親しみのある方はぜひそちらもご覧いただきたい）。

帰結論証の要点は、以下のヴァン・インワーゲンの一節に簡潔に示されている。

もし決定論が真であるならば、私たちの行為は遠い過去の出来事と自然法則からの帰結である。しかし、私たちが生まれる前に起こったことは私たち次第ではなく、自然法則が何であるかも私たち次第ではない。したがって、過去と自然法則の帰結（私たちの行為を含む）は私たち次第ではない。（van Inwagen 1983 16）

帰結論証を定式化する前に、二つの点について簡単に説明を施しておきたい。一つ目は、右記の引用文の「私たち次第でない」という句で何が意味されているかについて、二つ目は、帰結論証で彼が用いる表現形式（ざっくり言えば、言葉遣い）についてである。

ヴァン・インワーゲンは、右の引用文に現れる「私たち次第でない」という句をどのような意味で用いているのだろうか。それは、彼の自由理解が表明されている次の一節を見れば明らかになる。曰く、

私があるひとを「彼は自由意志をもっている」と述べるとき、私は次のことを意味している。すなわち、彼は常にではないが非常にしばしば、二つ以上の選択肢のうちから何をすべきかを選択するとき〔…〕、彼はそれぞれの選択肢を遂行することができる、ないし遂行することが彼の力のうちにある、という意味である。（ibid. 8）

この一節からわかるように、ヴァン・インワーゲンは明確に自由の他行為可能性モデルをとっている。したがって、行為者次第である／でない」という句は、行為者の他行為可能性（の不在）として理解するのが妥当である。

次に、ヴァン・インワーゲンが帰結論証において用いる、他行為可能性に関する独特な表現形式について説明しよう。彼は行為者の他行為可能性について述べる文を、行為者が命題を偽にすることが、

できる／できない能力を述べる文にパラフレーズする。たとえば、行為者に他行為可能性を帰属する次のような文を考えよう。

（ア）　太郎は今朝、朝食に卵かけご飯を食べないことができた。

実際には太郎は、朝食に卵かけご飯を食べたものとする。さて、文（ア）は、次の文（イ）にパラフレーズされる。

（イ）　太郎は、「太郎は今朝、朝食に卵かけご飯を食べた」という命題を偽にすることができた。

この言い換えは人工的ではあるものの、特に問題のないものだと言えるだろう。たとえば、もし太郎が朝食に卵かけご飯を食べず、代わりにピザトーストを食べたとしたら、彼はそれによって「太郎は今朝、朝食に卵かけご飯を食べた」という命題を偽にした、と言えるだろう。この言い換えを適用すると、生まれる前に起こったことが私たち次第でないとは、私たちが生まれる前の出来事（あるいは、世界の状態）についての命題を、私たちの誰も偽にすることができない、ということを意味する。同様に、自然法則が何であるかが私たち次第でないとは、自然法則を表す命題を私たちは偽にすることができない、ということを意味する。要するに、私たちは過去に起こったことや自然法則を偽にする仕方で行為することはできない、ということだ。

これで、帰結論証の構造を定式化する準備が整った（繰り返しになるが、この定式化は、ヴァン・インワーゲン自身が提示する厳密なバージョンを簡略化したものである）。

（1）私たちは、過去の世界の状態を表現する真な命題を偽にすることはできない。
（2）私たちは、自然法則を表現する真な命題を偽にすることはできない。
（3）現在の世界の状態を表現する命題は、過去の世界の状態を表現する命題と自然法則を表現する命題からの論理的な帰結である。
（4）ゆえに、私たちは、現在の世界の状態を表現する真な命題を偽にすることはできない。

前提（1）と（2）はそれぞれ、私たちは過去や自然法則を偽にする（変える）力を持たないという趣旨の主張である。前提（3）は、前節で提示した法則論的決定論の定義に他ならない。結論（4）における「現在の世界の状態を表現する真な命題」には、私たちが現在行う任意の行為の記述――たとえばいま私が原稿を書いていること――が含まれる。つまり、帰結論証の正しさを認めると、私たちは実際になす行為を表現する命題のすべてについて、それを偽にすることができない、ということになる。ここで行為を表現する命題を偽にすることができないとは、先ほど確認したように、私たちが実際になす行為以外の行為をすることができない――つまり他行為可能性をもたない――ということを意味する。かくして、帰結論証によって、他行為可能性としての自由と決定論の非両立性が論証されることになるのである。

帰結論証には、大きく分けて二つの核となる要素がある。一つ目は、前提（1）と（2）で述べられる、過去や自然法則の「**固定性**」の前提である。つまり、過去に起こったことや自然法則は現在を生きる私たちにとって既に定まっているものであり、私たちがどうあがこうと、過去や自然法則を変えることなどできない、という前提だ。過去や自然法則の固定性の前提は、かなり疑う余地の少ないものに思われる。[9] 過去の固定性について言えば、「覆水盆に返らず」ということわざがあるように、過去に起こったことをどうにかすることはできないというのは日常に浸透した考え方だ。[10] 自然法則の固定性についても、自然法則を侵害するような装置――たとえば、光速より速く物体を移動させる装置――を発明することは、少なくとも原理的には可能なのではないか、と主張する人がいるかもしれない（cf. Ibid. 14）。しかし、仮にそのような装置が発明できたとしても、「光速より速く物体は移動しない」という自然法則とされていた言明が、実は自然法則ではなかったことが判明したにすぎない。私たちの手によって偽にされうるような命題は、そもそも自然法則ではないのである。

帰結論証の二つ目の核となる要素は、前提（1）～（3）から、現在の世界の状態を表現する命題を偽にすることができないという結論（4）を導く論理、つまり推論規則である。ここで用いられている推論規則の一般的な形式は次のように書ける。[11]

無力さの移行原理：私たちが真な命題Pを偽にすることができず、かつ、命題Qが命題Pの論理的帰結であるならば、「私たちは命題Qを偽にすることができない」という主張が導かれる。

簡便のために、過去の世界の状態を記述する命題をP_0、自然法則を記述する命題をL、現在の世界の状態を記述する命題をP_1としよう。いま、前提（1）と（2）より、私たちは命題$P_0 \wedge L$（「P_0かつL」と読む）を偽にすることができない[12]。また、決定論の定義（3）より、命題P_1は$P_0 \wedge L$からの論理的帰結である。したがって、移行原理により、私たちは命題P_1を偽にすることができない、という結論（4）の結論が導かれる。

　移行原理が妥当な推論規則であるということを、どのようにして示すことができるだろうか。実はヴァン・インワーゲンは、移行原理の論証的なサポートは行っておらず、移行原理に対しては反例が思いつかず、直観的に正しいと思われる、という診断を下しているのみである（実際、多くの論者はこの点に帰結論証の付け入る隙を見て、移行原理への反例を構築する作業に勤しんできた）[13]。とはいえ、具体例から移行原理のさしあたりのもっともらしさを実感することはできる[14]。たとえば、太郎は「太郎は身長一五〇センチ以上である」という命題を偽にすることができない（つまり太郎は身長一五〇センチ以上である）としよう。さて、「太郎は身長一五〇センチ以上である」という命題から、「太郎は身長一四〇センチ以上である」という命題が論理的に帰結する。ゆえに、太郎は「太郎は身長一四〇センチ以上である」という命題を偽にすることもできない。この推論が問題なく正しいと思われることを、移行原理はうまく説明してくれる。

　ここまでの議論をまとめよう。帰結論証の核となる要素は、過去や自然法則の固定性の前提、及び無力さの移行原理であった。この二つの正しさを受け入れると、簡単な演繹的推論によって、他行為可能性としての自由と決定論の非両立性が導かれる。この二つの要素はともに正しく思われるため、帰結論証は、現在でもなお非両立論の最も強力かつ影響力のある論証として、他行為可能性モデルをとる両立論者が頭を悩ませる課題局面となっている。

　帰結論証に対して、両立論者はどのように応答することができるだろうか。一つの簡単な方策は、自由の他行為可能性モデルを棄却し、自由の源泉性モデルの探求へと舵を切るというものだ。この路線をとれば、「他行為可能性としての自由と決定論は両立不可能である」という帰結論証の結論は痛くもかゆくもないものとなる。フランクファート型事例に説得される両立論者ならば、この路線をとるだろう。

　しかし、両立論という立場に与しつつ、自由の他行為可能性モデルをとる哲学者も（両立論全体の中では少数派ながら）存在する。その場合、帰結論証に対して真っ向から反論を試みる必要がある。その具体的な反論の道筋は論者によって多岐にわたるのだが、ほとんどの反論に共通する点が一つある。それは、帰結論証において用いられる「命題を偽にすることができる」という様相句の解釈に着目する、という点である。[15] すなわち、「できる」という句の解釈はヴァン・インワーゲンが意図する解釈以外にも存在し、ある解釈の下では帰結論証は健全な論証でなくなるのだ、と両立論者は反論する。次節以降では、「できる」の解釈という観点からの両立論者の応答を主題的に検討することとしたい。

3 「できる」の概念分析――古典両立論

両立論者はどのようにして、帰結論証という難攻不落にも思える要塞を切り崩しうるのだろうか。その答えのカギは、帰結論証に現れる、「できる」という表現の分析にある。その議論は次のように進む。帰結論証の正しさは、どのような「できる」の解釈を採用するかに依存する。たしかに非両立論者が意図する解釈に基づけば帰結論証は正しいと言えるかもしれないが、「できる」には別の解釈も存在する。その新たな解釈の下では、帰結論証は健全でない（つまり前提もしくは推論に誤りがある）ことが示される。かくして、他行為可能性としての自由と決定論は両立するのだと論じる方途が開かれる。

「できる」という句の解釈、もしくは分析によって両立論を導こうとする議論は、歴史的に見ても由緒あるものだ――現代的な先駆として本節で解説するG・E・ムーアを挙げることができるし、さらに遡れば、一九世紀のイギリスの哲学者、デイヴィッド・ヒュームやJ・S・ミルの思想にその萌芽を見て取ることができる。この種の理論は現代では「**古典両立論**」（classical compatibilism）と呼ばれ、長きにわたって両立論的理論のスタンダードとみなされてきた。ところが、一九七〇年代前後に、何人かの哲学者による決定的な反論を浴びたことで、古典両立論のプログラムは一度「失敗」の烙印を押されることになる。[16] この、古典両立論の興隆と衰退の歴史を紐解きながら、「できる」の解釈に基づく帰結論証への応答の可能性と課題を明らかにすることが本節と次節の主目的である。

まずは、「できる」という様相句についての一般的な考察から始める。次の文を考えよう。

（ウ）　私はいま、論文の執筆をやめてビールを飲むこともできる。

実際には、私はいま、論文を執筆しているとする。この文に現れる「できる」という句は、何を意味するのだろうか。この文は、どのようなときに真であり、どのようなときに偽であるのだろうか。専門的な用語で言えば、この文の真理条件は何であろうか。これは、考えれば考えるほどに難しい哲学的問題である。その難しさの一因は、まさに私が実際にはビールを飲まなかったという点にある。いま私が、「さっきあなたは執筆をやめてビールを飲むこともできたか」と問われたら、おそらく、「できた」と即答するだろう。それでも質問者がそのことを疑うならば、私は冷蔵庫のビールを取り出して、目の前で飲んで見せるかもしれない――ほら、ビールを飲むこともできるでしょ、と。しかし、なおも質問者は納得せず、次のように問うたらどうするだろうか――「たしかにあなたはいま、ビールを飲むことができました。でも、さっき原稿を書いていた瞬間に、あなたがビールを飲むことができたかどうかは、まだ見せてもらっていません」。ここまで来ると、私は返答に窮してしまうだろう。というのも、先ほどの（ウ）の言明が真であるということを、私が実証することはもはやできないように思われるからだ。

さて、実は、先述の質問者の問いには、帰結論証を下支えしている非両立論的な思考の萌芽が見て取れる。私が実際に論文を執筆していた時点をTとしよう。質問者は私に、時点Tでの状況と全く同一の状況下で、私がビールを飲むことができたかどうかを問うているのであった。「全く同一の状況下で」とは、過去と自然法則という前節でおなじみの概念を用いれば、「時点T以前の過去の世界の状態が現実と全く同一であり、かつ、現実と同じ自然法則が支配しているような世界で」と述べ直せる。このことをふまえると、質問者は、「できる」言明の真理条件を次のように理解していると考えられる。

「できる」の非両立論的解釈：行為者Sが時点tに行為Aをすることができるのは、現実世界とtより以前の過去と自然法則を共有するある世界で、Sがtに行為Aをしているとき、かつそのときに限る。[17]

この「できる」解釈に基づくと、他行為可能性と決定論が両立しないことが導かれる。現実の世界が決定論的であり、時点Tに太郎が手を挙げたとしよう。このとき、現実と過去と自然法則を共有するすべての世界で、太郎は手を挙げているはずである。このことから、太郎は時点Tに手を挙げることができなかったことが帰結する。

質問者が暗に想定していた、先述の「できる」解釈は、一見してきわめて自然なものに思われる。したがって、両立論者は、なんとかして「できる」解釈の対立候補を提案する必要がある。その提案の素地を作ったのが、本節で検討する古典両立論である。以下で詳しく見ていくこととしよう。

古典両立論の現代的な先駆とされるのは、二〇世紀前半のイギリスの哲学者、G・E・ムーア（Moore 1912）だ。ムーアは——現代的な視点で見ても慧眼だと思うのだが——両立論と非両立論の間の論争的対立は、「できる」という様相句の解釈の相違に起因するのだ、と喝破する。たとえば、「ジョンは今朝コーヒーを飲むことができた」という文を考えよう。実際にはジョンは今朝コーヒーを飲まなかったとする。このとき、非両立論者ならば――先ほど示したような「できる」解釈に基づいて――もし世界が決定論的ならば、ジョンはコーヒーを飲むことはできなかった、と主張するだろう。対して両立論者は、たとえ世界が決定論的だとしても、ジョンはコーヒーを飲むことができた、と主張しうる。両立論者と非両立論者はここにおいて、「できる」という句を異なる仕方で理解しているのである。

では、両立論者はどのように「できる」という句を解釈しているのだろうか。そのことを見るために、ムーアの挙げる次の二つの文を比較してみよう（ただし例の詳細はムーアのものから若干改変してある）。

（エ）　私は今朝、五分で一キロを走ることができる。

（オ）　私は今朝、五分で一〇キロを走ることができる。

実際には私は今朝自分の部屋でのんびり過ごしているとしよう。このとき、（エ）と（オ）の真偽をどのように評価すべきだろうか。「できる」の非両立論的解釈をとると、もし世界が決定論的ならば、右の（エ）も（オ）も偽であることになる。対してムーアは、（エ）は真だが、（オ）は偽だ、と言いうる正当な「できる」の解釈が存在する、と論じる。実際、（エ）は真で（オ）は偽だという主張は、直観的に見てももっともらしい――近頃運動不足であるとはいえ、私はやろうと思えば五分で一キロを走ることができるだろう。一方、中距離走のオリンピック金メダリストでも、五分で一〇キロを走ることなど到底できないだろう（実に時速一二〇キロの計算になる！）。

では、（エ）が真になり、（オ）が偽になるような、「できる」言明の分析とはどのようなものだろうか。ここでムーアは、有名な「**条件文分析**」（conditional analysis）と呼ばれる説明を提示する。

「できる」の条件文分析：行為者Sが行為Aをすることができるのは、反事実的条件文「もしSが行為Aをすることを選んだならば、Sは行為Aをするだろう」が真であるとき、かつそのときに限る。[18]

この分析を右記の例（エ）、（オ）にあてはめてみよう。（エ）と（オ）を、条件文分析をふまえて述べ直すと、それぞれ次のようになる。

（カ）　私は今朝、もし五分で一キロを走ることを選んだならば、そうするだろう。
（キ）　私は今朝、もし五分で一〇キロを走ることを選んだならば、そうするだろう。

こうすると、（カ）は真、（キ）は偽となることが容易に見て取れる。まず（カ）だが、私は平均的な運動能力を持った成人なので、もし五分で一キロを走ることを選んだならば、五分で一キロを走るという行為の遂行に成功することだろう。一方、たとえ今朝私が奮い立って、「よし、今日は五分で一〇キロを走ろう！」と決意したとしても、実際にその行為が実現することはないだろう。このように、条件文分析は、私たちの日常的な「できる」言明に対して、私たちの直観と合致する診断を与えてくれる（皆さんも、身近な例に条件文分析を適用して試してみてほしい）。

一点、補足的な説明を施しておきたい。前述の分析に現れる「条件文」とは、より厳密には、「**反事実的条件文**」と呼ばれるものだ。反事実的条件文とは、現実とは異なる状況が成立していたならば、そこで何が起きていたかを述べる文のことで、英語では「仮定法」という文法表現を用いて表現される[19]。現代の日本語では反事実的条件文を明示する文法や語彙は存在しないと思われるが、古典の授業で習った助動詞「まし」などは、反事実的条件文を示す語の一例として見ることができるだろう。反事実的条件文の厳密な真理条件はややテクニカルな部分を含むのだが、本書では大雑把に以下のように理解しておきたい[20]。

反事実的条件文の真理条件：反事実的条件文「PならばQだろう」が真であるのは、Pが真であるような現実と最も類似した世界（のすべて）で、Qが真であるとき、かつそのときに限る。

命題Pが真である世界のうち、現実と最も類似した世界を参照するという点がポイントだ。右の（キ）の文で確認しよう。私が今朝、五分で一〇キロ走ることを選んだような世界は無数に存在する。そして、そのような世界のいくつかでは、私は実際に五分で一〇キロ走ることに成功している。それはたとえば、私が一〇〇メートルを二秒台で走ることができるスーパーマンであるような世界や、現実世界とは全く異なる重力法則が働いているような世界などである。しかし、そのような現実とはかけ離れた世界で私が何を行っているかが、(キ)の真偽に関連してくるとは考えられない。つまり、(キ)の真偽を評価する際には、単に条件文の前半部が真であるだけでなく、現実となるべく類似した状況で真であるような世界を参照する必要があるのである。

さて、話を自由と決定論の両立性/非両立性という論点に戻そう。重要なことは、条件文分析は「できる」言明の両立論に親和的な解釈を与えており、ゆえに帰結論証への応答の手掛かりとして用いることができるという点だ。再び先述の(カ)の文を考えよう。(カ)は要するに、私が五分で一キロを走ることを選んだような、現実とは異なる仮想的な世界で私が何をすることになるかを述べている。つまり、世界が決定論的であり、現実と全く同一の状況下で私が決してそのように選ぶことはないとしても、そのことは(カ)の真理に何ら影響を与えないのである。これはちょうど、「もしドラえもんの道具、どこでもドアがあったならどこに行くか」を議論する際に、実際にどこでもドアが存在するかどうかという問いが無関係である(あるいは的外れである)のと同様だ。

帰結論証への応答という観点からより具体的に述べれば、条件文分析は無力さの移行規則の妥当性に対する簡明な反例を提供する(cf. Fara 2008)。再び帰結論証を見てみよう。前提(1)や(2)は、条件文分析をふまえた上でも真であると言えるだろう。というのも、私たちが「えいやっ」と現実世界の過去や自然法則を変えようと試みたとしても、決して成功することはないだろうからだ。また、前提(3)は決定論の仮定であるから当然議論の上で受け入れるべきである。しかし、結論(4)は条件文分析の観点からは明らかに偽である。というのも、私たちが現在行っている行為――手を挙げているとしよう――をしないことを選んだならば、そうすることに成功しただろうからだ。
もちろん、条件文分析に基づく帰結論証への応答がうまくいくのは、条件文分析が「できる」の分析として適切である場合に限られる。そして、既に予告したように、一九七〇年前後に何人かの哲学者によって提起された決定的な批判によって、（少なくとも単純な形の）条件文分析には深刻な欠陥がある、というのが現代の自由論者の間の定説となっている。では、条件文分析はどこがまずかったのだろうか。その欠陥は何らかの理論的精緻化によって克服可能なものなのだろうか。これらの問いに答えるためにも、次節では、条件文分析に対するいくつかの反論を概観することとしよう。

4 「できる」は「ならば」で分析できるか？――古典両立論に対する批判

本節では、「できる」の条件文分析に対して提起されたいくつかの決定的な批判を検討する。条件文分析は前節で次のように定式化された。

「できる」の条件文分析：行為者Sが行為Aをすることができるのは、反事実的条件文「もしSが行為Aをすることを選んだならば、Sは行為Aをするだろう」が真であるとき、かつそのときに限る。

この分析は、「できる」を含む文が真であるための必要十分条件を提示している。そして、その必要性、十分性のそれぞれについて、重大な反例が存在することが指摘されている。まずは必要性に対する反例、つまり、右辺の反事実的条件文が偽であるにもかかわらず、対応する「できる」言明が真であるように思われる事例から見ていく。その種の反例としては、J・L・オースティンが挙げる次のゴルフの例が有名だ。

私がショートパットを外してしまい、「このパットを沈めることもできたのに！」と地団駄を踏んだ光景を考えよう。そのように言うのは、もしパットを沈めることを試みていたならば、そうしたはずだからではない。むしろ、私はパットを沈めようと試み、それにもかかわらず失敗したのだ。（Austin 1956 166）

この事例でオースティンは、実際にパットを沈めることを選びながらも、その行為の遂行に失敗している。よって、条件文分析の右辺は偽である。しかし、オースティンがまあまあのゴルフの腕前だと仮定すれば、「このパットを沈めることもできた」という彼の主張は正しいと言えるだろう。よって、この事例は、条件文分析の必要性に対する反例になっている。

この議論を一般化することができる。しばしば私たちは、本来はできるはずの行為を遂行しようと試みるものの、何らかの要因によって失敗することがある。条件文分析は、この「できるはずの行為の失敗」という現象をうまく説明できないように思われる。全盛期のタイガー・ウッズでさえ、ショートパットを外すことはある。もし「そうすることを試みたが失敗した」ためにタイガー・ウッズはショートパットを沈めることができなかったとみなされるならば、この世界の誰もショートパットを沈めることができないことになってしまうだろう。

次に条件文分析の十分性に対する反例、つまり、右辺の反事実的条件文が真であるにもかかわらず、対応する「できる」言明が偽であるように思われる事例を考察しよう。個人的な話で恐縮だが、筆者は虫が大の苦手で、特に室内に侵入してきた虫には強烈な生理的嫌悪感を覚える。さて、私が部屋の窓を開けたところ、その刹那に死にかけのセミが部屋の中に飛び込んできたとしよう。このとき、次の文は明らかに偽である（と、私は誰かに聞かれたら答えるだろう）。

（ク）　私は、セミを手で捕まえて追い出すことができる。

文（ク）に条件文分析を適用してパラフレーズすると、次のようになる。

（ケ）　私は、もしセミを手で捕まえて追い出すことを選んだら、そうしただろう。

条件文分析の困難は、この文（ケ）が真になってしまうことにある。ありそうにない話だが、もし仮に私がセミを手で捕まえて追い出すことを選べば、あるいは、そうすることを決意すれば、その行為の遂行に成功するだろう。というのも、セミはもはや虫の息でほとんど身動きをとらないし、私はセミくらいの大きさの物をつかんで窓の外に追い出すやり方を知っているからだ。つまりこの事例において、文（ク）と文（ケ）は、その真理値を異にするように思われる。

なぜこのような真理値の乖離が生じてしまうのだろうか。その原因は、条件文分析の説明項に現れる、「選ぶ」という句にある。たしかに、私は、セミを握りつぶすことを選んでいれば、そうしただろう。しかし、そもそも私はそうすることを選ぶことができない、つまり、その気になることができないのである。虫恐怖症の私にとって、侵入してきたセミを手で捕まえて追い出すなど、天地がひっくり返ろうと頭の片隅にもよぎらない考えだ。もし実際にそんな状況に直面したら、せいぜいパニック状態で部屋から逃げ出すのが関の山だろう。このように、行為者に何かをすることを選ぶ能力が欠けている場合、条件文分析による「できる」解釈は日常的理解と齟齬をきたすこととなる。類似の事例として、昏睡状態の患者の例などを挙げることができる。昏睡状態の患者は、当然手を挙げることはできない。しかし、もし手を挙げることを選んだならば、（身体的な問題がなければ）そうしただろう。なぜなら、患者が手を挙げることを選んでいるような世界では、患者は既に昏睡状態ではないからである。

セミの事例は、条件文分析の十分性に対する反例、すなわち、右辺の反事実的条件文は真であるが、対応する「できる」言明は偽であるような例であった。だが以上の考察は、単に条件文分析に反例が存在するという以上の、別の問題点へと私たちを導く。それは、条件文分析は「〜をすることを選ぶ」という句を分析することができない、という問題である。どういうことか、順を追って説明しよう。

何かをすることを選ぶことは、それ自体、行為者がなしうる心的行為である。したがって、次の文（コ）は、条件文分析を適用すると文（サ）にパラフレーズすることができる。

（コ）私は、セミを手で捕まえて追い出すことを選ぶことができる。

（サ）私は、もしセミを手で捕まえて追い出すことを選ぶことを選んだならば、そうしただろう。

しかし、何かを「選ぶことを選ぶ」とは、どういうことだろうか。これは概念的に不可能ではないにせよ、きわめて奇妙な心的行為であるように思われる。さらに、この「選ぶことを選ぶ」を分析しようとすれば、今度は「選ぶことを選ぶことを選ぶ」という、より奇妙な行為が分析項に現れる。以下同様の操作を行えば、「選ぶことを選ぶことを……」という新たな心的行為が際限なく出現することになる。つまり、「選ぶ」を条件文分析で説明しようとしても無限後退に陥るばかりで、一向に説明が進展しないのである。

本節の考察で得られた結論をまとめよう。条件文分析は、私たちの日常的な「できる」言明の、決定論の真理と親和的な解釈を与えてくれるように思われた。しかし、条件文分析には、その必要性と十分性の両方に対して説得的な反例が存在することが判明した。さらに、十分性への反例である恐怖症の事例は、条件文分析は「選ぶ」という心的行為に関わる能力を説明することができない、という別の重要な懸念をも提起した。これらの集中砲撃を受けて、二〇世紀の中盤まで隆盛を誇っていた条件文分析を奉じる古典両立論のプログラムは、一九七〇年代の中頃までには衰退の憂き目にあうこととなったのである。

本節で考察した諸批判は、素朴な形で理解された条件文分析を論駁するのには十分な威力を持っていると評価できる。しかし、「できる」を条件文を用いて分析するという発想を保ちつつ、それらの批判を克服すべく分析を洗練させることは可能であるかもしれない。この洗練化の路線を切り開いたのが、次節で紹介する、「傾向性両立論」と呼ばれる両立論の一派である。

5 「できる」を傾向性で分析する――傾向性両立論の検討

前節では、他行為可能性の両立論的な解釈を提案する古典両立論という立場、とりわけこの理論の根幹をなす条件文分析を批判的に検討し、古典両立論には決定的な反論が存在するという結論を得た。しかし、他行為可能性の両立論的な解釈というプログラム自体がここで頓挫してしまったわけではない。古典両立論の失敗をふまえつつ、現代の形而上学の理論的成果を援用することで、このプログラムは現在復権の兆しを見せている。[21] この現代的な立場は、**傾向性両立論**と呼ばれる。[22] 本節では、代表的な傾向性両立論者であるカドリ・ヴィヴェリンの議論を紹介し、古典両立論が直面したいくつかの批判をどれだけ乗り越えることができているか、それを評価することとしたい。

ヴィヴェリンの議論の要旨は、次の二つにまとめることができる。[23]

（1）他行為可能性の「できる」言明は、行為者が保持する傾向性の束についての言明として分析される。
（2）傾向性の束を持つことは、決定論と両立する。

ヴィヴィリンの理論は「傾向性の束」という概念に依拠するものであるので、彼女の理論を傾向性両立論の中でも特に「**傾向性の束説**」と呼ぼう。右の二つの主張を合わせると、他行為可能性の両立論的解釈が得られることになる。以下で順を追って見ていくが、まずは「傾向性」とは何かについて解説することから始めたい。

私のテーブルの上に、アイスコーヒーの入ったグラスが置かれている。このグラスを買ったときに「ワレモノ注意」のシールが貼られていたことからも推察されるように、このグラスは「割れやすい」という性質を持っている。では、何かが「割れやすい」とは、厳密にはどのようなことだろうか。おそらく自然かつシンプルな答えは、「もし十分な強さの衝撃を加えれば、割れる」というものだろう。[24]このように、かくかくの刺激を与えるとしかじかの反応を返す、といった仕方で、刺激と反応のペアによって（近似的に）特徴づけられるような性質のことを、一般に「**傾向性**」と呼ぶ。[25]同様に、グラスの中の氷は、水に「溶けやすい」という傾向性を持つ。すなわち「溶けやすい」とは、十分な量の水に入れられると溶ける、という性質である。

傾向性が何たるかは、傾向性とは別の種類の性質と対比することでより鮮明になるかもしれない。先のアイスコーヒーの例に戻れば、氷は「立方体である」という性質を持っている。また、グラスは

「二〇〇グラムの質量である」という性質を持っている。これらは、どのような刺激が対象に与えられるかという条件づけに依存せずに特徴づけられることから、「定言的性質」と呼ばれる。傾向性と定言的性質が相互に還元不可能な種類の性質である（二元論）のか、それとも一方が他方に還元可能である（一元論）のかについては議論の余地があるが、本書ではこの議論に立ち入ることはしない。いずれにせよ、「傾向性」という、刺激と反応のペアと結びつけて理解される性質の集合が存在するということが理解されていれば十分だ。

この世界は、様々な傾向性であふれている。先の「割れやすい」や「溶けやすい」の他にも、「頑丈である」、「弾力がある」、「燃えやすい（可燃性である）」、などをその一例として挙げることができる。さらに、これまでの例は主にモノに帰属される傾向性であったが、私たちヒトの性格や特質も、ある種の傾向性として理解することができる。たとえば、ある人が「短気である」という性質は、少しの不快な出来事に出くわしただけで怒りを露わにする、という傾向性として理解できる。また、ある人が「下戸である」という性質は、少量のアルコールを摂取しただけで顔が赤くなったり気分が悪くなったりする、という傾向性であると考えられる。同様のヒトに帰属される傾向性として、「臆病である」や「笑い上戸である」などを挙げることができるだろう。[26]

傾向性についての予備的な説明を終えたところで、ヴィヴェリンの議論の第一のパート、「他行為可能性の「できる」言明は、行為者が保持する傾向性の束についての言明として分析される」という主張に移ろう。ヴィヴェリンによれば、他行為可能性の根幹にあるのは、行為者の「理由に基づいて選択をなす能力」（Vihvelin 2004 429）である。そして、この能力を持つことは、様々な傾向性の複合体

――これを「傾向性の束」と呼ぶ――を持つことに等しい。では、理由に基づいて選択をなす能力は、具体的にはどのような傾向性の束によって構成されるのだろうか。シンプルな例を用いて確認しよう。あなたが交差点で、赤信号が点灯したのを見て立ち止まったとする。ここであなたは、（ほぼ無意識的にであれ）理由に基づいて選択をなす能力を行使しているのだが、このプロセスを具体的に記述すると、以下のようになる。まず、あなたは赤信号が点灯しているのを知覚して、「赤信号が点灯している」という信念を形成する。[27] つまりあなたは、特定の知覚刺激に対して特定の信念の形成という反応を返すという傾向性を保持していると言える。次に、いま形成された「赤信号が点滅している」という信念を引き金として、「交差点で立ち止まるべき理由がある」という信念を形成している。これも、特定の信念の形成という刺激に反応して行為のための理由を認識するという傾向性とみなすことができる。さらに、その理由の認識に基づいて、「立ち止まる」という行為への意図を形成する。最後に、その意図の形成に基づいて、実際に「立ち止まる」という行為を遂行する。このように羅列すると非常にまだるっこしいが、合理的な意思決定という複雑なプロセスを、様々な傾向性が発現するさまとして理解しようというのが、ヴィヴェリンの第一の主張の要点である。

次にヴィヴェリンの議論の第二のパート、「傾向性の束を持つことは決定論と両立する」という主張の検討に移ろう。傾向性の束とは個々の傾向性の集まりに他ならないから、まずは傾向性言明、つまり対象に何らかの傾向性を帰属する文の真理条件から議論を始める。この議論を通じて、ヴィヴェリンによる傾向性言明の真理条件の説明が、前節の条件文分析のアイデアを洗練させたものになっていることが判明するだろう。

次の傾向性言明を考えよう。

（シ）　このスマートフォンは頑丈だ。

この文の真理条件は何であろうか。つまり、この文はどのようなときに真で、どのようなときに偽になるだろうか。その理解を得るためには、「頑丈さ」という傾向性の有無を判別するテストを想像してみるとよい。大きな衝撃を受けても壊れにくい、頑丈さを謳ったスマートフォンを携帯会社が開発するとしよう。その製品が実際に頑丈であることを検証するために、開発部では入念な耐衝撃実験が行われるだろう。明らかに、たった一回スマホに衝撃を加えてみるだけでは、検証テストとしては不十分だ。というのも、屈強なアキレスにも一つだけ弱点があったように、本来なら頑丈なはずなのに、当たり所が悪く壊れてしまうことは考えられるからだ。また逆に、本来は壊れやすいはずなのに、たまたま当たり所が良くて破壊を免れてしまう場合も考えられる。したがって、耐衝撃実験の際にはおそらく、様々な角度から、様々な強さの衝撃を対象に加えることで、製品の頑丈さが測られることとなる。その試行のうち、すべて、ないし大部分において製品が無傷のままであれば、「頑丈である」という謳い文句をつけることは正当だとみなされるだろう。[28]

以上の考察から、傾向性言明の真理条件について、おおよそ次のような説明を与えることができそうである（以下の定式化で、傾向性dは刺激ｓと反応ｒのペアと結びつけられているものとする）。

傾向性言明の真理条件：「対象aが傾向性dを持つ」が真であるのは、刺激ケースに対象aが置かれたならば、その中の十分な割合において、対象aが反応rを返すであろうとき、かつそのときに限る。

「刺激ケース」とは、対象aに刺激sを与える仮想の状況を指す（もちろん、対象が実際に刺激ケースでの検証を経る必要はない――私のスマートフォンが実際に耐衝撃実験を経験していたとしたら、それはクレームものである）。刺激sを対象に与える状況のうち、どの範囲のものが当該の傾向性帰属の判定において適切であるかは、経験的な問題であり、文脈にも依存する。たとえば、同じ「頑丈さ」でも、スマートフォンの場合とイナバ物置の場合では、選ばれる同ケースの集合は異なるだろう。同様に、具体的に「十分な割合」とはどれくらいかも、経験的に定められるべき問題である。

先述の傾向性言明の真理条件をふまえれば、傾向性の束と決定論の両立性はもはや明らかだろう。すでに論じたように、現実とは異なる様々な状況を想定してこそ、信頼度の高い傾向性の帰属が可能になる。逆に、傾向性の有無を判別する際には現実と同一の過去と自然法則を持つ状況のみにしぼってテストを行うべきだ、と主張するとしてみよう。この場合、一度もグラスが割れなかった（決定論的）世界では、何度テストを繰り返しても、そのグラスが割れることはなく、そのグラスは割れやすさという傾向性を持たないという誤った診断が下されることになる。このように、傾向性の帰属という観点からは、現実と異なるテスト状況を許容することが非常に重要なのである。同様のことは、「理由を認識して意図を形成する傾向性」といった、自由に必要な能力に関わる傾向性についてもあてはまる。

さて、傾向性の束によって自由に関連する能力を分析するというヴィヴェリンの議論は、前節で見た古典両立論が直面するいくつかの困難にどの程度対応することができているだろうか。まずは、オースティンのゴルフの事例、つまり行為者が本来ならできるはずの行為の遂行に失敗することがあるという現象をどのように説明するのかという問題から考えよう。この問題の解決は、先述の傾向性言明の真理条件によってすでに与えられている。「十分な割合」という句の存在から明らかなように、傾向性帰属、ひいては自由に関連する「できる」言明において、刺激が生じるすべての場合で対象が特定の反応を返す必要はない。この点で、右記の分析は「行為の遂行の失敗」という現象をうまく説明できていると評価できる[29]。

次に、条件文分析の十分性への反例である、恐怖症の事例に移ろう。ヴィヴェリンの理論の観点から、恐怖症の事例においては、自由に関連する能力を構成する傾向性のうちのどれかが行為者に欠けているのだ、と応答することができる。具体的には、虫恐怖症の私には、「(特定の)理由を認識して意図を形成する傾向性」が欠けているとみなされる。というのも、セミを外に追い払う理由があるということを認識しているにもかかわらず、「セミを外に追い払う」という行為への意図を形成することが私にはできないからだ。また、昏睡状態の事例では、そもそも外的な刺激に反応して知覚的な信念を形成する傾向性が欠けていると言える。このように、傾向性の束説では、行為者が様々な原因・理由から行為を行うことができないことをうまく説明することができる。

最後に、選択の無限後退という懸念についてはどうだろうか。この懸念はそもそも、「できる」を含む言明に対して条件文分析という単一の説明しか存在しなかったからこそ生じたものである。しかし、傾向性の束説は、「できる」言明を、複数の傾向性帰属の言明に分解するところにポイントがある。前段の議論からも明らかなように、行為を実行する能力と、行為を選択する能力は、異なる傾向性（の束）として理解される。したがって、古典両立論が直面したような無限後退の懸念は傾向性の束説においては生じないと結論される。

以上より、傾向性両立論の一つであるヴィヴェリンの傾向性の束説は、古典両立論が直面したいくつかの反論に応えることができており、その点でかなり有力な両立論的理論であると期待されるかもしれない。とはいえ、非両立論の側にも反論の余地は残されている。本節の残りでは、その中でも特に重要であると思われる、ヴァン・インワーゲンの主著で先駆的に表明されている反論を検討することとしたい。それは、そもそも「能力」概念を傾向性の束として分析することができるのか、という趣旨の反論である。少し長いが彼の言を引用しよう。

ある人がフランス語を理解する能力をもつとは、次のことを意味する。つまり、もし彼がある状況に置かれ〔…〕、フランス語が話されているのを聞いたならば、否応なしに、何が言われているかを理解するだろう、という意味である。しかし、もし彼がフランス語を話すことができるとしても、そのことから、彼が否応なしにフランス語を話すであろうような状況が存在することは帰結しない。因果的力能や能力という概念は、ある特定の環境の変化に対してある特定の仕方で反応する一定の傾向性という概念であるように思われる。一方、行為者の行為する力能という概念は、傾向的ないし反応的であるような力能概念ではなく、環境に変化を創り出す力能であるように思われる。(van Inwagen 1983 10-11)

ここではフランス語を理解する能力とフランス語を話す能力が対比されている。前者は、環境からの刺激(フランス語が話されているのを聞く)に対して反応する傾向性として説明することができる。しかし、行為者の行為能力は、単に環境の変化に反応するのではなく、自ら環境に変化を及ぼすものである。いわば、傾向性を発揮することは受動的であるのに対し、行為能力の行使は能動的である。能力を傾向性の束として捉える理論は、行為能力のもつこの能動性を説明できないのではないか、というのがヴァン・インワーゲンの主張である。

ヴィヴェリンならば、行為者の能動性を担保することができるのか、というヴァン・インワーゲンの批判に対して次のように応答するだろう。「能動性」という行為者の持つ特徴は、既に記述したような傾向性の束という複雑なプロセスによって実現される。砂糖やグラスの単純な傾向性と私たちの行為能力とが能動性によって区別されるのは、この複雑さのゆえんである、と。

もっとも、一部の非両立論者はこのヴィヴェリンの応答には満足しないだろう。たとえば彼らは、「行為者因果」のような、物体の持つ傾向性には還元されえない因果的力能が行為者の(自由に必要なレベルの)能動性は必要なのだと反論するかもしれない。あるいは、(自由に必要なレベルの)能動性が生じるためには、脳内で非決定論的な過程が介在していなければならない、と主張するかもしれない。ここに至ると、傾向性両立論(あるいは両立論一般)と非両立論の間の、より根源的な対立が垣間見えてくる。それは、非両立論と両立論のどちらの「できる」の分析が、自由に関連する「できる」の分析なのか、という地点での対立である。非両立論者は、ヴィヴェリンに対してこう応答するかもしれない――「よろしい、傾向性の束に基づく「自由」の説明は、私たちの日常的な自由理解の一端を適切に記述できているかもしれません。しかし、本当の意味で私たちが責任を負う主体であるためには、あなたが分析した意味での「自由」では不十分なのです。むしろ真の「自由」とは、決定論的な世界では決して実現されない種類の自由なのです」、と。

両立論と非両立論、どちらの陣営が掲げる「自由」が、本当の意味での自由なのだろうか。この問いを考察するためには、今度は非両立論者が「自由」に求める条件、すなわち決定論的世界では決して満たされないような条件とは何か、その内実を明確化する必要がある。この明確化は、第5章の主題となる。次章では、いったん「他行為可能性」の文脈から離れて、「源泉性」としての自由が決定論と両立するのか、という問いへ議論の矛先を向けることとしよう。

コラム② 帰結論証の厳密な定式化と、マッケイとジョンソンによる反論

本コラムでは、ヴァン・インワーゲン自身による帰結論証の厳密な定式化、およびマッケイとジョンソンによる帰結論証への反論を紹介する（一定の論理学の知識を前提するので、その点はご容赦いただきたい）。帰結論証（ここで紹介するバージョンは「第三論証」や「様相論証」とも呼ばれる）は、通常の様相命題論理に、「N」と

いう様相演算子を追加した言語で定式化される。Nは任意の命題pに作用し、「Np」は次のように読む(van Inwagen 1983 93)。

Np：pであり、かつ、誰もpか否かについて選択をもたない（もたなかった）。

さらにヴァン・インワーゲンは、様相演算子Nについて次の二つの推論規則が妥当であると主張する。

（α）命題「□p」から、命題「Np」を推論してよい。

（β）命題「Np」と命題「N(p→q)」から、命題「Nq」を推論してよい。

（「□」は、必然性を表す様相演算子で、「□p」は「必然的にp」と読む。「→」は、命題論理の論理結合子で、「p→q」は「pならばq」と読む。）

規則（α）はきわめてもっともらしい。たとえば、命題「必然的に、2＋2は4である」が真であるとしよう。このとき、規則（α）から、命題「2＋2は4であり、かつ、誰も2＋2が4であるか否かについて選択をもたない（もたなかった）」も真であると主張することができる。私たちは必然的に真な命題を偽にすることなどできないから、これは至極まっとうな推論であると思われる。

その妥当性に異論の余地がありそうなのは規則（β）だ。（β）は、命題「p」と命題「p→q」が真であり、かつその真偽に対して私たちが選択をもたないのであれば、命題「q」の真偽についても私たちは選択をもたない、ということを述べるもので、第3章の用語で言うところの「無力さの移行規則」の一例である。無力さの移行規則の直観的なもっともらしさは、第3章で説明した通りである。

これで帰結論証を定式化する準備が整った。以下で命題「P」を任意の命題、命題「P_0」を遠い過去の時点の世界の状態全体を記述する命題、命題「L」を自然法則を記述する命題とすると、論証は次のように書ける。

（P１）　□ $((P_0 \& L) \rightarrow P)$
（P２）　□ $(P_0 \rightarrow (L \rightarrow P))$
（P３）　N $(P_0 \rightarrow (L \rightarrow P))$
（P４）　NP_0
（P５）　N $(L \rightarrow P)$
（P６）　NL
（C）　NP

論証のそれぞれのステップを確認しておこう。前提（P１）は、過去の世界の状態と自然法則とからそれ以後の世界の状態が一意に決定される、という法則論敵決定論の定義を様相命題論理の言語で表現したものである。前提（P１）から（P２）の導出は、詳細は割愛するが、様相命題論理の体系Kを前提すれば簡単に証明できる（cf. Pruss 2013）。前提（P３）は、（P２）と規則（α）から得られる。前提（P４）、（P６）はそれぞれ、過去の固定性、自然法則の固定性を述べた命題である。前提（P５）は、前提（P３）、（P４）に規則（β）を適用することで得られる。最後に結論（C）は、前提（P５）、（P６）に規則（β）を適用することで得られる。Pは任意の命題であるので、ここに行為者の行った行為に関する命題を代入すれば、行為者がその行為を行ったか否かについて誰も選択をもたない（もたなかった）、という結論が帰結する。これは、決定論と他行為可能性の非両立性を結論することに他ならない。

本書のメインパートでは、様相句「できる」を決定論と親和的な仕方で解釈することによって、無力さの移行規則（右記の論証では規則（β））の妥当性を否定する、という路線を探求した。対して本コラムでは、あくまでヴァン・インワーゲンを含む非両立論者が意図する「できる」の解釈に則りつつ、（β）の妥当性を否定するという、いわば「真っ向勝負」の反論を検討することとしたい。紹介するのは、その種の試みの中でも特に有力とされる、マッケイとジョンソンによる議論である（McKay and Johnson 1996）。彼らの議論は以下のように進む。規則（α）と（β）から、凝集律と呼ばれる規則（後述する）が妥当であることが導かれる。しかし、凝集律には反例が存在する。したがって、（α）と（β）の少なくともどちらかは妥当でない。（α）は異論の余地なく妥当であると思われるので、以上の議論は（β）が妥当でないことを示している。

まず凝集律とは、次の推論規則のことである。

凝集律：命題「Np」と命題「Nq」から、命題「N（p∧q）」を推論してよい。

規則（α）と（β）を用いて、凝集律の妥当性は以下のように証明される。

（1）　Np　〔前提〕

（2）　Nq　〔前提〕
（3）　□（p→（q→（p∧q）））　〔論理的真理の必然性〕
（4）　N（p→（q→（p∧q）））　〔（3）と（α）より〕
（5）　N（q→（p∧q））　〔（1）、（4）と（β）より〕
（6）　N（p∧q）　〔（2）、（5）と（β）より〕

この証明は明快な演繹的ステップで構成されており、問題なく正しいと認められる。よって、凝集律への反例とされる事例へと移ろう。マッケイとジョンソンが挙げる事例は以下のようなものである。私がコイントスをすることができたが、実際にはしなかったとしよう。また、命題P、Qを次のように定める。

P…コインは表にならなかった。
Q…コインは裏にならなかった。

このとき、NPとNQはともに真である。NPについて確認しよう。NPは「コインは表にならず、誰もコインが表にならなかったか否かについて選択をもたなかった」を意味する。実際にコイントスをしていないため、NPの前半部、すなわち「コインは表にならなかった」は真である。さらに、コイントスをしたとしてもその結果は運任せであり、その結果がどうなるかを選択することはできないので、NPの後半部も真である。同様のことはNQについても言える。しかし、N（P∧Q）、つまり「P∧Qであり、かつ、誰もP∧Qか否かについて選択をもたなかった」は偽である。なぜか。もしコイントスをすれば、表か裏のどちらかは出るので、$P \land Q$は偽になる。私は仮定によりコイントスをすることができるので、$P \land Q$を偽にすることができるのであり、これは$P \land Q$か否かについて選択をもつことを意味する。以上から、コイントスの事例でNP、NQは真であるにもかかわらず、$N(P \land Q)$は偽であり、これは凝集律への反例となっている。

もし凝集律が妥当でないならば、既述の推論によって、規則（β）が妥当でないことが結論される。マッケイとジョンソンの議論は説得的なものであり、実際ヴァン・インワーゲンもその議論の効力を認めていて、演算子Nの解釈に修正を加えることで応答を試みている（van Inwagen 2000）。他にも、規則（β）を強化することで凝集律の問題を克服する手段も提案されている（cf. Crisp and Warfield 2000）。一方で、そのような仕方で修正されたNの解釈や規則の下で、依然として帰結論証が直観的な魅力を保持しているのかという論点にも留意すべきであろう。というのも、反例を回避するために加えた修正によって非両立性の論証に説得力がなくなってしまったら、本末転倒だからである。

第4章　私たちは操り人形にすぎないのか?——源泉性モデルへの挑戦

前章で詳細に検討した帰結論証は、決定論の前提、および過去・法則の固定性の前提から、無力さの移行規則という推論規則を通じて、他行為可能性の否定という結論を導き出すものであった。つまり、そこで問題となっていた「決定論」からの挑戦は、もっぱら自由の他行為可能性モデルに対して向けられるものであったと言える。前章の後半で見たように、帰結論証に対しては両立論の側からいくつかの応答の試みがなされているものの、現代の哲学者の多くは帰結論証を説得的な議論とみなしている、というのが現状だ。それでは、もう一つの自由理解である自由の「源泉性モデル」は、決定論からの脅威を免れているのだろうか。たとえば、第2章で解説したフランクファートの二階の意欲説は、決定論との両立可能性の問題に煩わされる心配はないのだろうか。源泉性モデルは、両立論者にとっての安住の地となりうるのだろうか。これが、本章で考察することになる主題だ。

実は、多くの哲学者は、源泉性モデルの下で理解された自由も、決定論と両立しえないのだと考えている。このような、源泉性としての自由と決定論の非両立性を主張する立場を、非両立論の中でも特に「**源泉‐非両立論**」（source-incompatibilism）と呼ぶ（ちなみに、ヴァン・インワーゲンに代表される、他行為可能性としての自由と決定論の非両立性を主張する立場は、「**余地‐非両立論**」（leeway-incompatibilism）と呼ばれる）。[1] 第1節では、源泉‐非両立論の基本的なアイデアを明確化し、決定論という世界観が源泉性としての自由に対する脅威にもなりうるのだということを確認する。第2節では、源泉‐非両立論を導く議論として非常に影響力のある、「操作論証」を紹介する。[2] 続く第3節、第4節では、操作論証に対するいくつかの応答を検討し、操作論証が非両立論の議論としてどの程度成功しているかを評価する。

1　決定論のもう一つの脅威——自由の源泉性モデルへの挑戦

決定論は、源泉性モデルの下で理解された自由に対する脅威となりうるのだろうか。この問いを考察するためにまずは、「源泉性としての自由」ということでどのような自由が意味されているのか、第2章の議論を振り返りながら確認しておこう。源泉性としての自由とは、スローガン風に述べれば、「行為が本当の意味で行為者自身によってもたらされたものである」という意味での自由だ。もちろん、私たちが行う行為や選択は文字通りの意味では言うまでもなく私たち自身による産物なのだから、この意味での「自由」を実感することは日常でそう多くはないかもしれない。しかし、源泉性としての自由の重要性は、その不在、すなわち「不自由」の典型例を見ることで明らかになってくる。第2

章で取り上げた麻薬依存症の事例を再掲しよう。

麻薬依存症の事例：シュウは、麻薬依存症の患者である。麻薬に手を染めてから、彼の人生は破滅的なものへと一変してしまった。彼は普段は心から麻薬などやめてしまいたいと思っているが、麻薬が体内から切れると禁断症状が出て、自身の欲求に抗えずに麻薬を摂取してしまう。

たしかにシュウの麻薬摂取は、ある意味では彼が行ったものに他ならない。しかし、彼の行為は、本当の意味で彼自身が行ったものであると、本当の意味で彼自身を源泉としてもたらされたものであると言えるだろうか。むしろ、彼は麻薬摂取の場面では自身の抗いがたい欲求のドレイであり、無力な傍観者にすぎないのだ、と言いたくなりはしないだろうか。シュウのような行為者を観察することで、「源泉性としての自由」という概念が逆説的な仕方で、おぼろげながらも形を帯びてくる。この種の自由理解を具体的に理論化したものの一例が、第2章で詳細に検討した、フランクファートの二階の意欲説だ。

私たちは日ごろ、「肉が食べたい」とか「もう少し長く寝たい」とかといったあれやこれやの欲求を持っている。こうした、何がしたいかについての欲求（行為についての欲求）を一般に「一階の欲求」と呼ぶ。さて、私たちは、ときに競合し対立する様々な一階の欲求のうち、どの欲求に導かれて行為することを望むかという、いわば「欲求についての欲求」を持つことがある。この種の欲求をフランクファートは「二階の意欲」と呼ぶ。第2章でも挙げた具体例で確認しよう。卒業論文の執筆が佳境を迎えている大学生、太郎は、頑張ってもう少し執筆を続けるか、それとも今日は止めにしてビールを飲んでしまうか、この二つの選択肢の間で葛藤している。彼の脳内には、二つの競合する一階の欲求、つまり「良い卒業論文を書きたい」という欲求と「好物のビールを飲みたい」という欲求が共存している。しかし彼は、ビールの誘惑に打ち克ってもうひと踏ん張り執筆を続けられるような、そういう人間でありたいとも思っている。すなわち、「良い卒業論文を書きたい」という一階の欲求に導かれて行為したい、という二階の意欲を持っている。フランクファートは、この二階の意欲こそ、人間の自由の本質をなす構成要件なのだと考える。太郎の例で言えば、自身の持つ二階の意欲と調和した一階の欲求、つまり「良い卒業論文を書きたい」という欲求に導かれて行為するとき、彼は自由に行為したのだと言える、というわけだ。

他行為可能性モデルと対比的に述べれば、二階の意欲説に代表される自由の源泉性モデルは、行為者がなしえた別の可能性ではなく、まさに行為者が行った現実の行為過程に注目する。そして、現実の行為の因果系列において、行為者自身がその行為の源泉としての役割を果たしているならば、行為者は自由であるとみなされる。この、そうありえた可能性ではなくもっぱら現実の行為過程にのみ注目するという源泉性モデルのアイデアは、一見すると決定論的な世界観と親和的に映るかもしれない。というのも、仮に帰結論証のような議論によって、決定論が行為者の他行為可能性を排除することが示されたとしても、そのことは現実の在り方のみを重視する源泉性モデルにとって何ら問題を生じさせはしないと思われるからだ。

ところが、ひとたび考察をめぐらせてみると、源泉性としての自由と決定論が両立するか否かという問いは、他行為可能性としての自由の場合に勝るとも劣らず、一筋縄ではいかないことが判明してくる。二階の意欲説のような両立論的な源泉性モデルに対する懸念は、二〇世紀中葉の哲学者、ポール・エドワーズによって先駆的に表明されている。[3]

〔源泉－非両立論者〕は〔両立論者〕に対して次のように言うだろう──「私たちの行為の一部が、私たちの欲求や選択によって引き起こされていると主張する点であなたは正しい。しかし、あなたは問題を十分に突き詰めていない。あなたは恣意的にも、欲求や意欲の地点で話を止めているが、私たちはそこで止まるべきではない。さらに私たちは、それら欲求や意欲がどこから来たのか、を問わねばならない。そして、もし決定論が真ならば、この問いに対して与えられる答えは明白だ。突き詰めて考えれば、私たちの欲求や性格の全体は、生まれつきの素質や、幼少期に受ける環境的な影響に由来するものである。明らかに、私たちは自分の手で自身の欲求や性格を形成することなどできないのである。（Edwards 1958 121、強調は引用者）

エドワーズの議論を二階の意欲説に定位して敷衍するならば、次のようになるだろう。フランクファートは二階の意欲──これ自体行為者が持つ欲求の一つだ──こそが、行為者が行為の源泉たりうるために必要な要件だと考える。しかし、その二階の意欲は、どのようにして形成され、行為者のものとなるに至ったのだろうか。キャラクターの性能を自由に設定できるＲＰＧゲームとは異なり、現実の私たちにとって、どのような二階の意欲を持つに至ったかは自身の選択によるものではない。

いわば、二階の意欲は私たちの創造物ではなく、所与なのだ。この論理は、世界が決定論的であるという仮定を加えれば、より強固なものとなる。というのも、もし決定論が真ならば、二階の意欲やその他の特質についての私たちの在り方は、はじめからそうなるように決定されていたことになるからだ。しかし、そうであるならば、いかにして私たちは、私たちの力の及ばない要因から形作られた源泉から発する行為に対して責任を負うと言いうるのだろうか。これが、エドワーズの議論が示唆する、源泉－非両立論の基本的な理路である。

もしかすると、二階の意欲に代表されるような自由の源泉が決定づけられているということが、なぜ自由や責任を損ないうると主張されるのか、いまいちピンと来ない読者もいるかもしれない。しかし、次のような事例を考察することで、源泉－非両立論のモチベーションをより明瞭に理解することができる（以下の事例は架空のものだが、現実にも十分にありうる事例であろう）。青年ロバートは、ＳＮＳ上で知り合った女性を言葉巧みに誘い、親密な関係になった。ある日、彼は女性を自宅へ招くと、女性に睡眠薬を飲ませ、昏睡状態になった彼女を強姦したのち、殺害に至った。これら一連の行動は、突発的な衝動に駆られてなされたものではなく、綿密な計画の上で遂行されたものであった。さて、彼の殺害行為は、まさに彼自身の二階の意欲と調和したものであったと仮定しよう。つまり、彼は殺人をしたいという一階の欲求をもっていたが、さらにその欲求に導かれて行為するような人間でありたいという二階の意欲ももっていたとしよう。この場合、彼は二階の意欲説が提示する自由の条件をすべて満たしているのであり、二階の意欲説の観点から、彼は自身の行為に責任を負い、その行為について非難に値するのだと評価されるだろう。

しかし、先述の事例に次のような設定を追加したらどうだろうか。実は彼は脳にある先天的な疾患を有しており、他者に共感したり他者の感情を理解したりする能力が著しく欠如していた。さらに彼は劣悪な家庭環境で幼少期を過ごした。彼の義父は重度のアルコール依存症で、事あるごとにロバートを罵り、また暴行を加えた。また実母も、そんなロバートを擁護することはせず、それどころかしばしば十分な食事を与えなかったり、ちょっとした失敗の罰として長時間暗い部屋に閉じ込めたりした。こうした背景をふまえると、ロバートの残虐非道な人格は、少なくともかなりの程度、遺伝的要因や生育環境の結果として形成されたものだと推察できる。

このような背景をふまえても、ロバートのしたことが道徳的に断じて許されるものではないことは変わらないし、彼は残虐非道な性格であるという私たちの価値判断が覆ることもないだろう。しかし、彼は自身の行為に責任を負うのかという問い、また、彼は自身の行為について非難に値し、（刑罰などの）相応する制裁を受けるに値するのかという問いに関しては、彼の背景を知る前と後で私たちの答え方が変わってくることは十分に考えられる——実際、一定数の読者は、彼に責任や非難を帰属することについて、一抹のためらい、あるいは居心地の悪さを感じたのではないだろうか。そして、なぜそのような判断に至るかについての一つの説明は、まさにエドワーズの議論によって与えられている。すなわち、彼がそのような残虐な性格を持つに至ったことは、あらかじめ決定されていたことなのであるから、そのことについて彼を非難するのは不当である、というわけだ。

ここまでの議論に説得されたならば、源泉-非両立論の結論はすぐそこまで来ている。たしかに私たちの多くは、ロバートのような苛烈な環境の下で育ったわけではないかもしれない。しかし、自身の遺伝的な特質や幼少期の生育環境といったコントロール外の要因が人格形成に大きな役割を果たしているという事実は、ロバートだけでなく私たちにも同様にあてはまるだろう。であるならば、（少なくとも決定論を仮定すれば）私たちも本当は自身の行為について責任を負いえないのではないだろうか。これはまさしく、源泉‐非両立論の結論に他ならない[4]。

もっとも、以上のような議論によって、フランクファートのような両立論者がやすやすと説得されることはないだろう。源泉‐非両立論者は、何らかの仕方で、行為者の源泉が決定づけられていることがなぜ行為者の責任を損なうまでに問題なのか、それを論証する必要がある。その最も有力と目される議論が、次節以降で主題的に検討する「操作論証」である。

2 操作、決定論、そして責任——操作論証

本節では、ダーク・ペレブーム（Pereboom 2001, 2014）やアルフレッド・ミーリー（Mele 2006）によって提出された、「**操作論証**」（Manipulation Argument）と呼ばれる非両立論の論証を主題的に検討する[5]。操作論証は、個別の両立論的理論への反論としてではなく、源泉性モデルをとる両立論一般への反論として提示されたこともあり、両立論に対する非常に影響力の強い議論として認知されている[6]（以下、本書では「両立論」ということで「源泉性モデルをとる両立論」を意味するものと理解していただきたい[7]）。

操作論証の詳細は論者によって異なるのだが、まずはすべての操作論証に共通する基本的な構造を

特定することから始めよう。まず、ある行為者Sが、両立論者が責任に十分であると考える（源泉性の）条件を全て満たしているにもかかわらず、何らかの仕方で行動を操作されているようなケースを生成する（「操作」という現象が具体的にどのようなものであるかは、徐々に明らかにされる。現時点ではラフに、他者からの介入によって行為者があたかも操り人形のようになっているさまを想像していただければ十分だ）。行為者が行動を操作されている具体的なケースを、ここでは「操作ケース」と呼ぶこととしよう。操作ケースを用いて、論証は次のように進む。

（1）操作ケースにおいて、行為者Sは自らのすることに責任を負わない。
（2）操作ケースにおける行為者Sは、責任に関連する点において、（操作を含まない）通常の決定論的なケース（「決定論ケース」と呼ぼう）における行為者と違いがない。
（3）したがって、決定論ケースにおいても行為者は自らのすることに責任を負わない。

操作論証の議論の流れを説明しよう。まず論証の聞き手は、操作ケースを提示されて、「この行為者Sが自らのすることに責任を負うと思いますか?」と問われる。操作論証の目論見通りに事が進めば、ここで聞き手は「否」と答えることだろう。すると論証は次のステップに進む。聞き手は決定論ケースを提示され、「決定論ケースの行為者と操作ケースの行為者の間に責任に関する重要な違いはあると思いますか?」と問われる。この問いに聞き手が「否」と答えれば、操作論証は成功である（いかにして聞き手をそのような判断に導くかが、操作論証の腕の見せ所といってもよい）。つまり、操作ケースと決定論ケースの間に違いがないという主張（＝前提（２））と、先の操作ケースの行為者に責任がないという主張（＝前提（１））を合わせると、通常の決定論ケースにおいても行為者には責任がない、という主張が導かれる。これは両立論の否定を意味する。[8]

操作論証について、重要な点を一点補足しておきたい。実は、操作ケース（あるいは、操作ケースに関する主張である前提（１））はそれ単独で、両立論に対する批判として成立している。操作ケースとは、両立論が責任に要請するすべての条件を満たしているにもかかわらず、一見して行為者に責任がないように思われる事例であった。このことは、操作ケースは両立論的条件の十分性に対する反例となっていることを意味する。だから、両立論の反駁という目的だけ考えるならば、前提（２）という追加のステップがなくとも、前提（１）だけで十分なように見えるかもしれない。

ところが、操作論証の強力さ、（両立論者にとっての）厄介さは、まさに前提（２）が加わるところに存する。つまりこういうことだ。操作ケースがそれ単独で両立論に突きつける批判は、「操作ケース」という特定の事象を両立論は説明することができない、という趣旨のものだ。この批判は両立論者にとって看過できない重要な問題だが、しかし、この批判は通常の（操作されていない）私たちが自由・責任を有するか否かという問題とは独立である。逆に言えば、前提（２）が加わることによって、私たち「通常の」行為者も、（この世界が決定論的であるならば）操作ケースの行為者と同様に責任を負わないのだ、という結論が導かれる。この結論は、操作ケースという特定の事象が説明できないという瑕疵よりもはるかに両立論者にとって重大な問題である。

以下では、特に影響力のある操作論証であるペレブームの議論を詳しく紹介していく。はじめに断っておくと、ペレブームの操作論証は、先ほど定式化した基本形よりももう少し複雑だ。彼は単一の操作ケースに訴えるのではなく、最もラディカルな操作ケースから出発し、徐々に操作ケースを通常の決定論ケースに近づけていく、という方針をとる。そんなわけで、ペレブームの論証では、うえの「操作ケース」にあたる事例が三つ、「決定論ケース」にあたる事例が一つ、合計四つの具体事例が登場することになる。[9] 以下では、簡便のために、両立論の理論の代表としてフランクファートの二階の意欲説を採用した上で、四つの事例を記述することとする。とはいえ先に述べたように、操作論証は任意の両立論的理論に適用可能な論証であるので、「二階の意欲説」の部分には他の有力な両立論的理論を代入しても同様の議論が成り立つことに注意されたい。[10]

まずは、最もラディカルな操作ケースから見ていこう。

ケース1：ある行為者プラムが、熟慮のすえ利己的な理由でホワイトを殺してしまったとしよう。このときプラムは、彼のもつ二階の意欲——いかなる時でも他者の利益より自己の利益を優先したいという欲求に導かれて行為したい、という自己中心的な二階の欲求——と調和した、ホワイトを殺したいという一階の欲求に従って行為した（よって二階の意欲説の観点からは、プラムは自由にその行為をなしたと言える）。だが実は、プラムの脳内には邪悪な脳神経科学者Xによってマイクロチップが埋め込まれており、科学者は好きなときにそのチップを通じてプラムの熟慮プロセスに介入することができる（プラムはこのチップの存在も、自分が操られていることも知らない）。具体的には科学者Xは、プラムが熟慮を開始する直前にあるボタンを押すことで、彼に自己中心的な推論プロセスが生じるよう仕向けていることができる。今回のケースでも、Xによる介入の結果として、プラムはホワイトの殺害に至ったのである。[11]

ケース1はいわば、操作者による「直接的な遠隔操作」の事例である。プラムは行為への意図形成の直前に、操作者による直接的な介入を受け、自己中心的な二階の意欲をもつよう仕向けられる。結果的にプラムは、自身のもつ一階の欲求に従って行為することになる。このとき彼は操作の事実を知らないため、自分の行為はまさに自分の意志で自由に選んだものだと信じているわけだが、このことは決定的に重要だ。というのも、対照的に次のような事例を考えてみよう。

制約的な操作の事例：花子の脳内にはチップが埋め込まれており、それを通じて脳神経科学者Xは、花子が何を考え、何を行おうとしているかを常にモニタリングすることができる。そしてXは花子が行おうとする行為（Aとしよう）が気に入らない場合には、チップを通じて花子の脳内に電気刺激を与え、それとは違う行動Bをとらせることができる。このとき花子は、行為Aをしたいと思っていたにも関わらず、操作された瞬間身体の制御が効かなくなり、結果的に行動Bをとってしまうことになる。

この事例で花子は、操作による介入が生じるごとに、自分の意に反した行動をとることを余儀なくされる。この意味で、操作は行為者に対してある種の強制、ないし制約として働いている。このような操作を、操作論証で問題となる操作ケースと区別して、本書では「制約的な操作」と呼ぼう。[12] 制約的な操作の犠牲となる行為者は明らかに自由でないが、このことは二階の意欲説に対する困難をもたらしはしない。なぜなら、行為者はそもそも二階の意欲に合致した行為を行っているとは言えず、この事例は「行為者は両立論が提案する自由の条件をすべて満たしている」という前提に反するからだ。二階の意欲説にとって問題となるのは、いわば「秘密裏に」操作が行われている事例、つまり、行為者自身が操作についての事実に気づいておらず、行為者の経験のレベルでは通常の行為者とまったく区別がつかないような事例なのである。

さて、ケース1においてプラムはホワイトの殺害に責任を負うべきだと言えるだろうか。また、彼はそのことで非難に値すると言えるだろうか。言えないだろう、というのがペレブームの主張だ。このペレブームの主張は直観的にもっともらしい。たしかにプラムは二階の意欲に合致した一階の欲求に従って行為したが、その二階の意欲自体が、他ならぬ操作によって生み出されたものだからである。

以下、ケース2からケース4の状況を順に記述していき、それぞれのケースにおいてプラムに責任があるか否かを吟味する。読者の皆さんも、それぞれのケースにおいて、プラムの行為は自由であるか、また彼はその行為に責任を負いうるか、それを考えながら読み進めてほしい。

ケース2：プラムが、熟慮のすえ利己的な理由でホワイトを殺してしまったとしよう。このときプラムは、彼の持つ二階の意欲に合致した、ホワイトを殺したいという一階の欲求に従って行為した。だが実は、彼の持つ二階の意欲は、彼が生まれる前に邪悪な科学者によってデザイン（設計）

されたものであった。つまり、彼は生まれる前から、自己の利益のためなら他者を殺してしまうことも厭わないような自己中心的な人格に育つよう決定づけられていた（この事実は彼が生後いかに努力しようと変えることができない）。もちろん彼は、自分の人格が操作者によるデザインによって用意されたものだということには全く気づいていない。

ケース2はいわば、「操作者による事前のデザイン」の事例である。[13] ケース1との違いは、ケース1では行為の度に操作者の介入があったのに対し、ケース2では一度プログラミングしたあと操作者は全く行為過程に介入していないことにある。操作者はいわば、自分の作った人格をもつプラムの行動を、成り行きのままに見守っているだけなのである。

このような違いはあれ、ペレブームは、責任に関する点でケース1とケース2に変わりはない、と主張する。というのも、操作が行為の度に行われるか、それとも行為者が産まれる前に行われるかという操作の「時空的な距離」は、行為者の責任の有無に関して本質的な問題ではないように思われるからだ。

ケース3：プラムが、熟慮のすえ利己的な理由でホワイトを殺してしまったとしよう。このときプラムは、彼の持つ二階の意欲に合致した、ホワイトを殺したいという一階の欲求に従って行為した。だがプラムは次の点で通常の行為者とは異なる。彼は幼少時より、家族や共同体から徹底的な情操教育を施され、自己中心的な人格に育て上げられてしまった。彼は当時とても幼かったので、その教育に疑問を感じたり、逆らったりする能力をもっていなかった。

このケースは「後天的な教育や環境による人格形成」の事例、あるいは「洗脳」の事例である。ここではもはや操作者のようなSF的な設定は存在しない。プラムが受けた教育は、私たちが通常経験するものよりも極端で執拗なものではあるが、十分現実的にも想定可能なものだ。その意味でケース3は、ケース2までと比べて通常の状況に近づいたように思われる。それでもペレブームは、ケース3でもプラムに自由はないと主張する。というのも、行為者の人格への操作が先天的に実行される（ケース2）か後天的に実行される（ケース3）かという違いは、行為者の責任の有無に関して本質的であるようには思われないからだ。

ケース4：プラムが、熟慮のすえ利己的な理由でホワイトを殺してしまったとしよう。このときプラムは、彼の持つ二階の意欲に合致した、ホワイトを殺したいという一階の欲求に従って行為した。さらにプラムは通常の環境で育てられた、普通の人間である。だがこの世界は決定論的世界であり、プラムがそのような人格に育ったことは因果的に決定されていた。

ケース4は決定論ケース、つまり「決定論的世界における通常の行為者」の事例である。ケース4の状況は、いま私たちが住んでいるこの世界が仮に決定論的であった場合と全く同様である。さて、ペレブームはケース4においても、これまでのケースと同様にプラムに責任はないのだと主張する。

なぜなら、ケース3とケース4はともに行為者の人格が因果的に決定されている事例であるが、両者はその決定のプロセスが異なる（ケース3は人為的な過程からの決定、ケース4は物理的な過程からの決定）だけで、そのような決定のされ方の違いが行為者の責任の有無に違いをもたらすとは思われないからだ。
　ケース4まで進むと、ペレブームが四つの事例を順に提示したことの意図が明らかになってくる。[14] ケース1、つまり最もラディカルな直接的操作の事例と、通常の決定論的事例であるケース4を比較しただけでは、この二つの間に責任に関する点で違いがない、という主張にさほど説得力は生まれない。しかし、徐々にケース1を通常の事例に近づけていくことで、各々の事例で異なるのは行為者の行為や人格の因果的決定のされ方にすぎず、それは行為者の責任において本質的な問題ではないのだ、というペレブームの意図する思考に論証の聞き手は自然に導かれる。ここでとても重要なのは、ペレブームは、「二つのケースで行為者には責任はない、なぜなら二つの行為は因果的に決定されているからだ」と明示的に述べてはいないし、述べてはいけないということだ。こう述べることは、責任と決定論が両立しないという非両立論の結論をただ述べることと同じだ。これでは、両立論に対して論点先取の誤りを犯すことになってしまう。そうではなくペレブームは、ケース1からケース4までの判断を論証の聞き手に委ねることで、自然と非両立論的な思考に聞き手が行きつくことを意図しているのである。[15]
　ペレブームは操作論証を通じて、両立論者に「操作ケースの行為者と決定論ケースの行為者の間には（責任に関する）どのような有意な違いがあるのか？」と問いかけている。二つのケースの間に違いがあるならば、それを具体的に説明してみよ、というのが操作論証が両立論に提起する挑戦なのである。この挑戦を受けて、両立論者はどのように応答することができるだろうか。操作論証の基本的構造（1）～（3）に照らして考えると、両立論者には大きく二つの選択肢があることが分かる。一つは、操作の事例と通常の決定論的事例の間に責任に関連する何らかの違いを指摘する――前提（2）を否定する――という選択肢、もう一つは、そもそも操作の事例でも行為者に責任はありうるのだ、と主張する――前提（1）を否定する――という選択肢の二択だ。後者の路線からの応答は、操作ケースのプラムに責任があるという、一見して反直観的な主張をすることになるため、「**強硬な応答**」（Hard-line reply）と呼ばれる。対して、前者の路線の応答は「**穏健な応答**」（Soft-line reply）と呼ばれる。[16] 次節以降では、穏健な応答と強硬な応答のそれぞれについて、代表的な両立論者の議論を紹介することとしたい。[17]

3　操作に固有の特徴は何か？――両立論からの穏健な応答の検討

本節では、操作論証に対する穏健な応答、すなわち、操作ケースと決定論ケースの間に存在する（責任に関連する）重要な違いを析出しようとする両立論の側の議論を検討する。読者の皆さんも、少なくとも操作論証を知る前までは、操作されている行為者と通常の私たちの間には大きな違いがあると考えていたことと思うので、穏健な応答はまず第一に検討されるべき自然な方策だと言えるだろう。

前節で、操作ケースはそれ単独で両立論的な条件への反例となっている、と指摘したことを思い出そう。つまり従来の両立論的な条件は、操作ケースと決定論ケースとを区別する条件の析出に成功していない。そこで穏健派の両立論者は、従来の両立論的条件にプラスアルファの条件を追加することで、両ケースに違いを見出そうとする。責任に必要な何らかの「条件X」を操作ケースの行為者は満たしていないが、決定論ケースの行為者は満たしていると論じることで、操作論証の前提（2）に応答しようとするのだ。以下で、この「条件X」としてどのようなものが考えられるか、それを考察していきたい。

　操作ケースと決定論ケースとを隔てる条件として、どのようなものが考えられるだろうか[18]。一つの簡潔な、しかし明らかに問題含みの答えは、「両ケースの間の違いは、操作されているか否かにある」というものだ。この種の応答は、たとえば二階の意欲説に次のような条件を加えることを提案している[19]。

二階の意欲説＋操作条項：行為者Sの行為Aが自由であるのは、次のとき、かつそのときに限る。

（i）　AがSの持つ二階の意欲と調和している。

（ii）　Aが操作によるものではない。

　この方策に対しては少なくとも二つの問題点を指摘することができる。第一に、この応答は操作論証を提示する源泉－非両立論者に対して論点先取の誤りを犯している。彼らは、操作論証を通じて「操作ケースと通常の決定論ケースの間に違いはないのだ」と主張しているわけだが、この応答は彼らの主張を単に頭ごなしに否定しているにすぎないからである。[20] 第二に、すべての「操作」が行為者の責任を損なうとは限らない。たとえば次のような事例を考えてみよう。

慈悲深い操作者の事例：太郎は、脳に重度の先天的障害を負っているとしよう。その脳の障害部位は平時には太郎に何の影響ももたらさないが、時おり、太郎の意図形成を司る脳神経系にノイズをもたらす。そのノイズの結果、太郎は一時的に「一階の欲求のドレイ」となってしまう。つまり、彼がいかなる二階の欲求を持っているかに関わらず、彼はそのときに持つ一番強い欲求に従って行為してしまうとしよう。さて、慈悲深い操作者が生後間もない太郎を見て、この先天的な障害の存在に気が付いたとしよう。そして操作者は太郎の行動を常に観察し、仮に脳の障害が影響を及ぼしそうなときには必ず、脳神経を操作することで、その影響を無効にするとしよう。結果、太郎はどんな状況でもこの障害の影響を被ることなく、彼自身の持つ二階の意欲に従って意図形成をすることができる。そして太郎は、自分が先天的な障害を負っていることも、ましてや外的な操作によってその障害から守られていることも知らない。

この事例は、文字通りには「操作の事例」の一種であると考えられる。しかし、操作者による介入が生じているとき、太郎の行為は自由でないのだろうか。あるいは、彼は自分の行為に責任を負いえないのだろうか。少なくとも筆者には、これに対する答えは自明でないように思われる。むしろ、慈悲深い操作者の事例においては、本来ならば一時的に自由に必要な能力を欠いていた太郎が、操作の恩恵によって、その能力を回復することができているとすら言えるのではないだろうか。

以上より、単に「操作されていない」という条項を追加するだけの応答は、論争の上でアンフェアであるだけでなく、主張としても誤りである公算が高い。以下では、もう少し歯ごたえのある応答を考察することとしよう。

穏健派の両立論者がとりうる一つの自然な戦略は、行為者の行為や人格形成に対する、「他者の意図の介入」に訴えるものだ。操作の事例ではおしなべて、「行為者に特定の行為をさせよう」とか、「行為者に特定の人格を植え付けよう」といった他者（操作者）の意図が存在し、その意図が行為者に因果的な影響を与えている。一方で、決定論ケースでは、そのような意図の介入は存在しない。以上から、操作ケースと決定論ケースを区別する本質的な要因は「他者の意図の介入」の有無であり、この要因が行為者の源泉性としての自由、および責任を損ねているのだ、という仮説を立てることができる。この仮説に基づいて二階の意欲説を修正するならば、おおよそ次のようになるだろう。

二階の意欲説＋意図条項：行為者Sの行為Aが自由であるのは、次のとき、かつそのときに限る。

（i）　AがSの持つ二階の意欲と調和している。

（ii）　Aが産出される過程で、他者の意図による介入の影響を（重要な程度）受けていない。

もちろん、他者の意図が介入するすべての事例で行為者が自由や責任を損なうわけではない。私たちはしばしば、他者からの助言によって行為を決定・修正することがあるし、私たちの人格形成に少なからぬ影響を与えたであろう両親による教育は、「こういう人間に育てよう」という両親の意図の介入の事例であると言えるだろう。したがって、意図‐介入説は、責任を損なう種類の意図の介入とそうでない介入とを区別する必要がある。条項（ⅱ）の「重要な程度」という限定句は、この点を考慮したものである。[21]

さて、先ほどの「操作条項」に基づく修正策とは異なり、今回の説は、他者の意図の介入という事実がなぜ行為者の責任を損なうのかについて、源泉性モデルの観点から（アドホックでない仕方での）説明が可能であるように思われる――源泉性としての自由とは、他でもない私自身が行為を行なう、という点を重視する自由だ。しかし、他者の意図によって私の行為や人格が多大な影響を受けているのだとすれば、行為が本当の意味で私による産物であるとは言えなくなってしまう。だから、他者の意図は行為者の自由や責任の阻害要因となりうるのだ、といった具合だ。

以上の点から、意図条項を加えるバージョンの穏健な応答は、なかなかに見込みのある戦略であると言えるかもしれない。[22] しかし、この応答にもやはり懸念点は存在する。例として生命倫理という学問分野で近年盛んに話題となっている、「デザイナー・ベビー」の問題を考えよう。人工生殖技術や遺伝子工学の飛躍的な進展によって、いまや両親が自分たちの子どもを生む前に、「優良な」胚を選別したり、望みの特質――眼・肌の色やＩＱや美貌など――をもつ受精卵を作ったりすることがかなりの程度可能になっている。しかしデザイナー・ベビーは、まさに子どもの人格に対する「他者による意図の介入」の一例である。しかも、他者からの助言や（通常の）情操教育のような、比較的局所的な介入ではなく、子どもの持つ性質の大部分に対して大域的な影響を与えうる介入である。では、デザイナー・ベビーの事例と操作ケース（たとえばケース2）との違いはどこにあるのだろうか。両親の意図か、それとも見知らぬ科学者の意図かという違いだろうか（きっとペレブームは、そんな違いは自由や責任に関係ないと言うだろう！）。そもそも、両者の間に有意な違いを見出すことはできるのだろうか。このように、「意図の介入」に基づく応答はデザイナー・ベビーへの責任帰属をいかに説明しうるかという実践的な課題を負うことになるのである。

ここまで、操作された行為者を通常の行為者から区別する本質的な特徴の候補として「操作の有無」、「他者の意図の介入」を検討してきたが、その他にも両立論者の側から様々な条件が提案されている。[23] 本節の残りではそれらの可能性を追究することはせず、穏健な応答が示唆する一つの教訓を提示することとしたい。操作ケースと決定論ケースを対比することで明らかとなるのは、両ケースの行為者は、行為の時点で行為者が有する性質を比較しても、違いが見出されないという点だ。両ケースの行為者はともに、同一の一階の欲求を持ち、同一の二階の意欲を持ち、同一の熟慮のプロセスを経て、同一の行為を遂行している。つまり、行為の時点での「スナップショット的な」性質のみに注目するだけでは、両者の間に違いを見出すことはできない。

ここで注目されるのが、行為者が持つ性質がどのようにして獲得されたかという、いわば「**歴史的観点**」である。操作ケースのプラムと決定論ケースのプラムは、同一の自己中心的な二階の意欲を有しているが、片や直接的な操作や事前のプログラミングや洗脳教育によって、片やそのような操作を含まない「通常の」プロセスで、それが形成され、プラム当人の有するところとなっている。つまり、穏健派の両立論者は、責任に必要な性質（たとえば二階の意欲）がどのような来歴で獲得されねばならないか、それを特定しようとしているのだと述べ直すことができる。「操作されているか否か」、「他者の意図が介入しているか否か」といった応答はどちらも、（うまくいっているかは別として）この歴史性の条件を彫琢《ちょうたく》しようとする試みである。現代の多くの両立論者は、操作論証から源泉性としての自由を守るべく、歴史性の条件としてどのようなものが存在するかを探求しているのだ。

4　操作された行為者も責任を有する？——両立論からの「強硬」な応答の検討

本節では、穏健派と対比して「強硬」と表現される種類の応答を検討する。強硬策をとる論者は、操作の事例の直観的な見た目に反して、そこでの行為者は自らの行為に責任を負いうるのだ、と主張する。実は、かくいうフランクファートも、強硬策をとる論者の一人だ。操作の事例に言及して、フランクファートは次のように述べる。

操作者は介入を通じて、人に特定の感じや思考を与えるだけでなく、新しい人格をさえ与えることができるかもしれない。そのときその人は、その人格をもつことで導かれる選択やふるまいに対して道徳的責任を負うことになる。結局のところ私たちは、自分のコントロール下にはない状況によって必然的に形作られ、支えられている。その原因が環境を形成する自然の力によって作動しているのか、それとも他の人間による意図的な設計操作によって作動しているのかということ

とは無関係なのである。（Frankfurt 2002 27-28）

フランクファートによれば、人間の自由および責任は、あくまで行為者が同化する二階の意欲によって十全に説明される。行為者の行為が二階の意欲に合致した一階の欲求に導かれて行為しているかどうかが重要なのであって、その二階の意欲がどのようにして形成されたか、という歴史的な観点は重要ではないのである。フランクファートのこの議論は操作論証に対するいわば「開き直り」的な応答であるが、その直観的なコストを甘受する覚悟があるならば、立派な哲学的立場の一つである。だが本節では、フランクファート的な応答よりもさらに洗練された強硬策の応答として、マイケル・マッケンナの議論を紹介することとしたい。

まず、なぜマッケンナが、前節で検討したような穏健な応答では満足しないのか、それを明らかにしたい。マッケンナは、穏健策の試みは、操作論証に対する本質的な解決にならず、結局のところ「操作論証」の支持者との議論は「いたちごっこ」に終わってしまうのだ、と論じる。つまりこういうことだ。両立論者が何らかの条件Xを提案し、それによって操作ケースと決定論ケースの間の差異を説明したとしよう。すると、非両立論者は、「条件Xを満たすにもかかわらず行為者が行動を操作されている」ような操作ケースを新たに生成し、操作論証を維持することができる。それに対してさらに両立論者が条件Yを追加するならば、非両立論者は条件Yを加味した操作論証を再構成する。このように、穏健な応答はせいぜい対処療法的なものにすぎず、操作論証に決着をつけることはできない、というのがマッケンナの議論のあらましである。

それでは、両立論者は操作論証に対してどのように応答すればよいのだろうか。ここでマッケンナは、「強硬な応答」、つまり操作ケースにおいて行為者が責任を負いうることを認めるという形での応答にシフトすることを提案する。ただしマッケンナの立場は、フランクファートのような純粋な強硬策というよりは、穏健策と強硬策のいわば「合わせ技」であると表現できる。マッケンナは、穏健策的な応答が常に間違いだと言っているわけではない。両立論の理論を生産的に修正できる限り、穏健策をとるのがベターだ。しかし、どこかでそれ以上修正の余地を見出せない瞬間が来るだろう。そのときには両立論者は強硬策に移行し、操作された行為者に責任があると認めるべきだ、とマッケンナは勧めるのである。

しかし、どこかの地点で強硬策をとる、というのは本当に見込みのある戦略なのだろうか。結局のところそれは両立論を、反直観的な帰結を甘受する――英語ではしばしば「弾丸を噛みしめる」(bullet biting) と表現される――立場にしてしまうのではないか。これは当然考慮すべき懸念だ。マッケンナはこの懸念に対して巧妙な仕方で応答する。以下で彼の議論を詳しく追っていきたい。

まずはじめに、操作論証をめぐる論争においてマッケンナが定める両立論者の「勝利条件」をおさえておこう。マッケンナによれば、両立論者の目標は、操作の事例――先述の「ケース1」としよう――でプラムに責任があると示すことではない。ケース1はそもそもプラムに責任がないという直観的判断を喚起するように意図して作られたものであるから、その行為者に責任があることを示さねばならないというのは、両立論に対してあまりにも過大な要求である。彼が定めるより穏当な目標は、「プラムには責任がないという判断を確信をもって下すことはできない」ことを示す、というものだ。

つまり、いかに第一感ではプラムに責任がないと判断されようと、その判断に対して正当な疑義を呈することができれば、両立論者の判定勝ちとしてよい、というのがマッケンナの主張である。

以上のことをふまえたうえで、マッケンナの議論に取りかかろう。操作論証は本来、操作の事例（ペレブームのバージョンではケース1）の提示から始まって、最終的に通常の事例（ケース4）へと進行するものであった。マッケンナはこの進行方向を逆転させる。つまり、ケース4における行為者に注目することから始めて、最終的にケース1へと行き着くことを目指すのである。

では早速ケース4の行為者プラムに注目しよう。彼は、通常の決定論的世界における行為者であり、両立論者が責任に要求する条件のすべてを満たしている。本書ではその条件としてフランクファート流の二階の意欲説を採用しているが、他のお好みの両立論の理論を代入してもよい。いずれにせよ、そういった両立論的な条件を総称して、マッケンナの用語にならって「**適切な行為者的性質**」（pertinent agential properties）と呼ぼう。マッケンナは、まずケース4の行為者について、彼がもつ適切な行為者的性質に注目するよう、論証の聞き手に促すのである。

さて、マッケンナは操作論証の支持者に譲歩して、前提（2）の正しさを認める。すなわち、ケース1とケース4との間には、責任に関する点で何ら違いが見出されないことを認める（これが穏健策と決定的に異なる点だ）。このことは、ケース1においても、プラムはケース4におけるのとまったく同様の、適切な行為者的性質をもつということを意味する。

次に、ケース4の行為者に対して、論争に参与する人々——両立論者と非両立論者——がともにとるべき態度について考察しよう。まず、両立論者は「彼には責任がある」と主張してはいけない。なぜなら、これは相手方（非両立論者）がまさに否定しようとする結論を論点先取的に述べ立てているだけだからだ。まったく同様の理由から、非両立論者も「彼には責任がない」と主張してはいけないことは明らかである。このことから示唆されるのは、両立論者も非両立論者も、ケース4でのプラムの責任の有無については、「未決定の」立場をとらないといけないということだ。つまりプラムの責任に対する判断は――どちらかに直観が傾いているとしても――せいぜい不安定なもので、その真偽が哲学的議論によって確証されるのを待っている状態なのである。

　これまでの考察を合わせることで、マッケンナの強硬策的な応答は完成する。まず、ケース4のプラムがもつ適切な行為者的性質に注目しよう。これはプラムには責任があるという直観を喚起する性質だが、ここで「彼には責任がある」のだと即断してはいけない。それは非両立論者にとってアンフェアな主張であるからだ。したがってケース4のプラムに対する正しい反応は、「彼に責任があるかどうかはよく分からない」というものだ。次に、ケース4から徐々にさかのぼってケース1へと進行していこう。いずれの二つのケースも、行為者が適切な行為者的性質をもっているという点で同じであり、したがって責任に関連する重要な違いはない。よって、私たちのケース4への診断は、そのままケース1にもあてはまるはずだ。つまり、ケース1のプラムに責任があるかどうかは――直観的には責任がないように思われるとしても――「よく分からない」はずである。

　マッケンナの議論の手口を、「お互いさま論法」、あるいは「しっぺ返し論法」などと表現することができるかもしれない。ペレブームによる操作論証は次のように進んだ。まずケース1で、行為者に責任がないという直観的判断を喚起する――つまり、非両立論の立場にとって有利になる――ファクターに注目するよう聞き手を促す。そして、そのファクターが働いているという点でケース4も同様だ、と主張するのである。マッケンナはその理路を反転させる。まずケース4で、行為者に責任があるという直観を喚起する――つまり、両立論の立場にとって有利になる――ファクターに注目するよう聞き手を促す（もちろん先述の理由から、彼に責任があると結論することはできないが）。そして、そのファクターが働いているという点でケース1も同様だ、と主張する。「あなたの議論がうまくいくなら、それと同じくらい私の議論もうまくいくはずではないですか？」というわけだ。

ペレブームの操作論証、およびマッケンナの強硬策の応答は、「操作ケースと決定論ケースの間に重要な差異はない」という同一の論拠から、正反対の結論を導くものであった。ペレブームとマッケンナの間の論争対立は深刻で、二人が共著で出版している入門書の操作論証を扱う節では、両者の議論の応酬を紹介したのち「マッケンナはペレブームのことを勘違い野郎だと思っており、ペレブームはマッケンナのことをとんでもなくクレイジーだと思っている」（Pereboom and McKenna 2016 171）という文言で締められている（急いで補足するが、この本は自由論の入門書として非常に優れた良書である）。

読者の皆さんは、ペレブームとマッケンナの議論のどちらを支持するだろうか。

第5章 「運」は自由を脅かすか？——リバタリアニズムの検討

第3章と第4章では、自由の他行為可能性モデルと源泉性モデルのそれぞれについて、決定論との非両立性を示す強力な論証が存在することを見てきた。すなわち、ヴァン・インワーゲンによって提起された「帰結論証」（第3章）、およびペレブームなどによって提起された「操作論証」（第4章）である。両論証ともに、その妥当性に対する反論は存在するものの、一定数の哲学者はこれら論証の正しさを認め、「非両立論」の立場をとっているのが現状だ。では、帰結論証や操作論証の正しさを認めた場合、私たちには自由の存在を否定するしか道はないのだろうか。そんなことはない、と論じるのが、本章の主役となる**リバタリアニズム**と呼ばれる立場だ。リバタリアニズムによれば、たしかに決定論と自由は両立しえない。しかし、「非決定論」的な世界に、私たちの自由の存立する余地はあるのだ、と論じ進める。リバタリアニズムは、とりわけ量子力学という現代物理学の知見にも後押しされて、近年多くの論者によってさまざまな形で展開されている。リバタリアニズムという立場は伝統的に、「ハチャメチャな形而上学」（cf. Strawson 1962）、つまりは科学的な世界観と相容れない存在者を導入して自由の存在を説明しようとする無理筋の理論という誹《そし》りを受けることが多かった。それがいまや、現代科学と立派に整合しうる理論の候補の一つとして論じられているのである。本章の前半では、リバタリアニズムという論争的立場を概説したのち（第1節）、代表的なリバタリアンであるロバート・ケインの理論を掘り下げて紹介する（第2節）。

ところが、リバタリアニズムに対しては、一つの非常に重要な疑問が提起される。それは、端的に述べれば、「私たちの行為が非決定論的だとすると、私たちが何を行うかは単なる運にすぎなくなるのではないか？」という疑問だ。この問いを本書では「**運の問題**」と呼ぼう。もしかすると「非決定論」は、リバタリアニズムが期待するような自由への助け舟となるどころか、自由へと牙を剝く脅威であるのかもしれない。第3節以降では、運の問題を定式化し、リバタリアニズムの側からどのような応答が可能か、それを詳しく検討していく。[1]

1　リバタリアニズムとは何か

二〇世紀初頭にかけて整備された量子力学は、それまでの古典力学的な自然観をラディカルに刷新するものであった。法則論的決定論に象徴されるように、古典力学においては、世界の状態は初期状態さえ定まれば後は一意に決定されるものと理解されていた。対して、量子力学的な自然観では、この世界を構成する素粒子の状態（物理量）は非決定論的であるとされる。たとえば、ある電子がある時点にX方向にスピンするかY方向にスピンするかは、前者が四〇％、後者が六〇％といった具合で、決定されているのはそれぞれの可能性に対する確率の値の割り当てのみである。前章の決定論理解を引き継いで述べ直せば、世界が非決定論的であるとは、ある時点での世界の状態と自然法則とから、後の時点の世界の状態が一意には決定されないということを意味する。量子力学を決定論と整合的に解釈しようとする物理理論も存在する（「隠れた変数理論」などと呼ばれる）ものの、現代では、世界は非決定論的だというのが定説となっている。

さて、これまでに見たように、決定論と自由の非両立性については、帰結論証や操作論証といった強力な論証が存在する。それならばと、非決定論的な世界の内に、自由の居場所を確保しようというのは、きわめて自然で魅力的な発想ではないだろうか。このように、非決定論的な世界での自由の存在を主張する立場を、一般に**リバタリアニズム**（Libertarianism）と呼ぶ。[2] 形式的には、リバタリアニズムは次の二つの命題をともに主張する。[3]

（1）自由と決定論は両立しない。

（2）自由と非決定論は両立する。

命題（1）を主張する点で、リバタリアニズムは非両立論の一種である。一方で、命題（2）を主張する点で、同じく非両立論の一種である「自由についての懐疑論」と一線を画す（序章の第5節も参照のこと）。

リバタリアニズムにとって、非決定論は自由の説明において決定的に重要な役割を果たす。そこで、現時点で「非決定論」という語の内実を明確にしておくことが肝要だろう。先ほど述べたように、非決定論の文字通りの意味は、「過去と自然法則とから、それ以降の世界の状態が一意には決定されないこと」である。だから、たとえば物理法則に包摂されない霊魂や思惟実体のような存在を含む世界は非決定論的だとされる。あるいは、宇宙のほとんどは決定論的な法則に従うが、地球から遠く離れた銀河系にある一つの素粒子だけが非決定論的なふるまいをするような世界も、厳密にいえば非決定論的である。このことから分かるように、単に世界を「非決定論的」と記述するだけでは、世界の構造がどのようであるかについてほとんど何も特徴づけていないのと同じだ。

宇宙の彼方にある一つの素粒子だけが非決定論的なふるまいをする世界の例が示唆するように、リバタリアンにとってさえ、世界が「非決定論的」であればそれだけで自由の存在が担保されるというわけでは全くない（宇宙のはるか彼方の粒子のふるまいが、いかにして私たちに自由を付与するというのだろうか！）。むしろ、もし何らかの「非決定論」が私たちの自由にとって本質的なのだとしたら、その「非決定論」は、人間の行為が産出されるプロセス、つまり人が何をするかについて熟慮し、意図を形成し、行動に移すという一連のプロセスの中のどこかに介在し、行為の産出に影響を与えるものでなければならないだろう。リバタリアニズムは、どのような種類の「非決定論」が、どのような仕方で私たちの自由な行為をもたらすのかについて、具体的に説明する責務を負うのである。

非決定論がどのような仕方で行為をもたらすかの説明に応じて、リバタリアニズムは大きく三つの立場に分かれる——出来事因果説、行為者因果説、非因果説だ。紙幅の都合上、本書で主題的に検討できるのはこのうち出来事因果説のみだが、他の二つについてもごく簡単に説明を施しておきたい。

出来事因果説（Event-Causal Thoery）とは、人間の自由な行為は（特定の種類の）出来事因果によって引き起こされる、と主張する立場である。[4]出来事因果とは文字通り、二つの異なる出来事の間に成立する因果関係のことで、私たちが日常で「原因」とか「結果」とかといった言葉を用いるとき念頭に置いている因果理解に相当する。たとえば、台風が原因で家屋が倒壊したとは、台風の発生という出来事が、家屋の倒壊という別の出来事を引き起こしたことを意味する、といった具合だ。さて、出来事因果説によれば、自由な行為は行為者による欲求や信念の保持という心的出来事が原因となって生じる。この限りで、出来事因果説はフランクファートの二階の意欲説などの両立論的な理論と何ら異なるところはない。両立論との分岐点は、その心的出来事が、行為を非決定論的に引き起こすのでなければならない、と要請するところにある。出来事因果説は、量子力学の発展とも相まって、後述する行為者因果説と比べて科学的な世界観との親和性が高い理論であると見られている。

行為者因果説（Agent-Causal Theory）は、出来事因果説の主張に反対して、物体の運動を支配する出来事因果の秩序の中に人間の自由を位置づけることはできないのだ、と主張する。さらに必要となるのは、行為者因果、つまり行為者という実体が出来事を引き起こすという因果関係である（「実体」は出来事ではないから、行為者因果と出来事因果は存在論的に別個の因果性であるとされる）。行為者因果説によれば、あなたが自由に手を挙げるとき、その行為の原因は過去の物理的出来事ではなく、まさに「あなた」という実体そのものである。行為者因果説は歴史的に見て非常に由緒ある立場だが、ここでは行為者因果説の現代的な先駆と言える哲学者、ロデリック・チザムの有名な一節を引用しよう。[5]

もし私たちが責任ある存在なら〔…〕、私たちは人によっては神にのみ帰属するような特権を有することになる。すなわち、私たちの一人ひとりは、行為するとき、不動の第一動者（a prime mover unmoved）なのである。行為において私たちはある出来事を引き起こすわけだが、私たちがそのように引き起こすことを引き起こすものは何も——そして誰も——存在しない。（Chisholm 1964 12、強調は引用者）

行為者因果説によれば、行為者因果という人間が独自に持つ因果的作用によって、私たちはこの物理世界の秩序から解放され、変化を世界にもたらすことができる。このアイデアは、たしかに素朴な私たちの日常的実感をよく反映していると思われる——私たちは、道端を転がる石ころとは違い、自らの意志で、自らの行為を創始できる存在なのだ、と。とはいえ、すぐに予期されるように、この説に対しては「行為者因果という概念はそもそも理解可能なのか？」とか、「行為者因果を科学的な世界観と整合させることができるのか？」とかといった批判が噴出することになる。現代の行為者因果説論者はこれらの批判に応えるべく様々なアイデアを提示しているが、本書ではこの路線の探求は割愛する。

非因果説（Non-Causal Theory）は、出来事因果説や行為者因果説とは異なり、自由な行為はそもそも因果的に引き起こされえない、と考える。[6] 非因果説（の代表的なバージョン）によれば、自由の基礎となるのは選択や決断といった心的行為であり、これらは端的に非決定論的で、原因をもたない行為である（選択や決断は、まさに非決定論的に生じたという事実によって、自由な行為であるとみなされる）。といっても、こうした心的行為がいわば無から、だしぬけに生じるのだなどというトンデモ理論を展開しているわけではない。そうではなく、非因果説のモチベーションは、「行為」という現象を因果の相の下で理解するべきではないのだ、と主張するところにある。とりわけ、「行為」と「理由」の関係についての説明に、非因果説のポイントが最も鮮明に現れる。私たちはある理由のために（*for a reason*）行為するが、この「ために」は何を意味するのだろうか。出来事因果説を含む大半の論者は、この「ために」は行為と理由の間の因果関係を表す、と考える。[7] たとえば、太郎が「部屋を明るくしたい」という理由のために部屋のスイッチをつけるとき、その行為は、彼の信念や欲求から構成される理由によって因果的に引き起こされているのだ、と説明される。対して非因果説は、これとはまったく別種の説明を与える。ある理由のために行為者が行為するとき、そこでの「理由」は、行為者が実現させたいと思う目的を表す。そして行為は、その目的を達成するための一つの手段として理解される。「部屋を明るくしたいという理由のために太郎はスイッチをつけた」と述べられるとき、この理由は、行為に先立つ原因という過去ではなく、行為の目的という未来に位置づけられる。スローガン風に言えば、非因果説は行為と理由の間の関係を、因果的にではなく目的論的に理解するのである。

このように非因果説は、従来の（多数派の）理論とはまったく異なる観点から興味深い議論を展開しているのだが、残念ながら本書で主題的に取り扱うことはできない。次節以降では、量子力学を背景とした自然観との親和性という観点から最も有力と目される出来事因果説に焦点を当てて、リバタリアニズムの可能性と課題を明らかにすることとしたい。

2　非決定論と自由な行為――ケインの出来事因果説

本節では、現代を代表するリバタリアンの一人であるロバート・ケイン（Kane 1996）の出来事因果説を紹介する。ケインの理論の美点として、人間の「自由」について非常に示唆に富んだ見解を提示している点、そして、「非決定論」がどのように自由な行為の産出に関わるかについて詳細に、かつ現代の自然科学と整合しうる形で記述している点を挙げることができる。まずはケインの自由理解から見ていこう。

ケインの自由理解は、なかなかに複雑だ。まずケインは、自由の「源泉性モデル」をとる。[8] すなわち、私たちが自身の在り方の究極的源泉であることが人間の自由にとって本質的だと考える。しかし同時にケインは、私たちが自身の在り方の究極的源泉であるためには、他行為可能性が必要だ、とも主張する。つまりこの点で、彼の理論は「他行為可能性モデル」としての側面も有している。ケインの自由理解は、いわば源泉性モデルと他行為可能性モデルのハイブリッドなのである。以下では、①ケインの言う「究極的源泉」とは具体的にどのようなものか、②なぜ究極的源泉に他行為可能性が必要だと考えるのか、これらを順を追って説明することで、ケインの理論を解きほぐしていこう。

ケインは、「私たち自身の在り方に対する自由」という側面を非常に大事にする（ここで言う「在り方」とは、その人の持つ性格や動機だけでなく、人生設計といった長期的な人生の目標や目的をも含む意味で用いられている）[9]。ケインの挙げる次の例を見てみよう。

ある青年が強盗殺人の容疑で法廷に立っている。私たちはその裁判を傍聴しており、法廷での陳述を聴いているとしよう。彼の犯したことは凶悪であったので、私たちのその青年への思いは、はじめは怒りで満ちている。ところが、いかにして彼がそのような残忍な性格やよこしまな動機を持つに至ったのか――それは育児放棄や虐待といった悲しい物語だ――を聴くと、私たちが当初その青年に抱いていた怒りの一部は、彼を虐待した両親や彼を不当に扱った周りの人々へと矛先を変えることになる。私たちはその青年に対するのと同様、彼らに対しても怒りを感じるようになる（これは自然な反応であろう）。しかしだからといって、即座にその青年への非難をすべて取りやめてしまおうとは私たちはしないだろう。私たちは、彼にどれくらいの責任の残余があるかをさらに思案するのである。ここでの問いは次のようなものだ。彼がそのような人間性を持つに至ったことについて、彼自身にどの程度の責任があるのだろうか。それはすべて悪い育児や、周囲の社会的環境等々のせいなのだろうか。それとも、彼自身がいくらかの寄与を果たしていたのだろうか。（Kane 2007 6-7）

たしかに私たちの在り方の一部（おそらくは大半）が、遺伝的要因や生育環境といった、私たちにとってどうすることもできない要因からの産物であることは疑いえない。しかし私たちは、部分的な仕方であれ、私たち自身の在り方を、私たちの自由な意志によって決定することができるのではないだろうか。もしできるならば、その限りにおいて私たちは自身の在り方の**究極的源泉**であり、ケインの用語で言えば、私たちは自らの行為に対して**究極的責任**を負うことができる、とケインは考える。

では、私たちが自身の在り方の究極的源泉であるとは、具体的にはいかなることなのだろうか。ケインはここで、「選択」という心的行為に着目する。私たちは日常で、様々な行為選択を行う。その多くは、私たち自身の在り方を左右するといった大仰なものではない――お昼にカツ丼を食べるかラーメンを食べるかという選択は私自身の在り方に寄与するとは言えないだろう。しかし、ときに人生の重要な局面で、その状況下で何をするべきかを苦悩し葛藤した末に私たちが下す選択が、まさに私たち自身の在り方を形作る、ということがありうる。ケインはこの種の選択のことを、「**自己形成行為**」(self-forming action) と呼ぶ。

自己形成行為は典型的には、行為者が道徳的に何をすべきかについて深く葛藤する場面で生じる。ケイン自身が挙げる有名な例は次のようなものだ (cf. Kane 1996 126)。

会社員女性の事例:ある女性が重要な会議へ向かう道すがら、暴行現場を目撃した。彼女の良心は、暴行を止めに入って助けを呼ぶべきだ、と彼女を促す。しかし一方で、彼女のキャリアのためには絶対に今回の会議に遅刻することはできない、と彼女の中のもう一人の自分は告げる (暴行を止めに入れば、会議に遅刻することは確実だ)。道徳的な理由に従って暴行を止めるか、立身出世という私利私欲の理由に従って暴行を見てみぬふりをするか、彼女は葛藤する。その結果、最終的に彼女はいずれかの行為を選択することになる。

このような葛藤の事例では、行為者はどちらの行為をなすべきかについて確定的な判断を下すことはできない。つまり、道徳的な理由と打算的な理由のどちらに従って行為すべきか、分からないままに、ともかくも決断を下すことになる。このようにしてなされた選択は、良くも悪くも彼女自身の在り方を決定づけることになる。彼女はそのような状況でその選択を下したのだ、という事実が、彼女の在り方にいわば「上書き」されることになるのである。この意味で、まさしく彼女の選択は——どちらの選択肢を選ぶとしても——自己形成行為の一例となる。

この例から示唆されるように、自己形成行為は、人の人生においてそう多くあるものではないかもしれない。[10] では、自己形成行為ではない、日常のほとんどの選択は、「自由」であるとは言えないのだろうか。そんなことはない、とケインは論じる。私たちのすべての選択や行為は、私たちの在り方に端を発するものだ。したがって、過去にさかのぼって、その私たちの在り方を決定づけた自己決定行為が存在するならば、その限りで私たちは自身の在り方を自由な意志によって決定したのであり、その在り方に基づいてなされる他の選択や行為も「自由」であると言えるのだ、とケインは論じ進める。ここで、第1章で導入した「直接的責任」と「派生的責任」という区別が、ケインの議論の理解に役立つだろう。まず、私たちは、自分の在り方を形成する契機である自己形成行為に、直接的に責任を負う。そして、自己形成行為によって形作られた在り方に従ってなされるのちの選択や行為にも、行為者は派生的に責任を負う。このように、ケインの描像によれば、人生の折々に存在する行為者の自己形成行為が、その他の行為の自由と責任を基礎づける役割を果たすのである。

ここまでの論述で、ケインにおける自由理解、すなわち「自身の在り方の究極的源泉」としての自由とは何かについての概略を与えることができた。次に、ケインをリバタリアニズムたらしめている、自己形成行為と非決定論の関係についての主張の解説に移ろう。[11] ケインは、自らの在り方を形作る契機である自己形成行為は、非決定論的にもたらされるのでなければいけない、と考える。その論拠は、第4章第1節で見た、エドワーズの議論とも通ずるものだ。ケインの議論は次のように進む――私たちが自由に行為を行い、それに対して責任を負うのは、その行為をもたらす自らの在り方について責任を負うときに限る。しかし、自らの在り方が、外的な要因、すなわち過去や自然法則によって決定論的に引き起こされているのだとしたら、私たちは究極的な意味で自身の在り方に責任を負うとは言えない。したがって、私たちの在り方の起源を遡ったときの端点（の一つ）である自己形成行為それ自体は、非決定論的にもたらされる必要がある。

先に挙げた会社員女性の例でケインの主張を確認しよう。彼女は葛藤のすえ、暴行を止めに入ることを決断したとしよう。この決断が勇敢で高徳な彼女の在り方を形作る自己形成行為であると言えるためには、この決断が非決定論的にもたらされている必要がある。つまり、彼女がその決断をした時点で、別の決断――暴行を見過ごして会議に急ぎ向かうという決断――をする可能性も開かれていたのでなければならない（この決断も、もしなされれば彼女の在り方を形作る契機となるから、一つの自己形成行為である）。くだんの場面で、彼女は暴行を止める決断を下すこともできたし、暴行を見過ごす決断を下すこともできた（言い換えれば、彼女には他行為可能性があった）。そして、どちらの決断を最終的に下すかは、過去の出来事や自然法則からは完全に決定されない。だからこそ、決断の担い手である彼女自身が、彼女の在り方に究極的に責任を負いうるのだ、とケインは主張するのである。

最後に、ケインの理論と物理科学との整合性という論点、より具体的には、「自己形成行為が非決定論的である」というケインの主張は、物理的な観点からどのような形で理解されるのかという論点を考察しよう。すでに予告していたように、ケインはある種の量子的な非決定性に訴えて自己形成行為を説明しようとする。しかし、仮に行為者の脳内に何らかの非決定論的な過程が存在するとして、そのミクロな運動がどのようにして異なる行為の産出というマクロな変化を生み出しうるのだろうか。この問いに内実のある答えを与えることができなければ、ケインの理論はせいぜい机上の空論であり、現代科学との整合性を謳うことはできないだろう。さて、ケインは、自己形成行為において非決定論がどのような仕方で働くかについて、脳神経科学の知見を引きつつかなり具体的に説明を与えている。

再び、先ほどの会社員女性の事例を取り上げよう。彼女は暴行現場を目撃して、道徳的な理由と打算的な理由との間で葛藤の状態にある。このとき、彼女が最終的にどちらの決断に至るとしても、彼女の脳内ではケインが**「意志の努力」**(effort of will) と呼ぶ、他方の決断への誘惑を克服しようとする認知的なプロセスが働いている。ケインは「意志の努力」について、次のように述べている。

〔…〕非決定論的な意志の努力は、脳内の複雑なカオス的プロセスであり、[12] 神経レベルでの量子的な非決定性に大域的な仕方で反応するニューラルネットワークを伴うと想像してほしい〔…〕。意志の努力は、行為者の意志の中の競合する動機や衝突によって刺激される。そうした衝突によって生み出される緊張が〔…〕、神経レベルでのミクロな非決定性への感度を増大させ、行為者の意志の努力というマクロな複合的プロセスを通じてその非決定性を拡大させるのである。

(Kane 1996 130)

このケインの論述が、実際に物理学的な見地に照らして妥当であるかどうかは、大いに異論の余地のあるところだろう。[13]ただそうはいっても、ケイン自身は膨大な脳神経科学の文献を参照して自説をサポートしており、ケインの仮説を支える一定の科学的な根拠が存在することもまた事実である。ケインの理論の成否は結局のところ物理学の進展を待つほかはないが、いずれにせよケインの理論は、現代物理学と整合的な仕方で、リバタリアン的な自由の描像を与えていると評価できるだろう。

ここまでで、ケインの出来事因果説のあらましを解説することができた。次節以降では、ケインを含むリバタリアン一般が直面する、「運の問題」と呼ばれる挑戦を検討することとしよう。

3 運の問題——非決定論的な行為は「単なる運」にすぎないのか？

ケインの出来事因果説において、「非決定論」は自由の説明に本質的な役割を果たすものであった。すなわちケインによれば、自由の源となる自己形成行為は、特定の非決定論的なプロセスの下で初めて生じうるのであった。しかし、本当に非決定論は自由の助け舟となりうるのだろうか。むしろ、行為が非決定論的な仕方で産出されるのだとしたら、その行為が生じたかどうかは単にランダムな、運まかせの事象にすぎなくなってしまうのではないだろうか。そうだとすれば、非決定論は自由を救出するどころか、むしろ自由に対する脅威となってしまうのではないだろうか。これが、ケインが——

そしてリバタリアニズム一般が――直面する、「**運の問題**」と呼ばれる難問だ。[14] 本節は、運の問題の基本的なアイデアを明確にし、それがどのような問題であるのか（そしてどのような問題でないのか）を整理することを目指す。

まずは、リバタリアニズムの検討という文脈で問題になる「運」という言葉の意味を明確化することから始めよう。端的に言えば、ここで言う「運」とは、非決定論が含意する意味での運を指す。すなわち、行為Aをするか行為Bをするかが非決定論的であるとき、行為者がどちらの行為を行うかは最終的に運の問題であるとか、ランダムであるとかと言いうるが、そのときに意味されている内容が、ここで問題とする「運」に他ならない。したがって、この「運」の用法は、日常で使われる「運」の用法よりも厳格な意味であると言える。たとえば、ルーレットでどのスポットに球が落ちるかは「運の問題」だが、このときに意味されているのは「同一の過去と自然法則から異なるスポットに球が落ちることもありえた」ということではない――むしろ、ルーレットの結果は（人間には予測できないにせよ）決定論的であると考える方がもっともらしいだろう。日常的なレベルの「運」は、決定論／非決定論という文脈ではなく、より広義に「行為者にとっての不確定要素」や「行為者にとってコントロール外の要因」を意味して用いられることが多い。以降の議論を読み進めるにあたって、まずは日常的な意味の「運」と非決定論が含意する意味での「運」との別の区別に留意されたい[15]。

それではいよいよ「運の問題」へと駒を進めよう。運の問題のアイデアは、ヴァン・インワーゲンによる有名な思考実験によって、とりわけ効果的に描き出される（cf. van Inwagen 2000）。以下の事例は、彼のもともとの例を、前述の「会社員女性」の例に置き換えたものだ。

巻き戻しの事例：ある女性（アリスとしよう）は重要な会議へ向かう道すがら、暴行現場を目撃した。道徳的な理由に従って暴行を止めるか、立身出世という私利私欲の理由に従って暴行を見てみぬふりをするか、この二択の間で彼女は葛藤する。熟慮の結果、最終的に彼女は暴行を止めに入ることを決断したが、その決断は（ケインが自由に要請する意味で）非決定論的であった。さて、全能の神が現実世界を、アリスがこの状況で決断を下す直前の世界の状態に寸分違わず繰り返し巻き戻すとしよう。このときアリスは、巻き戻されるたびごとに、暴行を止めに入ったり知らんぷりして会議へ向かったりすることになる。この試行を一〇〇〇回繰り返した結果、アリスはそのうちの五〇七回で暴行を止めに入り、四九三回でその現場を素通りした。[16]

もちろん現実に生きる私たちにとって、実際に行う行為は一回きりのものであり、巻き戻してもう一度行為を試みるなんていうことは不可能だ（もっとも、世界の状態をリセットできたらよかったのに、と自身の行いを後悔することは多々あるかもしれないが）。しかし、行為が非決定論的であるとは、まさしく同一の過去の状態（と自然法則）から異なる行為が生じうるということなのだから、この思考実験は十分に理解可能なものである。そして、この思考実験には、非決定論的な行為の生起は単なる運にすぎないのではないか、と思わせる牽引力がたしかに存在するように思われる。[17]では、なぜアリスが何を行うかは単なる運にすぎず、彼女の行為は自由でないと思われるのだろうか。この「なぜ」の問いにどのような仕方で答えるかに応じて、運の問題は様々なヴァリエーションを見せることになる。そのうち重要な二つの定式化を第4節と第5節で検討する。

最後に、「運の問題」に関する重要な補足的注意を一つ施しておきたい。実は「運の問題」には、非決定論が含意する意味での「運」に的をしぼったとしても、なおも二つの異なる解釈が存在する。端的にまとめれば、一つは「運は自由を減じる」という解釈であり、もう一つは「運は自由を増大させない（運は自由の足しにならない）」という解釈だ。順に説明しよう。

第一の解釈の下では、運の問題は、非決定論によって私たちの自由が（重要な程度）減じられる、と主張する。この主張は、明らかに「非決定論的な世界でこそ自由が存在しうる」と主張するリバタリアニズムの立場と真っ向から対立することになる。とはいえ——これが肝心な点だが——この解釈の下で理解された運の問題は、両立論にとっても重大な問題となる。というのも、両立論とは決定論と自由の両立性を主張する立場だが、大半の両立論者は、同時に非決定論と自由も両立すると考えるからだ[18]。したがって、量子力学の標準的（非決定論的）解釈が有力であることに鑑みても、この解釈の下で理解された運の問題が十分に説得的ならば、それは両立論者にとっても居心地の悪いものとなる。これまで多くの両立論者は運の問題について積極的に論じてこなかったが、この解釈の下での運の問題は、大半の両立論者にとっても避けることのできない課題なのだ[19]。

第二の解釈の下では、運の問題は、非決定論によって私たちの自由が（重要な程度）増大することはない、という主張になる。この主張を理解するために、次の二つの世界におけるパラレルな行為者を比較しよう。ある非決定論的な世界W_1で行為者S_1は、リバタリアニズムが自由に要請するすべての条件を満たしているとしよう——ここではケインの理論を例にとって、S_1はその世界で自己形成行為を

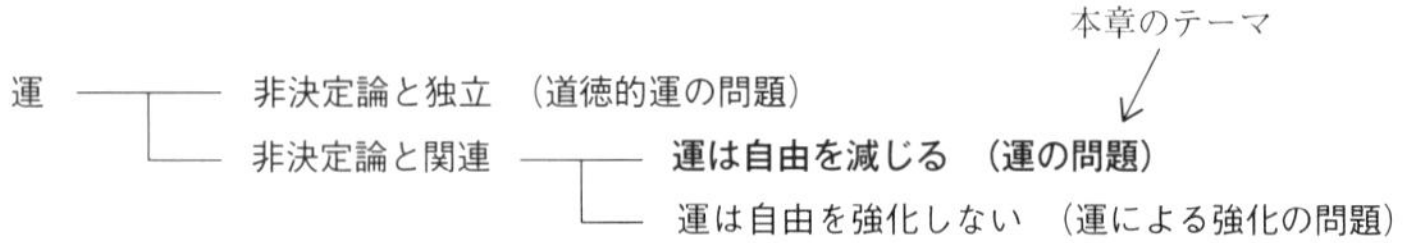

図5.1

行っており、自らの在り方の究極的源泉である、としよう。この世界で、S_1は紛れもなく自由だ、とリバタリアンは主張するだろう。さて、ある決定論的な世界W_2で行為者S_2は、行為過程が非決定論的か否かという点を除いて、S_1と完全にそっくりな複製であるとしよう。このとき、リバタリアンならば、S_1とS_2の間には自由の有無に関して重要な違いが存在する、と主張するだろう。しかし、なぜ「非決定性」が介在するか否かだけで、二人の行為者の間にそのような差異が生じるのだろうか。ありていに言えば、なぜ非決定論の存在が、自由の足しになると言えるのだろうか。これが、第二の解釈の下での運の問題の骨子である。この種の運の問題を、第一の解釈での運の問題と区別して「**運による強化の問題**」と呼ぼう。

　リバタリアニズムは、非決定論的な世界にこそ自由が存在するのだと主張するのだから、当然、運の強化の問題はリバタリアニズムにとって考慮すべき喫緊の課題である。だが、第一の解釈の場合とは異なり、運による強化の問題に両立論者がさいなまれることはない。というのも、ここでは非決定論的な行為者は決定論的な行為者と同程度の自由（つまり両立論者が満足する程度の自由）を有していると想定されるからだ。したがって、運の強化の問題は、リバタリアニズムに特有の問題である。

　第一の解釈は第二の解釈よりも強い主張である。「運は自由を減じる」という主張が正しければ、当然「運は自由の足しにならない」という主張も正しいことが帰結するからだ。そういうわけで本書では、第一の解釈で、つまりリバタリアニズムも両立論も直面しうる問題として解釈された「運の問題」に取り組むこととしたい。

これまでの論述を通じて、本章が主題とする「運の問題」の解釈を特定することができた。次節以降でいよいよ、運の問題がどのような論拠からサポートされるのか――具体例に即して述べるなら、なぜアリスは自由でないと言えるのか――を考察する。展開を予告しておくと、「なぜ運が自由を減じるのか?」という問いに対しては、大きく二通りの答えが考えられる。一つは、「運は行為者の(自由に必要な種類の)コントロールを損なうからだ」という応答、もう一つは、「運は行為者への責任帰属に必要な種類の説明の不在を含意するからだ」という応答である。第4節で前者の議論、第5節で後者の議論を、順に詳しく検討することとしたい。

4 なぜ「運」は自由を減じるか?(1)――「コントロールの欠如」からの議論

「運」と、行為者が行為に対して持つ「コントロール」の間には、負の相関があるように思われる。バスケのフリースローを九割成功させるトップクラスのNBA選手と、せいぜい二割くらいしか決められないド素人の筆者では、「フリースロー」という行為に対して持つコントロールが大きく異なる。NBA選手によるフリースローの成功は紛れもなくその選手の「実力」によるものだが、私がフリースローを決めてもそれは「ラッキー」な出来事にすぎない。ところで、私たちの自由や責任の程度は、まさに私たちが行為に対して持つ「コントロール」の程度に(少なくとも部分的に)依存している。不自由な行為の典型を考えてみよう。脅迫のように他者からの強制によって行為する場合は、当の行為は自分自身ではなく他者のコントロール下にあるものとみなすことができる。また麻薬依存症の患者に見られるような「抑えがたい欲求に基づく行為」も、行為者が自分の行為に対するコントロールを失っている事例だと言える。以上の考察から、運の問題をサポートする次のような論証を構成することができそうだ。

「コントロールの欠如」からの論証

（1）もし行為が非決定論的に生じたならば、行為者はその行為に対する（自由に必要な程度の）コントロールを持たない。

（2）もし行為者がその非決定論的行為に対するコントロールを持たないならば、その行為は自由ではない。

（3）したがって、もし行為が非決定論的に生じたならば、その行為は自由ではない。

「コントロールの欠如」からの論証は、実際多くの哲学者が「運の問題」を論じるとき明に暗に念頭に置いているものである。しかし、この論証の正しさをしっかりと説明しようとすると意外と一筋縄ではいかない。たとえば、次のような事例に訴えて前提（1）をサポートするのはどうだろうか。

スナイパーの事例：あるスナイパー、オズワルドが大統領を暗殺するために、遠くの茂みから銃を構えている。彼はタイミングを見計らって、ためらいなく銃の引き金を引く。彼の銃弾は目論見どおり、大統領のこめかみを貫く。だが、彼の狙撃行為は非決定論的であった――実は銃弾の軌道は微細な空気中の塵の（非決定論的な）動きの影響を受けており、空気中の塵の微細な変化によって彼の狙撃が失敗に終わる可能性もあったのである。

この事例では、オズワルドが諸々の理由（たとえば大統領暗殺によって巨額の報酬がもらえる、など）から「大統領を暗殺する」という意図を形成し、引き金を引くことによってそれを実行する、という一連の行為過程の中で、空気中の塵という不確定要素が彼の行為に対するコントロールを減じる障害物として働いている。その証拠として、塵の存在によって狙撃が成功する確率が低くなればなるほど、彼が自分の行為（暗殺を成功させるか否か）に対して持つコントロールの度合いが小さくなっていくと言えるだろう。[20]

しかし、スナイパーの事例で非決定性がコントロールへの障害として働いているとしても、この事例とアナロジカルに、リバタリアニズムが典型的に自由だと考える行為――たとえば先のアリスの決断――においても同様の仕方で非決定性がコントロールへの障害として働いていると結論するのは勇み足だ。というのも、二つの事例の間には、いくつかの重要な違いが存在するからである。まず、アリスは、助けに行くか見過ごすか、どちらの選択肢を選ぶかを熟慮している。つまり、アリスには助けに行く理由（たとえば、道徳的な考慮）も見過ごす理由（たとえば、立身出世という打算的な考慮）もあり、どちらに基づいて行為するか、いわば「葛藤」の状態にある。一方スナイパーの事例では、彼自身の内に殺害を控えるべきかどうかという葛藤は存在しておらず、暗殺者は決然と暗殺行為を決断し、それを遂行している。さらに、これと関連するが、オズワルドは、現実には実現しなかったがそうありえた代替のシナリオにおいて、大統領の暗殺という行為の遂行に失敗している。これは当然、彼自身が意図した行為ではない（そもそもこれを「行為」と呼びうるかどうかさえ明らかではない）。一方、アリスの代替の行為（見過ごすという決断）は、現実になした行為と同様、彼女が自発的に決断した意図的行為であると考えられる。

では、オズワルドの事例とアリスの事例の間に見いだされるこれらの相違は、いったい何に起因しているのだろうか。その答えは、一連の行為過程のどの時点で非決定性が介在しているか、あるいは非決定論の役割に注目することで得られる（cf. Kane 1999）。オズワルドの事例では、非決定性は、行為者が暗殺行為を決断した後、それを実行に移す段階で介在している[21]（図5・2）。一方、アリスの事例では、行為者がどの行為をなすかを決断する段階で非決定性が介在している（図5・3）。

一般に、行為者の決断や行為の後に非決定性が介在するとき、それは行為の遂行上の障害として働き、結果として行為者のコントロールを損ないうる。しかし、アリスのような事例、つまり当の決断そのものが非決定論的に引き起こされる事例では、非決定性が果たして行為者のコントロールを阻害するのかは明らかではない。というのも、この種の事例では、非決定論的な過程によって結果がどちらに転ぼうとも、依然として行為者自身が自発的に行った、（リバタリアンに言わせれば自由な）行為であると言えるからだ。

アリスの事例で、彼女は自由に必要な種類のコントロールを有しているのだろうか。ここで強調し

図5.2

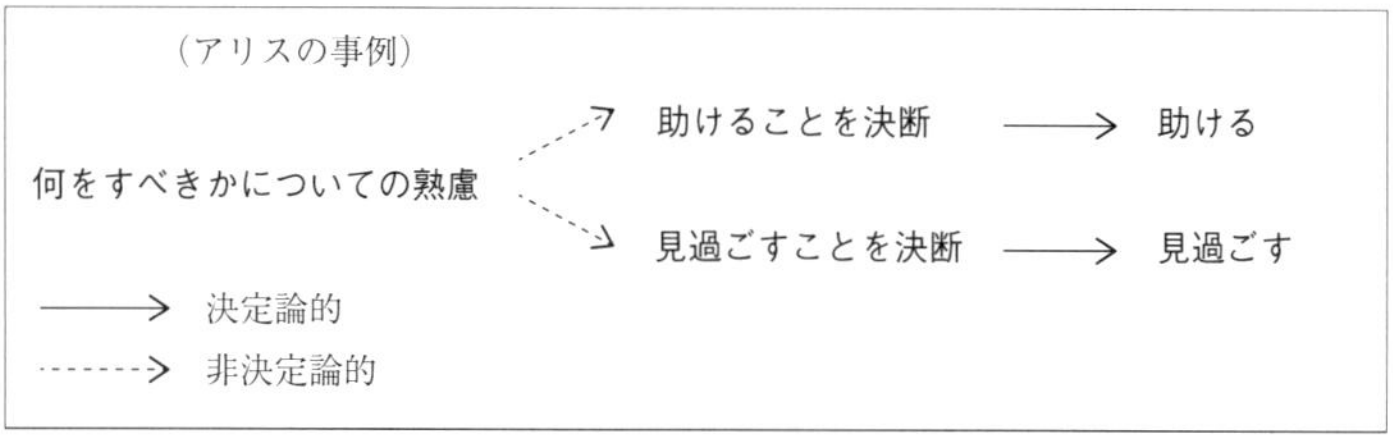

図5.3

ておくべきは、「コントロール」という概念には様々なレベルや度合いが存在するということ、つまり、たしかに彼女はある種のコントロールを有していないが、別の種類のコントロールを有していると言いうる余地があるということだ。ケインが指摘するように、アリスは自身の意志の努力の結果として、自身の理由に基づいて（合理的に）、他者からの強制によらず、自発的に、意図的に決断を下している。その限りで、彼女は「自発的コントロール」とも呼ぶべきコントロールを有していると言える。[22] では、アリスが有していないとされるコントロールはどのようなものか。コントロールの欠如からの論証の支持者、イシュティヤック・ハッジは、彼女には自身の決断を前もって保証する、という意味でのコントロールが欠けているのだ、と主張する（Haji 1999, 2001）[23]。すなわち、アリスの決断は（彼女の最善の努力にもかかわらず）非決定論的にしか生じないが、それは彼女が決断に先立つ時点で、特定の決断をすることを保証することができないことを意味する。そして、どの決断が生じるかを前もって保証することができないならば、その決断の生起は単なる運にすぎないのではないか、とハッジは論じ進める。

ハッジの議論は、（スナイパーの事例ではなく）アリスの事例において見出されるコントロールの欠如を指摘する点で、より洗練された議論だと評価できる。とはいえ、彼の議論に対していくつかの懸念を表明することができるだろう。第一に、「前もって保証する」とは具体的に何を意味するのだろうか。[24]もしそれが「行為者が特定の行為を決定論的にもたらすために必要な行為を事前に行う」といったことを意味するのだとすれば、これはリバタリアニズムに対して論点先取の誤りを犯していることになる。というのも、リバタリアニズムはそもそも、決定論的にもたらされた行為は自由でない、と主張する立場であり、「決定論的にもたらすこと」が自由に必要だと要請することは、リバタリアニズムという立場の可能性をのっけから退けてしまうことになるからだ。第二の懸念点として、ハッジは、アリスが持つとされる「自発的コントロール」だけでは自由には不十分であり、さらに「前もって行為を保証する」コントロールが必要であることの理由を説明する責務を負うと思われる。なぜ、後者のコントロールは私たちの自由にとってそんなに大事なのだろうか。この点の十分な説明がない限り、ハッジの議論はケインの陣営を説得させるには至らないだろう。

5　なぜ「運」は自由を減じるか？（2）――「対比的説明の不在」からの議論

本節では、アルフレッド・ミーリー（Mele 2006）やニール・レヴィー（Levy 2011）によって展開された、「対比的説明の不在」に基づく議論を検討する。これは、「対比的説明」と呼ばれる形式の説明が非決定論的な行為に対して与えられないということを根拠に運の問題をサポートする議論だ。ともあれまずは、対比的説明という耳慣れない言葉についての説明から始めよう。

ボブが、冷蔵庫にあったリンゴを食べたとする。ボブはなぜリンゴを食べたのだろうか。一つの説明は、「彼は空腹だったから（そして冷蔵庫にリンゴがあることを知っていたから）」といったものだろう。このように、行為者の行為を、それをもたらした行為者の心的状態（欲求や信念）から説明することを、一般に「（行為の）因果的説明」と呼ぶ。

さて、冷蔵庫にはリンゴだけではなく、ナシもあったとしよう。このときボブは、なぜナシではなくリンゴを食べたのだろうか。この問いに対して、先ほどと同様に「ボブは空腹だったから」と答えるのでは不十分だ。というのも、この説明はボブの実際の行為（リンゴを食べる）だけでなく、そうすることもありえた別の行為（ナシを食べる）にも同程度に当てはまってしまうからだ。したがって、この問いに答えるためには、たとえば「ボブはナシよりもリンゴの方が好みだったから」とか、「ナシが冷蔵庫にあるのに気が付かなかったから」とかといった説明を用意する必要がある。このように、なぜ別の行為ではなく特定の行為をしたのかに対する説明を、行為の因果的説明の中でもとりわけ「**対比的説明**」（contrastive explanation）と呼ぶ。

運の問題のターゲットである、非決定論的な行為の場面に話を戻そう。アリスは葛藤のすえ、暴行現場へ向かう決断をしたが、その決断は非決定論的であった――つまり、まったく同一の過去と自然法則を持つ世界で、彼女は暴行を見過ごすという決断を下すこともありえた。では、彼女はなぜ、見過ごすという決断ではなく、暴行現場へ向かう決断をしたのだろうか。つまり、彼女の「暴行現場へ向かう」という決断への対比的説明は存在するだろうか。この問いに直面して、私たちは答えに窮してしまうように思われる。というのも、彼女が暴行を助ける世界と見過ごす世界、この二つの世界はその決断の直前まで完全に瓜二つであり、彼女の決断の違いを説明するものはまったく存在しないように思われるからだ。しかし、二つの世界での行為者の行為の違いを説明することができないならば、その違いは単なる運にすぎないのではないだろうか。これが、「対比的説明の不在」に基づく議論のあらましである。改めて論証の形で述べ直しておこう。

「対比的説明の不在」からの論証

（1）もし行為が非決定論的に生じたならば、その行為についての対比的説明が存在しない。
（2）もし行為についての対比的説明が存在しないならば、その行為は自由ではない。
（3）したがって、もし行為が非決定論的に生じたならば、その行為は自由ではない。

この論証の実質的な前提は（1）および（2）だ。リバタリアニズムを擁護したい論者は、この論証に対して「非決定論的な行為にも対比的説明は存在する」（前提（1）への反論）と応じることができるし、「たとえ対比的説明が存在しないとしても、そのことは行為が自由でないことを含意しない」(前提(2)への反論)と応じることもできる。本節では、議論のために前提(1)の正しさを認めたうえで、後者のタイプの反論に焦点を当て、説明の不在からの議論を吟味することとしたい。[25]

なぜ、行為についての対比的説明の不在が、行為者が自由でないことを含意するのだろうか。たしかに、行為についての説明が存在しないという事実が、行為者に自由がない/責任がないことを強く示唆するような場合はありうる。たとえば、精神錯乱状態にある人が、誰もいない山の中でマシンガンを手当たり次第に乱射したとしよう。その行為は、その人の持つ動機や理由とまったく結びついていない——彼には「それがしたかったんだ」と言えるような欲求や、「それをするべきだった」と言える理由はなかった。さらに、彼自身も、自分がなぜそんなことをしたのか、皆目見当がついていない。このとき、「なぜ彼はそんなことをしたのか」という問いに対する合理的な説明は存在せず、さらにそのことは彼に自由がない/責任がないことの一つの証拠となっているように思われる。

しかし、アリスの例では、仮に行為についての対比的説明、つまり「なぜ見過ごすのではなく助けに向かうことを決断したのか」についての説明が存在しないとしても、対比的でない通常の行為の因果的説明、つまり「なぜ助けに向かうことを決断したのか」についての説明は存在する。というのも、彼女にはそれをする理由が存在し、熟慮のすえ、彼女はその理由のためにその決断を下しているからだ。さらに言えば、アリスの決断に対するこの種の説明が存在することは、前節で言及した「自発的コントロール」をアリスが有しているという事実を裏付けてくれるようにも思われる。だとすれば、仮に対比的説明が存在しないとしても、どうしてそれがアリスの「不自由」を帰結するのかは明らかではない。前節で「なぜ行為を前もって保証するコントロールが必要なのか?」と問うたのと同様に、リバタリアンの側は「なぜ対比的説明が自由に必要なのか?」と正当に問うことができるのである。再び、運の問題を支持する論者は、リバタリアンに対して論点先取でない仕方で対比的説明の必要性を論証する必要がある。

運の問題の考察を通じて得られた暫定的な結論をまとめ、リバタリアニズムの今後の課題を示して本章を終えよう。現在のところ、運の問題の支持者は、自説が依拠する「保証するコントロール」や「対比的説明」が自由に必要であるという肝心の点において、リバタリアンの側を説得させるには至っていないようだ。しかし、リバタリアンが胸をなでおろしていられるのも束の間であることを忘れてはいけない。第3節で見たように、「運の問題」を片づけたとしても、今度は「運による強化の問題」、つまり「非決定性は自由に必要なコントロールを増大させるのか?」という問題にさらに応答する必要があるのである。

第6章　「自由なき世界」の可能性——楽観的懐疑論の検討

本章では、**自由についての懐疑論**——以下、単に**懐疑論**と呼ぼう——という哲学的見解を主題的に検討する。懐疑論とは、一言でいえば「自由は存在しない」と主張する立場のことだが、具体的には、次の二つのテーゼをともに否定する立場として特徴づけることができる。[1]

（1）自由と決定論は両立する。
（2）自由と非決定論は両立する。

（1）を否定する点で、懐疑論は非両立論の一種である。だが同じく非両立論的立場であるリバタリアニズムと異なり、懐疑論者は（2）も否定する。リバタリアニズムが非決定論的世界のうちに自由の存立する余地を見出そうとするのに対して、懐疑論者は、この世界が決定論的であれ非決定論的であれ、私たちは自由でないと主張する。この世界は決定論的であるか非決定論的であるかのどちらかであるから、(1)と(2)の否定から、「自由は存在しない」という懐疑論的な結論が導かれる。[2]

懐疑論という哲学的立場を評価する一つの、おそらく最もスタンダードな方法は、懐疑論を導く論証の正しさを批判的に検討することだろう。この方法に則れば、右の(1)や(2)を否定する根拠を与える論証を批判的に検討し、それに対して可能な反論を試みることになる。だから本書でこれまで行ってきた議論は、部分的には懐疑論の正否をめぐる議論でもある。第3章で検討した帰結論証は、(1)を否定する根拠を与える議論、つまり懐疑論(や第4章で検討した操作論証)に部分的なサポートを与える議論である。また第5章で検討した「運の問題」は(2)の正しさに対する挑戦であり、これも懐疑論を部分的にサポートする。これらの議論がいずれも説得的であるならば、私たちは自然と懐疑論的結論に導かれることになる。

本章では、懐疑論の論証を検討するいわば「正攻法」とは異なるアプローチから懐疑論の検討を行いたい。それは次のような方法だ。まず、「私たちに自由は存在しない」という懐疑論の主張を、試しに正しいものとして受け入れてみる。そのうえで、懐疑論を受け入れたときに私たちの生や社会がどのような影響を被るのか——少し堅苦しく言えば、懐疑論の実践的帰結——を考察する。もし懐疑論を受け入れることが私たちの社会に対して壊滅的な結果を招くのだとしたら、懐疑論は実践的な観点から採用不可能な立場、単なるアームチェア上の空想的理論にすぎないことになる。この結論は、懐疑論者にとって望ましくないものだろう。

懐疑論の実践的帰結という論点は盛んに議論されており、[3] とりわけ、「自由なき世界」は実はそんなに悪い世界ではないのだ、と主張する派閥が影響力をもちはじめている。彼らは、たしかに既存の社会制度や道徳的実践は何らかの改訂を迫られるものの、それは実践的に十分現実的な選択肢である、と論じる。懐疑論は単なる机上の理論ではなく、私たちの社会が採用しうる実践的理論でもあるというわけだ。この、自由の懐疑論を受け入れることが必ずしも悪い結末をもたらさないという見解は、**楽観的懐疑論**（Optimistic Skepticism）と呼ばれる。[4]本章では、楽観的懐疑論の可能性と課題を明らかにすることを目指す。

1　懐疑論は私たちの生に何をもたらすのか？

自由についての懐疑論は、いかなる論拠によって自由を否定するのだろうか。そこで否定される「自由」とは、どのような意味での自由なのだろうか。その自由が否定されることで、私たちの信念体系のどの部分が、放棄ないし改訂を迫られるのだろうか。逆に、懐疑論的な世界観を受け入れてもなお残りうるものは何だろうか。楽観的懐疑論についての検討に入る前に、これらの問いへの考察を通じて、自由についての懐疑論一般の主張を理解することから始めよう。

そもそも懐疑論者はどのような理屈から「自由は存在しない」と考えるのだろうか。その思考の筋道は、本書のこれまでの議論――操作論証や、ケインの出来事因果説の理論――でも随所に見られたものだ。私たちが行為を自由に行い、またそれに責任を負うのは、その行為が自身の在り方に端を発しており、かつ私たちがその在り方に責任を負うときに限る。ところで、人の在り方は、その大部分が、遺伝的性質や幼少時の生育環境などに影響されて形成されるものである。しかしそうした要因は明らかにその人のコントロールの埒外《らちがい》にある物事であるから、私たちは自身の在り方について責任を負うことはできない。したがって、私たちは自身の行為に責任を負うことはできない。もちろん、修行や自己暗示などによって、意識的に自分の在り方をコントロールすることはある程度は可能かもしれない。だがその場合でも、自分の在り方をコントロールしようとしたまさにその在り方は、それ以前の何らかの外的要因に影響されて形成されたものにすぎない。どんな人でもどこかの地点で、自らの源泉がコントロール外の要因から形成されたことを認めざるを得ないのである。

以上のように考える懐疑論者にとって、人が持つ道徳的に良い性格や悪い性格は、その人がたまたま持つに至ったものにすぎない。言ってみれば、道徳的に模範的な人は単にラッキーであり、邪悪な性格を備えた人はアンラッキーだったのである。この事実は、私たちが他者のなしたことに反応して行う非難や称賛といった実践に対して重大な影響を与える。いかに凶悪な犯罪者であっても、彼自身がその邪悪な性格を持つに至ったことについて落ち度がないのであれば、道徳的に非難に値しない。マザー・テレサの善行も、彼女が有徳な性格を持つに至ったことは（懐疑論者に従えば）単なる幸運にすぎないのだから、彼女は道徳的に称賛に値しない。自由を否定することによって、称賛や非難をめぐる私たちの道徳実践は、正当たりえないものとして雲散霧消してしまうのである。

さて、懐疑論者は称賛や非難といった実践を基礎づける意味での自由の存在を否定するとはいえ、あらゆる意味での自由が存在しないと主張するわけではない。たとえば、「自由」という語には第2章で詳述したような「二階の意欲」に基づく自由を指す意味もあり、私たちはその意味で「自由」なのだということを、懐疑論者は認めることができる。だがその場合でも懐疑論者は、たとえ私たちがそのような意味での自由をもっているとしても、それは私たちの称賛や非難といった責任実践を正当化しうる種類の自由ではない、と主張することだろう。いずれにせよ、懐疑論者は、自由が存在しないからといって私たち人間と単なる物質との間の区別がまったく失われてしまうとか、道徳性に関するあらゆる言明が無意味となってしまうとかと主張する必要はない。自由なき世界でも、たとえば私たちの行為が「自発的」であるとか、行為者の「意志が弱い」とかと記述することはできるかもしれない。また、非難や称賛といった実践は正当化されないとしても、他者のしたことは「道徳的に悪い」とか、「道徳的に良い」とかと評価することはできるかもしれない。懐疑論者が捨て去ることを迫られるのは、道徳性や人間的営みの中の一部分――とはいえ非常に重要な部分なのだが――なのである。

これまでの論述で、懐疑論の主張がどのようなものかをある程度理解することができたと思う。それではいよいよ、本章が主題的に取り組む、懐疑論に対する「実践的挑戦」を提示することとしたい。懐疑論の受容によって称賛や非難に関連する私たちの責任実践は脅かされることになるが、その中でももっとも重大なものの一つが、国家による**「刑罰」**（punishment）である。刑罰という処置は明らかに、私たちが（常にではないにせよ、多くの場合に）自身の行為に責任を負い、道徳的に悪い行為に対しては非難に値する、ということを前提している。したがって、懐疑論の主張を受け入れることは、既存の刑罰制度の正当性をも否定してしまうことになりかねない。序章でも取り上げた次のようなストーリーを考えてみよう。

懐疑論に基づく弁護：ある青年が法廷で強盗殺人の罪に問われている。そこで青年の弁護人が次のような弁護を展開する。「被告が殺人を犯したことは、彼の遺伝子配列や育った家庭環境その他の要因によって決定されていたが、それは彼にとってどうすることもできないことであった。そうであるならば、彼に罪科を問うことは不当である。なぜなら、彼が罪を犯すことがそのような外的要因から決まっていた以上、その犯罪が生じたことは彼のせいであるとは言えないからである」

もしこのような弁護人の論理がまかり通ってしまったら、どんな犯罪者も刑罰に処すことは正当化されず、結果として世の中はどんな犯罪者も裁かれない無秩序状態に陥ってしまうのではないだろうか。この壊滅的な帰結を避けるためには、懐疑論者は、現行の刑罰制度に対して何らかの別の正当化の論理を構築するか、もしくは「刑罰」に代わる新しい社会システムを提案する必要がある。そのような理論は存在するだろうか。また存在するとして、その理論は現実的に採用可能なものだろうか。これが、懐疑論に対する実践的挑戦である[5]。

懐疑論への実践的挑戦に対し、肯定的に応答しようとする立場が楽観的懐疑論である。本章の後半では、楽観的懐疑論者の代表格として、第5章でも登場した哲学者、ペレブームの理論を検討する。だが次節ではまず、現行の「刑罰」という実践を支える正当化の論理とはどのようなものか、そしてそれが自由や責任という概念とどのように関わっているのかを明確化することとしよう。

2　刑罰、応報主義、そして自由

前節で示唆されたように、自由についての懐疑論を受け入れると、他者をその人のしたことで非難したり称賛したりといった私たちの実践の基盤が揺らいでしまうように思われるのだった。本節の目標は、とりわけ「刑罰」という社会制度がどのような点から正当化されるかという論点に焦点をしぼり、懐疑論の実践的帰結——つまり、懐疑論を受け入れた場合に私たちの社会が被る影響——を明らかにすることだ。本節の議論の流れを予告しておこう。まず、私たちの日常的思考にきわめて深く根付いている「応報主義」という考え方を特徴づけ、現行の刑罰制度はまさに、応報主義を根拠として成立していることを確認する。そして、応報主義は懐疑論者が否定する種類の自由・責任概念を前提しており、ゆえに、懐疑論を受け入れるならば応報主義という考えを維持することはできない、という結論を導く。このことは、現行の刑罰システムに対し、従来のものとは異なる種類の正当化を見出す必要があることを示唆する。

日本のおとぎ話『舌切り雀』をご存じだろうか。山でケガをしていた雀を助けた心優しいおじいさんは最終的にハッピーエンドを迎えるが、雀の舌を切った意地悪なおばあさんにはバッドエンドが待っている。このように、古来より伝わる寓話において、善人が果報を得て悪人が懲らしめられるというモチーフは、洋の東西を問わず普遍的にみられるものだ。私たちの日常生活を振り返ってみても、いつも周りに迷惑ばかりかけている不道徳な人が痛い目を見れば大半の人は「ざまあみろ」と心のどこかで思うだろうし、日ごろから善行を積み重ねている人が立身出世したならば、きっと嫉妬よりも祝福の気持ちを強く感じることだろう。ここで重要なのは、悪人が悪い報いを受け善人が良い報いを受けることを私たちは単に喜ばしく思うだけではなく、「そうあって然るべきだ」とさえ思うという事実である。つまり私たちは、人の行った善い行いや悪い行いに応じて、その人は相応の報いを受けるべきだ、と考えるのだ。こうした考え方は、「**応報主義**」(retributivism)と呼ばれる。

応報主義は、私たちの日常的な思考に根深く浸透しているだけでなく、国家による罪人への「**刑罰**」という社会制度を正当化するうえでも重要な役割を果たしている。そのことを見るために、刑罰の正当化について次のような問いを立ててみよう。刑罰には様々な度合いやバリエーションが存在する——罰金、懲役、果ては死刑まで——が、いずれも、罪人に対してある種の害を与えることである。したがって、国家が法を制定し、それに基づいて罪人を罰することは、罪人という個人を意図的に害する行為に他ならない。さて一般に、他者に対して意図的に害を与えるという行為は、それに対する相応の正当化——それも高いハードルの正当化——がない限り、許容されない類の行為である。では、国家はどのような論理に基づいて、罪人への刑罰を正当化することができるのだろうか。

この問いに対しては様々な答えが考えられる(そのうちのいくつかは次節でも検討される)が、おそらく最も自然な答えは、まさしく応報主義に基づくものだろう。つまり、加害者はその罰を受けるに値するだけのことをしたのであり、その行いに応じた罰を受けるべきだ、という考えだ。言い方を変えれば、刑罰は、応報主義の実現という目的の観点から正当化される。悪い行いをした人に対して相応の罰を与えるという応報的な目的に鑑みて、刑罰制度は——それが他者を意図的に害する行為であるとしても——正当化されるというわけだ。[6] また実際、刑罰制度が応報主義に支えられているという主張は、私たちの日常的な感覚とも合致するものだ。たとえば、実刑が言い渡された加害者について、もし「あなたはなぜその人がその刑罰を受けるべきだと考えるか」と問われたならば、「それはその人がその罰に値するだけのことをしたからだ」と答えることはごく自然なことだろう。

最後に、応報主義と自由・責任概念の関係について考察しよう。応報主義の眼目は、加害者がしたことの「悪さ」に応じて、刑罰の重さの度合いを決定するところにある。明らかにこのアイデアは、私たちが（たいていの場合に）自身の行為に責任を負い、その行為が悪いものであるときには非難に値するのだ、という前提がないと成り立たない。懐疑論の主張を受け入れるならば、ある人が重い罪――たとえば殺人――を犯したとしても、それは遺伝的要因や幼少期の生育環境等の産物であり、その人の落ち度によるものではない。したがって、その人は自身のしたことについて非難に値しないのだから、彼に対して懲役刑を課すことは――懐疑論者の視点からすれば――まったく無実の人に懲役刑を課すのと同じくらい不当なことに他ならない。あるいはこのように述べてもよい。応報主義の核となる「人はその人のしたことに応じた報いを受けるに値する」という規範的な主張は、「人は（責任や非難／称賛に値することと関連する意味での）自由を有している」という主張を基礎的な根拠としている。[7] この根拠がひとたび掘り崩されたならば、応報主義、およびそれに基づく実践の正当性の基盤も失われてしまう。端的に言えば、応報主義と自由についての懐疑論は、両立しないのである。[8]

本節の議論をまとめよう。応報主義は私たちの自由を前提するので、もし懐疑論を受け入れるならば、私たちは応報主義を保持することはできない。このことは、現在の刑罰制度が応報主義に依拠していることをふまえれば、刑罰をめぐる実践に対して、何らかの別の正当化を与えることが必要であることを意味する。そこで次節では、刑罰制度に対する、応報主義とは別の正当化――それも懐疑論者にも利用可能な、自由や責任概念を前提しない類の正当化――の可能性を探ってみることとしたい。

3　刑罰を正当化する――帰結主義的な正当化

懐疑論者は刑罰制度をどのように正当化することができるだろうか。前節で論じたように、懐疑論者は、犯罪者はその悪事に値するだけの罰を受けるべきだからだ、と述べることはできない。何らかの形で刑罰というシステムを保持するつもりなら、応報主義以外の論拠による正当化の道を探し出す必要がある。本節では、そのような正当化としてしばしば提案される、帰結主義的な正当化を検討し、その問題点を明らかにすることを目指す。

前節で述べたように、刑罰とは罪人に国家が意図的に害を与える行為に他ならない。では、いかにしてそのような行為が正当化されうるのだろうか。応報主義に依拠しない一つの単純な答えは、「刑罰の存在は社会にとって有益であるから」というものだ。これは、社会全体の効用計算に照らして刑罰を正当化するものであるので、帰結主義（功利主義）的な正当化と呼ばれる。実際には帰結主義にも色々なバージョンが提案されているが[9]、以下で特徴づける比較的単純な形式の帰結主義を、本書では「**素朴帰結主義**」と呼ぶことにしよう[10]。

刑罰の最も重要な効用の一つは、犯罪の**抑止**という点に求められる。窃盗や殺人などの罪を犯した人は、もしそれに対する刑罰がなく、野放しのままであれば、何度でも同じ罪を繰り返してしまうかもしれない。だが、罪に対する刑罰が与えられれば、再犯率は確実に下がるだろうと予測される。さらに、罪をまだ犯していないが、同様の犯罪的傾向をもつ人々――いわゆる犯罪者予備軍――も、刑罰の存在を認識することで、また実際に罪人に罰が下されるのを目の当たりにすることで、犯罪を控える傾向が生まれる。このように、社会に害をもたらす行為に対して刑罰を設けることは、社会における犯罪率の低下、およびそれに伴う社会の安全と福祉の向上に少なからず寄与しうる。その限りで、帰結主義的な観点から――応報主義的な考慮に依拠せずとも――刑罰の存在を正当化することができるように思われる。

しかしながら、素朴帰結主義からの刑罰の正当化に対しては、いくつかの強力な反論が知られている。第一に、過度に厳しい刑罰が正当化されてしまいかねないという懸念がある。一般に、罪に対する刑罰を極端に重くすれば、当該の犯罪率は低下することが予測される。たとえば、法改正によって、万引きのような軽犯罪に対しても無期懲役が適用されるようになった場合を考えよう。もしこの法律が十分に世間に浸透しているならば、万引きの件数は現在のものよりもはるかに少なくなると思われる。したがって、犯罪の抑止という素朴帰結主義の観点からは、この法改正は推奨されるべきものとなる。

だが、万引きに対して無期懲役のような重罰を適用することは、明らかに不当な処置なのではないだろうか。注記すべきは、ここでもし応報主義的な考慮が利用可能であれば、過度な厳罰化をたやすく防ぐことができるということだ。応報主義の観点によれば、罪の重さの度合いに応じた相応の罰が与えられるべきだからである。しかし、現在私たちが考察している、懐疑論者が採用しうる種類の帰結主義は、応報主義の助けを借りることはできない。素朴帰結主義者は、応報主義に依拠しない仕方で右記の懸念に応答する必要があるが、それが果たして可能であるかは明らかでない。

第二に、無実の人が刑罰に処せられること、すなわち冤罪が正当化されかねないという懸念がある。私たちの現実社会では、冤罪の事例はときに存在するとはいえ、それが正当なものとみなされることは決してないだろう。しかし、帰結主義的な論理が刑罰に適用された世界における、次のような事例を想像してみよう（cf. Pereboom 2014）。ある町で、凶悪な連続殺人が生じたものの、その真犯人が捕まっていないとしよう。殺人犯が捕まっていないことの不安から、市民は毎日家に引きこもって震えているほかなく、町の経済状況は急激に落ち込みを見せている。さらに、殺人をしても捕まらないのだという観念が一部に広まり、同様の殺人事件が激増してしまい、警察も手に負えなくなってしまっているとしよう。このような状況下では、ある人を「スケープゴート」に見立てて、その人が無実であるとしても連続殺人事件の犯人として逮捕し、刑罰に処する（そしてその結果を市民に報告する）ことが社会全体にとって有益である、という可能性は十分にある。無実の人ひとりが不当にも刑罰に処せられることのマイナスと、犯人が捕まったことによって市民が得られる安寧と犯罪件数の低下というプラスを比べれば、後者のほうが大きいだろうと見積もられるからだ。

現行の社会において、無実の人を罰することを原理的に禁じる防波堤となる論拠は、言うまでもなく応報主義である。素朴帰結主義者は、応報主義に依拠しない仕方で冤罪を禁じる論理を何とかして見出すか、さもなければ、ときに冤罪は正当化されうるという反直観的な帰結を甘受する必要がある。

以上の懸念に対しては、素朴帰結主義をより洗練させるという形での応答が可能かもしれない。とはいえ本書では、その点を深掘りすることはせず、別の理論的な可能性に注目することとしたい。それは、代表的な楽観的懐疑論者であるペレブームの理論である。彼は、まさに上で考察したような議論から、刑罰の帰結主義的な正当化は不十分かつ不適切であると主張する。さらに彼は、「刑罰」という社会制度は懐疑論の枠組みの下では正当化不可能であり、よって「刑罰」という実践そのものを別の形へと改訂することが必要なのだ、と論じ進める。次節で、ペレブームが提案する「刑罰」に代わる社会システムの詳細を検討することとしよう。

4 加害者を隔離すること——ペレブームの「隔離モデル」

ペレブームは、前節でみたような議論から、刑罰、つまり加害者に制裁を与える行為は、懐疑論の観点からは十分に正当化できないのだと考える。[11] そこで彼は、刑罰に取って代わる、加害者に対する別の処置方法を提案する。それは一言で言えば、伝染病にかかった患者を一定期間隔離するのと同様の論理によって、危険な加害者を一定期間隔離することを正当化するというものだ（Pereboom 2014, 2017, 2019a）。[12] この、「**隔離モデル**」（Quarantine Model）と呼ばれる彼の理論を、本節で詳しく解説することとしたい。[13]

公衆衛生倫理の観点から、伝染病患者の隔離はどのようにして正当化されるのだろうか。まずは次のような架空の例を考えよう。感染力が非常に強く、致死性のある伝染病が蔓延しており、国家もそのことを認識している。さて、発熱症状を訴えた患者を検査したところ、この伝染病にかかっていることが判明した。直ちに感染力や症状を抑える特効薬はいまだ開発されていない。このような場合、社会全体の安全の確保という観点から、この患者を一定期間、感染リスクの少ない場所へ隔離することが正当化されるだろう。ここで重要なポイントは、たとえその患者が当の伝染病に罹患したことに対して責任や落ち度がないとしても、つまりまったくの不運から罹患したのだとしても、隔離という処置は――それが少なからず患者個人の自由の制限を強いるものであれ――正当でありうるということだ。

しかし、「社会全体の安全の確保」という隔離の眼目は、前節で批判した素朴な帰結主義的正当化とどう違うのだろうか。一つの重要な違いは、伝染病患者の隔離の正当性は単なる効用という観点だけでなく、社会を構成する個人が持つ**自己防衛**の権利によって基礎づけられるという点にある。他者に害を与える行為がときに「正当防衛」として正当化される場合があるように、私たちは他者によって危害を被ったり、あるいは他者からそのような脅威を示されたりしたとき、自分の身を守るために必要な程度の攻撃・回避行動をとる権利、つまり自己防衛の権利を持つ。社会の成員である私たちがこの権利を有しているからこそ、国家は私たちの権利を保護するべく、伝染病の患者を隔離する施策をとることが求められるのである。

さて、ペレブームによれば、重大な危害――殺人や強姦など――を他者に与えた人に対しても、同様の理屈から、隔離という仕方での処置が正当化される。そのような加害者をそのまま社会に放置しておくことは、社会にとって危険である。その限りにおいて――懐疑論の主張を受け入れて、加害者には責任がないのだと認めるとしても――、社会の安全の確保、つまりは個々人の持つ自己防衛の権利の保護という観点から、加害者を他者に危害を加えることのない環境へ一定期間隔離することは正当化されうるのだ、とペレブームは論じる。さらに、伝染病患者の隔離との類比は隔離施設内での待遇においても成り立つ。すなわち、伝染病患者に懸命な治療が施されるべきであるのと同様に、加害者に対しては道徳教育などの更生プログラムを敷いて、社会に復帰した際に他者への脅威とならないように道徳性の改善に努めなければならない。

このように、伝染病患者の隔離と類比的に、重大な危害を与えた加害者への隔離を提案するのが、ペレブームの隔離モデルの基本的なアイデアである。もしかすると、ここまでの話を聞いて、ペレブームの隔離モデルと現行の刑罰制度がどの程度異なるのか、疑問に思う方がいるかもしれない。というのも、懲役刑に処された犯罪者を収容する刑務所は、一定期間の社会からの「隔離」であると言えるし、刑務所内でも、犯罪者への一定の更生プログラムは実施されているからだ。しかし、ペレブームの提案する隔離モデルには、現行の刑罰制度にはない、いくつかの重要な制約があり、それによって、隔離モデルを実現した社会制度は私たちの知っているものとは大きく異なるものとなる。以下で、隔離モデルが現行の刑罰制度とどの程度異なるのか、つまり、隔離モデルを実現しようとする際にどの程度の実践の改訂が必要となるのかを見ていこう。

一つ目の相違点は、隔離施設内の環境にある。現在の刑務所は、最低限の衣食住は保障されているとは言え、囚人にとってお世辞にも「素敵な」環境とは言えないだろう。そして、罪人が一定期間そのような環境下での生活を余儀なくされることは、応報主義の観点からは容易に正当化されうる――つまり、彼らはそれに値するだけのことをしでかしたのだ、と。しかし、懐疑論的な枠組みの下では、応報主義によって現在の刑務所におけるような生活を加害者に強いることは正当化されえない。むしろ、彼らは行為に責任を負わず、非難にも値しないにもかかわらず、社会の安全の確保という目的のために一定期間の隔離、つまりは行動の自由の制限を強いられるのだから、その埋め合わせとして、できる限り隔離環境は快適なものにしなければならない。かくして、伝染病患者の隔離環境をなるべく快適にすることが要請されるのと同様に、加害者を隔離する施設にも同様の環境改善の努力が求められることとなる（この点は、後述のペレブーム理論への批判とも関連してくる）。

第二の相違点は、他者に与える危険が比較的少ないと思われる加害者に対する処置に現れる。まず強調されなくてはならないのは、加害者が隔離される理由は、厳密には彼が他者に危害を加えたという事実によるのではなく、彼を野放しにしておくことが他者への脅威となるという事実による。この点を明確にするために、次の二つの「殺人」の事例を比べてみよう。

事例1：ジャックは、幼少期から動物虐待などの残酷な行為に無類の快楽を覚える人間であった。そうした行為は徐々にエスカレートし、成人になったジャックは、夜中の街に繰り出しては目ぼしい人間を誘拐し、殺害した。ジャックの快楽殺人は、彼が捕まるまでに一〇件を数えた。

事例2：メアリーは、優しく善良で、周囲からも好かれる人柄であった。彼女は夫のジョンと結婚して五年になる。はじめ夫婦仲は問題なかったが、結婚後二年ほどたってから、ジョンが酒やギャンブルに溺れ始め、家庭内でメアリーへの暴力行為を繰り返すことになった。メアリーはただひたすら耐え忍んでいたが、暴力行為が徐々にエスカレートし、また暴力が息子のチャーリーにも及んだことで我慢の限界を超え、ある日彼女は泥酔した夫を刺殺した。

事例1のような猟奇的な殺人の場合、加害者を社会に野放しにしておくことは明らかに危険であり、隔離という処置をとることは正当化されるだろう。しかし事例2の場合はどうだろうか。メアリーによる夫の殺害は、きわめて個別的な状況で、特定の対象に向けてなされたものであり、彼女の悩みの元凶であった夫の存在がなくなったいま、もはや彼女が社会に対して危害をもたらしうるとは思われない。したがって、隔離モデルの観点からは、彼女が隔離という処置の対象とならないという可能性が開かれることになる。現行の刑罰制度では（情状酌量の余地があるとはいえ）彼女には懲役刑が宣告されるであろうから、この点は大きな違いであると言える。

さらに殺人以外の犯罪に目を向けてみると、現行の制度と隔離モデルの差異はいっそう顕著になる。たとえば詐欺罪は懲役刑の対象となるが、詐欺を働いた人に対して隔離という処置をとることが正当化されるかは明らかではない。というのも、詐欺師の存在は社会にとってある意味で「害」をもたらすとは言えるかもしれないが、それは私たちへの物理的な危害ではないため、彼の存在が私たちの持つ自己防衛の権利の侵害にあたるかどうかは明らかでないからだ。

以上から示唆されるように、ペレブームの隔離モデルの下で社会制度を構築しようとする場合、加害者に対する処置の在り方は現在のものとは大きく形を変えることとなる。それゆえ、ペレブームの理論に対しては、実現可能性の問題、すなわち、そのような社会制度が実践的な観点からどの程度現実的なのか、という問いが直ちに提起される。この重要な問題は次節で検討する。本節の残りでは、ペレブームの隔離モデルが、正当化の問題、つまり素朴帰結主義が直面した加害者への処置の正当性に関する問題を克服できているかどうかを確認することとしたい。

第一の懸念は、素朴帰結主義の下では過度な厳罰が正当化されてしまいかねないというものであった。この困難に隔離モデルが直面しないことは明らかだ。すでにみたように、隔離の正当化は、個人が持つ自己防衛の権利という観点からなされる。したがって、社会の成員である個人の自己防衛の権利を保護し、社会の安全を確保する目的を達成するために必要最小限以上の過酷な処置を加害者に与えることは決して正当化されない。

第二の懸念、つまり無実の人を刑罰に処することが正当化されてしまいかねないという懸念に移ろう。再び自己防衛の権利の保護という眼目をふまえると、隔離モデルにおいて隔離の対象となるのは、実際に重大な危害を他者に与えた人か、未だ加害行動をとっていないにせよ、その種の行動をとるという脅威を明示している人物に限られる。したがって、そのような加害行動やその傾向性がまったく見られない無実の人を「スケープゴート」として隔離することは、ペレブームの理論では認められない[14]。

以上の考察から、ペレブームの隔離モデルは、自由なき世界における加害者の処置法とその正当化の論理を、素朴帰結主義よりも優れた仕方で与えていると評価できる。もっとも、仮にペレブームの理論が正当化の問題をクリアしているとしても、もう一つの問題、すなわち実現可能性の問題が残っている。次節ではこの問題を掘り下げて検討することとしよう。

5　隔離モデルへのいくつかの批判

本節では、ペレブームの隔離モデルに対する様々な観点からの批判を検討する。第一の批判は、隔離施設での加害者への更生プログラムの実効性に関するものだ。伝染病患者と加害者とが類比的な仕方で理解されることから示唆されるように、ペレブームの隔離モデルでは、重大な危害の可能性を保持する加害者は、いわば「治療」の対象となる。伝染病患者に対して隔離施設で懸命な治療が試みられるべきであるのと同様に、加害者に対しても、社会に復帰した際に同様の危害を他者に加えることのないように、道徳性の改善、つまり「更生」の努力が払われるべきである。一定の道徳教育を経て、加害者の更生が完了したとみなされれば、加害者は隔離生活を終えて通常の生活に戻ることができる。しかし、このような更生プログラムがどれほど現実的に実効性を持つかは、少なくとも伝染病者への治療の実効性と比較すると、いくつかの点から明らかではない。第一に、何をもって「道徳性」の更生が完了したとみなすのかが、病気の治療の場合と比べて格段に不透明である。犯罪心理学者によるカウンセリングや、「道徳」の授業のテストのようなもので判断するのだろうか。しかし、知恵の立つ犯罪者は、道徳的に模範的なふりを装って、その種のテストをパスしてしまうのではないだろうか。

第二に、どんな更生の努力によっても道徳性を改善しえない犯罪者も一定数いることが予想されるが、彼らの処遇はどうあるべきなのだろうか。彼らが依然として社会への危険を示している以上、無期限の隔離という選択肢しか存在しないように思われる。だが、無期限の隔離という措置は、あまりにもその人にとって不当なものではないだろうか。しかもその措置は犯した罪の重さによってではなく、単にその人の更生の不可能性から決定されているのである。第三に、更生という手続きの不透明性から帰結することだが、現行の懲役システムとは異なり、加害者は隔離の期間がいつまでなのかを前もって知ることができない。もしかすると更生プログラムは数週間で終了するかもしれないが、更生されていないと判断される限り、いつまで経っても通常の生活に戻ることはできない。これは、収容される側にとって耐えがたい精神的ストレスになるのではないだろうか。

ペレブームの隔離モデルに対する二つ目の批判は、「予防的隔離」、つまり、まだ実際には他者に危害を加えていないが、近い将来そうすることが高い確度で推定される人を前もって隔離することの正当性をめぐるものだ[15]。伝染病の場合について言えば、(実際には感染していない)伝染病の潜在的な保因者に対して、予防的隔離の措置が講じられることはある——実際、私たちは、新型コロナウイルス感染症COVID-19の感染者の「濃厚接触者」が一定期間隔離される事例を幾度となく目の当たりにしてきた。では、加害者の隔離についても、「加害者予備軍」を前もって隔離することは正当化されうるのだろうか。また、それが正当化可能だとして、制度としての予防的隔離はどの程度現実的なものになりうるだろうか。

予防的隔離は、もし正当化されうるならば、通常の隔離の場合と同じく私たちの自己防衛の権利を根拠とするはずだ。たとえば、次のような少々極端な例を考えてみよう（cf. Pereboom 2017）。ある科学者が風邪薬を飲もうとしたところ、誤って自身の開発している薬を飲んでしまった。その薬は、飲むと数時間後には性格が豹変し、道徳性が失われて誰彼みさかいなく襲ってしまうことになる。その薬の効果は、数日間持続するものとしよう。さて、このような場合、彼はまだ誰にも危害を与えてはいないものの、薬の効果が切れるまでの間、他者から隔絶された場所に彼を予防的に隔離することは正当な処置だろう（薬の効果が現れてから動くのでは遅いのだ）。そしてこの正当性は、自己防衛の権利の保護という観点から説明される。

しかし、問題は現実社会で予防的隔離の対象をどのように定めるかである。現実の「加害者予備軍」は、先の科学者の場合とは異なり、将来他者に危害を加えるかどうかをそんなに高い精度で推定できるとは限らない。たとえば、国民にサイコパス診断テストのようなものを受けさせて、一定以上のスコアをとった人を予防的に隔離する、といった施策はあまりにも粗雑（かつ不当）にすぎるだろう。もしかすると、近い将来、脳内の神経状態を観察することで加害的な傾向を高い確度で予測することができるようになるだろう、という（やや楽観的な）見立てがあるかもしれない。だが現時点では、そのような信頼可能な判別テストが存在しない以上、予防的隔離は本来隔離するべきでない人を不当に隔離してしまう危険性を常にはらんでいる。このことは、伝染病の事例と加害者の事例の間の類比が、ペレブームが主張するほどには明らかでないことを示唆している。

最後に、ソール・スミランスキー（Smilansky 2011, 2017）によって提起された、ペレブームの隔離モデルに対する実践的な観点からの重要な批判を検討しよう。彼の議論は実践的な観点から楽観的懐疑論の理論的な見込みを否定するもので、「実践的背理法からの論証」と呼ばれる。それは次のように定式化される。[16]

（1）殺人者、強姦者などの重大な加害者は、法社会から隔絶されなければならない。さもなければ、彼らは殺人やレイプを繰り返し、私たちの生を惨めなものにしてしまうからだ。

（2）（貧富の格差などの）犯罪を生じさせる原因となる社会環境を改善したとしても、長期隔離の対象となる加害者の数が相当数に上ることは避けられないだろう。[17]

（3）懐疑論の観点からは、誰も社会から一定のあいだ隔離されるという苦難を受けるに値しないので、社会はこの苦難に対する埋め合わせをしなければならない。したがって、隔離環境は可能な限り快適な空間でなければならない――五つ星ホテルさながらに、フカフカのベッドに高級料理、各種のエンターテインメントが完備された環境といった具合だ。スローガン風に言えば、隔離モデルの下では刑罰は「**刑楽**」（funishment）と化す。

（4）しかし、容易に想像できるように、刑楽にかかるコストは莫大である（週末を高級リゾートで過ごすことを想像してみればよい）。隔離施設の維持コストのために増税を余儀なくされるという事態も考えられる。

（5）さらに、刑楽の問題点は経済的コストだけではない。隔離施設がそのように快適なものだということが周知されると、隔離モデルは犯罪の抑止力を失ってしまいかねない。もし強盗を行うことで素敵な隔離生活が約束されるならば、多くの人はそうすることを選ぶだろう。そして犯罪件数が増加すれば、それに伴う経済的コストはさらに膨れ上がる、という悪循環が生じてしまうだろう。

（6） したがって、隔離モデルを実現した社会は、経済的にひっ迫することが予期されるだけでなく、重犯罪率も増加してしまいかねない。これは、隔離モデルが実践的に採用不可能な立場であることを意味する。[18]

スミランスキーの議論の核となるのは、「加害者の隔離には相応の埋め合わせが必要である」という主張（前提（3））と、その埋め合わせを実現するとなると経済的にも社会的にも莫大なコストがかかるという主張（前提（4）、（5））だ。順に確認しよう。まず前提（3）についてだが、懐疑論の観点からは、誰もが自身の行為に対して責任を負わないし、行為について非難に値しない、という点が重要だ。まったくの無実であるあなたが、突然社会から隔離され、一定期間をその隔離施設で過ごさねばならない、と通達されたとしよう。きっとあなたはそれに強く抗議するであろうし、またそうした処置は道徳的な観点からアンフェアである、と感じることだろう。懐疑論の観点からは、まったくの無実であるあなたを隔離することの道徳的な悪さと、殺人を犯した重大な加害者を隔離することの道徳的な悪さに、実質的な違いは存在しない（応報主義的な考慮を利用することはできないことを思い出そう）。このことから、隔離という処置を行う際には、被隔離者に相応の埋め合わせをするべきである、という前提（3）の主張には、一定の説得力があると評価することができる。

もっとも、前提（3）の主張を認めたとしても、その埋め合わせがどの程度のものであるべきか、という点――つまり前提（4）や（5）のもっともらしさ――には異論の余地があるだろう。スミランスキーは加害者が隔離されるということの「害」を大きく見積もって、五つ星ホテルさながらの埋め合わせが必要である、と主張する。対してペレブームは、帰結主義的な考慮を交えつつ、その埋め合わせは「二つ星」程度で十分であると反論している（Pereboom 2017）。いずれにせよ、この論点は、単なる思弁的な考察にとどまらず、広く心理学的・社会学的な観点から考察を深めていくべき問いであろう。

本章では、自由についての懐疑論の中でも、とりわけ、懐疑論を受け入れても私たちの生や社会が壊滅的になることはない、という楽観的懐疑論の立場――ペレブームの隔離モデル――を掘り下げて検討した。本節では主に実現可能性といった実践的な観点から、隔離モデルは克服するべき様々な課題が残されていることを見てきたわけだが、最後に楽観的懐疑論をめぐる議論に関して一点補足的なコメントを施して本章を終えることとしたい。本章では、懐疑論の実践的帰結の中でも、とりわけ「刑罰」（あるいは加害者の処置）という点に論点を限定して議論を進めてきた（実際、現代の英米圏での議論も、そのほとんどが「刑罰」という論点にかかわるものである）。しかし、懐疑論が私たちの生にもたらしうる実践的な影響は、何も「刑罰」に限定されるわけではない。もし懐疑論が正しかったら、はたして私たちの人生に意味があると言えるのだろうか。もし懐疑論が正しかったら、何かに向けて努力するということは意味をなすのだろうか。もし懐疑論が正しかったら、私たちは本当の意味で人を「愛する」ことができるのだろうか。楽観的懐疑論の見込みは、こうした「刑罰」に限られない生の側面も考慮に入れたうえで評価する必要があるだろう。そして、自由についての懐疑論が私たちの生の多様な側面に影響を与えうるという点は、まさに「自由」という概念が、「責任」（およびそれと関連する「非難」「称賛」「刑罰」といった諸概念）だけでなく、「人生の意味」「努力」「愛」といった、「責任」に勝るとも劣らず私たちにとって重要な価値と関連していることを示唆している。自由の価値のこのような多面性については、最終章の第8章で論じられる。

コラム③　「自由」の信念は実践的に重要か？——実験心理学からの議論

第6章では、「自由なき世界」は実はそこまで悪くないのだ、と主張する楽観的懐疑論の立場を検討した。だが対照的に、実験心理学的なデータに依拠して、「私たちは自由である」という信念を捨て去ると、人々に反社会的行動の傾向が増大してしまうのだ、と結論する研究も存在する。ヴォーズとスクーラーが実施したある実験を紹介しよう（Vohs and Schooler 2008）。この実験では三〇人の大学生にウェブ上で二〇問の算数の問題を解いてもらう。参加者は事前に、コンピューターの不具合のために、問題が画面に表示される度にスペースキーを押さないと問題の解答が画面に出てきてしまうと伝えられる。さらに、参加者は問題ごとにきちんとスペースキーを押すように要請されるのだが、もしスペースキーを押さなくても実験者の側はそのことは分からない、とも伝えられる（要するに、カンニングをしてもバレることはない）。さて、参加者を二つのグループに分け、片方のグループには問題を解く前に、有名な科学者——ノーベル賞受賞者のフランシス・クリック——によって書かれた一節を読むように求める。その一節は、世の中の賢い人たち（クリックのような科学者を含む）はいまや自由が幻想にすぎないことに気づいているのだ、という趣旨のことが述べられている。もう一方のグループには、自由についての言及を含まない、意識に関する本からの一節を読むように求める。この条件下で被験者に問題を解いてもらったところ、自由の不在を謳う文章を読まされたグループは、もう一方のグループよりもカンニングをする傾向が有意に高かった。

この実験結果は、楽観的懐疑論に対する否定的な証拠を提供するように思われる。とはいえ、この実験結果が本当に懐疑論的な信念の有害さを示しているかについては、多くの疑問の声が上がっている（cf. Caruso 2019）。もっとも重大なのは、再現性の確認が取れていないという問題だ。この実験以降、様々な哲学者や心理学者が類似の実験を行ったが、懐疑論的信念の有害さを示す有意な結果は必ずしも得られていないという（cf. Zwaan 2013）。再現性が得られていないことの説明はいくつか考えられる。たとえば、ヴォーズとスクーラーの実験は被験者の数（三〇人）が少なすぎたのかもしれない。また、実験で用いられたクリックの文章は、厳密には自由の懐疑論ではなく、より強い主張——科学的な還元主義——を含意するものであり、非常に極端で扇情的な文章によって反道徳的な行動の傾向が増加したにすぎない、という見解も提示されている（cf. Pereboom 2001, 2014）。

残念ながら本書ではヴォーズとスクーラーの実験の妥当性を吟味することはできない。だが強調しておきたいのは、自由の存在／不在についての信念が私たちの行動や社会の在り方にどのような影響を及ぼすかは、少なくとも部分的には実験心理学などの経験的な探求にゆだねるしかない、という点だ。この地点で自由をめぐる哲学的論争は、社会学や心理学というより経験的な学問領域と分かちがたく結びついているのである。

Ⅲ　自由と責任のつながりを再考する

第7章　怒りと責任――ストローソンの責任理論

本書でこれまで検討してきた哲学理論は、おしなべて、「責任」を「自由」によって、すなわち行為者が有する何らかの能力、ないしコントロールによって説明しようとするものであった――他行為可能性しかり（第1章、第3章）、二階の意欲しかり（第2章）、非決定論的な意志の努力しかり（第4章）。本章の主役であるピーター・ストローソンは、その記念碑的なエッセイ「自由と怒り」（Strawson 1962/1982）で、まったく異なる角度からの責任へのアプローチを提唱した[1]。彼は、「自由」の名で表現される行為者個人に内在する能力ではなく、私たちの共同体的な責任実践、とりわけ、人間関係の中で私たちが相互に向けあう特別な種類の感情に目を向けることで、責任概念を理解しようとする[2]。いわば、個人内の（intrapersonal）責任理論ではなく個人間の（interpersonal）責任理論であるというところに、ストローソン理論の第一の特色がある。

さらにストローソンは、「自由・責任と決定論の両立可能性」という伝統的な問題への応答においても、他の理論とは一線を画する手法をとる。大部分の哲学者は、両立論者であれ非両立論者であれ、

「決定論が真であるならば私たちの責任実践は正当化されえないのではないか？」という懸念を真剣に受け止める。だからこそ、思考の限りを尽くして自由・責任と決定論の両立可能性の是非を論じてきたのである。しかしストローソンは、私たちが現に行っている責任実践にさらなる正当化は不要なのだ、と考える。彼からすれば、両立可能性の問いはそもそも見当はずれ、もっと言えば、「責任」概念の無理解から生じてくる滑稽な問いにすぎないのである。

このように、ストローソンの責任理論は様々な点で異色である。その透徹した思考をできるかぎり分かりやすく解きほぐすのが、本章が第一に定める目的だ。本章の構成を示そう。第1節では、ストローソンが着目する、私たちの責任実践の中核をなす一群の感情――「反応的態度」と呼ばれる――の内実を明らかにする。第2節で、なぜストローソンにとって決定論の真理が責任への脅威とならないのか、その結論に至る思考の筋道を丹念に追う。第3節では、ストローソン理論に対するいくつかの重要な批判を検討する。その批判的検討を受けて、第4節で、ストローソンの後継者の一人であるマイケル・マッケンナの「責任の会話理論」を紹介する。

1　反応的態度

ストローソンは「責任」という概念を解明するうえで、私たちが日常的な実践の中で他者に向ける特別な種類の感情を考察の出発点とする。[3] その種の感情を総称してストローソンは「**反応的態度**」

（reactive attitude）と呼ぶ。[4] 一口に反応的態度と言っても実は多様なバリエーションが存在するのだが、それは後述する。まずは、彼の論文のタイトルにもなっている、最も典型的な反応的態度である「**怒り**」（resentment）に焦点を当てて、反応的態度の内実を明らかにすることとしよう。

あなたが友人とパーティーに出かけたとしよう。そこであなたの友人が、場を盛り上げるために、あなたがその友人にしか明かしていない、絶対に知られたくないあなたの秘密を皆にバラシてしまったとしよう。このとき、あなたは友人に対して「怒り」を覚えるだろうが、それはきわめて自然なことである。たしかに、その怒りがどのような形で行動に表れるかは、人それぞれだろう——その場で友人に対して抗議したり、友人を非難したりするかもしれないし、怒りをぐっとこらえて平静を装うかもしれない。とはいえ、友人に対するあなたの怒りは、いわば「人間」として当然ともいうべき感情であると言えるだろう。

だが、なぜあなたは、友人に対して怒りを向けるのだろうか。知られたくない秘密をバラされたという事実を悲しんだり落胆したりするだけでは、なぜ不十分に思われるのだろうか。それは、あなたが友人の行動に、自分に対する悪意、あるいは敬意の欠如を見て取ったからだ。ストローソンがいみじくも指摘するように、「私たちにとって、他の人間がこちらに向ける態度や意図は非常に大きな重要性をもつ」（Strawson 1962 62［邦訳 38］）。だからこそ、他者の言動が自分に対する悪意や敬意の欠如を示していると見て取ったとき、私たちは相手に対して怒りを覚える、あるいはそうすることが適切だと考えるのである。相手に心無い暴言を吐かれたり、嘘をつかれたり、約束を反故にされたりしたときに、私たちは相手に怒りを覚えるが、これらのケースはすべて「相手の悪意や敬意の欠如への反応」という説明に当てはまっている。

怒りはネガティブな反応的態度の一例だが、対照的にポジティブな反応的態度も存在する。その一例は「感謝」（gratitude）である。怒りと対比して述べるならば、感謝とは、相手のふるまいに自分への善意を見て取ったときに、それに反応して相手に対して抱く感情である。落とした財布を拾って交番に届けてくれたり、落ち込んでいるときに優しい言葉をかけてくれたりした人に私たちは感謝するが、それは単にその人によって良い事態がもたらされたという事実を喜ぶだけでなく、その人の善意に反応したからこそ生じる反応である。落とした財布を拾ってもらったとき、「やったー！」と喜ぶけれども相手にまったく感謝の意を示さない人は、人間としてどこか欠けていると感じざるをえないだろう。

善意や悪意、敬意や敬意の欠如、関心や無関心といった、相手をひとりの「人格」としてどのような仕方で扱っているかに関する態度、ないしその態度の源泉をストローソンに倣って「**意志の質**」（quality of will）と呼ぶならば、反応的態度を一般に次のように特徴づけることができる。[5]

反応的態度：反応的態度とは、相手の意志の質に反応して、その相手に対して向ける感情のことである。

右記の特徴づけによって、反応的態度を、それとは似て非なる別種の感情と区別することができる。たとえば、待ち合わせの最中、あなたがハトにフンをかけられたとしよう。もしかすると、ハトに

「怒り」を覚えると言うことは日本語としてそこまで不自然ではないかもしれない。しかし、ここでの「怒り」は前述した反応的態度としての「怒り」とは性質が異なる。ハトへの怒りはむしろ、フンをかけられたという事態に対する苛立ちを、その事態の原因であるハトにぶつけているものだ、というのがより正確な記述であろう。また、幼児のしたことに対して親が「叱る」場合があるが、これも「怒り」とは大きく異なる——声を荒げたりなど、ときに両者は表に出る行動のレベルでは区別が難しい場合があるにせよ。幼児を叱るのは、もっぱら教育的観点から、つまり、そうすることが幼児の将来の行動に良い影響を与えることが期待されるからであって、幼児のふるまいに何らかの悪意を見て取ったからではない。そもそも、自然現象や動物や幼児は、善意や悪意といった意志の質を帰属することができる対象ではない。[6] その限りで、これらの対象に対して反応的態度を向けることはない(少なくとも、向けることはお門違いである)。

ここまでで反応的態度の説明は一段落といったところだが、補足として、反応的態度の領域を少しだけ拡張しておきたい。怒りや感謝といった、他者の自分に対する悪意や善意に反応してその人へと向けるタイプの反応的態度は、いわば、「二人称的な」反応的態度と呼ぶことができる。だが、反応的態度は二人称的なものにとどまらない。たとえば、自分自身の意志の質に反応して、自分自身に対して向ける、いわば「一人称的な」一群の反応的態度が存在する。恥や後悔、誇りなどが、一人称的な反応的態度の一例である。また、他者が別の他者に向ける意志の質に反応して生じる、「三人称的な」反応的態度も存在する。怒りの三人称バージョンは、「義憤」(indignation)である。私たちは、凶悪な犯罪のニュースを見聞きしたときその加害者に強い憤りを覚えるが、これは三人称的な義憤に相当する反応的態度である。

このように反応的態度はその人称においてバリエーションを見せるとはいえ、ストローソンによれば、これらの反応的態度はいわば「ひとつなぎ」である。つまり、二人称的な反応的態度は持つが一人称的な反応的態度は一切持たないといったことはまず考えられない。したがって、二人称的な反応的態度について成り立つ議論は、他の人称の反応的態度に対しても、必要な変更を施すことで適用することができる。そういうわけで以下では、怒りや感謝といった二人称的な反応的態度に焦点を絞って議論を進めることとしたい。

ところで、私たちは他者に対して、常に反応的態度を向けるわけではない。ときに、相手への反応的態度を差し控えたり、あるいは差し控えるべきだと判断したりする場合がある。ストローソンは、反応的態度を差し控える要因として、二つの異なるタイプが存在すると論じる。この二つを、本書では「弁解」要因と「免責」要因と呼ぼう。この区別は以降の議論でも重要になってくるので、詳しく解説することとしたい。

反応的態度の表明を抑制する要因の第一のタイプは、**「弁解」**（excuse）である。実は第1章の第2節ですでに弁解のケースに触れているのだが、本節でも、日常的な弁解の事例を二つほど挙げてみよう。

弁解の事例①：あなたは、電車で移動中、隣で立っていた友人に足を踏まれた。友人の悪ふざけだと思ったあなたは、「何をするんだ」と怒りを露わにする。すると友人は、「突然車体が揺れてバランスを崩した。わざとじゃなかったんだ」と応じた。

弁解の事例②：あなたは、夜中に空腹を覚え、寝ぼけまなこで冷蔵庫に向かい、そこにあったプリンを平らげた。翌日、あなたの娘がカンカンに怒っており、「私のプリンを食べたのはパパでしょ?」と詰め寄ってきた。あなたは慌てて、「ごめん、キミのものとは知らなかったんだ」と応じた。

これらは私たちの誰もが身に覚えのあるような弁解のケースだが、これらから弁解要因の一般的な特徴を抽出することができる。すでに述べたように、私たちは、相手の行為やふるまいに特定の意志の質――右の例でいえば、悪意――を結びつけることで、反応的態度を相手に向ける。弁解要因とは、当該の状況下で、その行為が当初結びつけられたところの意志の質を表出するものではないことを示す証拠のことである。つまり、事例①で言えば足を踏んだことが故意ではなくアクシデントであったこと、事例②で言えばプリンが娘のものであったことを知らなかったこと、これらが、行為者の行為が悪意によるものではなかったことを示す弁解要因の一例となる。

反応的態度の表明を抑制する理由を提供する要因の第二のタイプ、すなわち「**免責**」(exemption)に移ろう。こちらも、まずは具体例から見ていきたい。

免責の事例①：A氏は極度の心理的ストレスから、完全に我を失っていた。彼を心配する周囲の人々はなんとか彼に正気を取り戻してもらおうと懸命に働きかけるが、A氏は暴言を吐いたり、手当たり次第に暴力をふるったりしてまったく手に負えない。

免責の事例②：B氏は知らないうちに強力な催眠をかけられていた。催眠術の暗示により、彼は周囲の人々に対し悪辣な暴言を浴びせかけたり、手当たり次第に暴力をふるったりしている。

極度のストレスによる心身消耗や催眠術の暗示は、その人がもはや責任を問いうる主体ではないことを示す要因である。免責要因が成立している主体はいわば、反応的態度を向けたり、向けられたりする共同体の埒外に置かれる存在である。この点で、免責の事例は前述の弁解の事例とは決定的に異なる。というのも、ちょっとしたアクシデントや無知は、その人がそもそも責任を有する主体ではないことを示す証拠ではなく、あくまで個別の状況下の特定の行為に関して主体の責任を緩和・減免するものにすぎないからだ。

免責要因が成り立つ主体に対して、反応的態度を向けることは適切でない。ワトソンの言葉を借りれば、右記のA氏やB氏に対して反応的態度を向けることには「ポイントがない」（Watson 1987 230）のである。だとすれば、代わりにどのような態度でもって彼らに応対する必要があるのだろうか。ここでストローソンは、反応的態度と対比される概念として、「**客体的態度**」（objective attitude）という概念を導入する。客体的態度とは、自然現象や動物や幼児のような、意志の質を帰属することのできない対象に対して私たちがとる態度のことに他ならない。先ほどの免責の事例でいえば、私たちはA氏やB氏を、責任を問いうる対象としてではなく、何らかの処置の対象とみなす。自然災害が生じたときの対処と類比的な仕方で、彼らのもたらす害をできるだけ減らすべく私たちは行動することになる。実はこの「客体的態度」というアイデアは、すでに私たちにとっておなじみである。というのも、前章で詳細に検討したペレブームの「隔離モデル」は、まさに罪人を客体的態度の対象としてみなす施策として捉え直すことができるからである。

以上の説明で、反応的態度、およびその対立概念である客体的態度の内実についての明確な理解を得ることができたと思う。最後に、「責任」と「反応的態度」とがどのように連関しているかを述べておこう。これまでのストローソンの議論から、彼が責任と反応的態度の関係を次のように捉えていることが示唆される。[7]

責任－態度テーゼ：行為者Sが（行為Aについて）責任を負うのは、（Aについて）Sに対して反応的態度を向けることが適切であるとき、かつそのときに限る。

もちろん、このテーゼはいくつかの点でさらなる明確化を要する（たとえば、「適切である」とは厳密には何を意味するのだろうか？）。だが、その点はひとまず脇において、次節では「責任と決定論の両立可能性」についてのストローソンの見解を追うこととしたい。というのも、そこでの議論を通じて、責任－態度テーゼの内実、ひいてはストローソンの責任理論の全貌が、さらに明らかになってくるからである。

2　なぜ決定論は責任への脅威とならないのか？

ストローソンは、「決定論の真理は責任への脅威とはならない」と主張する。この主張そのものはすべての両立論者が受け入れうるありふれたものだが、この主張を導く論理に、ストローソン理論の独自性がある。ストローソンは異なるいくつかの理路からこの主張を導くのだが、本節では、その中でも特に重要な二つを取り上げて、彼の思考を丹念に追うこととしたい[8]。

一つ目のストローソンの議論は、「免責」要因が成立する条件に定位した議論である[9]。まずは、ストローソンの論敵である非両立論の主張を、反応的態度や免責要因との関連から改めて述べ直しておこう。非両立論者は、もし決定論が真ならば、私たちは決して自身の行為に責任を負いえないのだ、と考える。このことは、私たちには普遍的に免責要因が成立していることを意味する。よって、反応的態度の表出に代表される私たちの実践は決して正当化されえない。他者のしたことについてその人に怒りを向けることは、台風や動物に対して怒りを向けることが適切でないのと同様に、適切ではありえないのである。かくして、非両立論の見解と決定論の真理を同時に受け入れるならば、私たちは反応的態度を全面的に棄却して、あまねく客体的態度をとることを迫られる[10]。

非両立論の議論に対するストローソンの応答は次のようなものだ。前節で見たように、免責要因は、重度の精神消耗状態や催眠など、健常な成人を「正常」とした場合に「異常」(abnormal) と分類されるような対象に対して成立するものである。ここで「異常」という語は、そもそも「正常」とみなされる多数派のカテゴリーが存在するからこそ意味をなす言葉である。したがって、「それ自身が自己矛盾でないようなどんな命題からも、異常性が普遍的な条件であるということが帰結することはありえない」(Strawson 1962 68［邦訳 50］)。

筆者としては、ストローソンの以上の議論には説得的な反論が存在すると考えている。これについては次節で検討する。だが、仮に彼の議論がうまくいっていないとしても、ストローソンにはより強力で、彼自身の哲学観から言ってもより重要な別の議論が存在する。それは反応的態度を放棄することの「心理的不可能性」に基づく議論である。[11]

ストローソンは先述の非両立論者の懸念に対し、決定論の真理は責任の脅威とはならないのだ、と応える。なぜ脅威にならないのか。その最も大きな理由は、仮に私たちが決定論の真理を受け入れたところで、反応的態度を伴う道徳的な実践を完全に放棄してしまうことなど、心理学的に不可能だからだ。もちろん、私たちが他者に対してときに客体的態度をとることはある。前節で触れた免責要因が成立する場合がその一例だ。ここでのストローソンの主張は、私たちがすべての人間に対して常に客体的態度を向けることなどそもそもできない、ということである。反応的態度を全面的に棄却するという選択はおよそ人間がとりうる現実的な選択肢ではないのだから、決定論の真理によって責任が脅かされるのではないかと悩む必要などない、というのがストローソンの基本主張である。

しかし、なぜ私たちが完全に反応的態度を捨て去ってしまうことなどできないとストローソンは考えるのか。それは、人間とはそもそも、他者に対して反応的態度を向けざるを得ない、そういう生き物だからである。少し堅苦しく述べ直せば、反応的態度の表出でもって他者と関わるという責任実践は、人間の本性《ほんせい》に根ざした、いわば自然的事実であり、人間が人間であるための本質を構成するものなのである。

このようなストローソンの態度は、大部分の哲学者のそれと大きく異なる。本書の第Ⅰ部、第Ⅱ部で繰り返し見てきたように、哲学者たちは、なんとかして私たちが自由であり、責任を有するということを正当化しようと腐心してきた。だがストローソンからすれば、そのような哲学的営みは、人間という存在の本性に対する無理解を露呈しているにすぎない。彼は次のように述べる。

> 決定論の真理への一般的な理論的確信をふまえれば、すべての〈反応的〉態度を完全に差し控えるような仕方で世界を変容させることが合理的になるのではないか。このような問いに対して、私は先ほどと同様に次のように応えねばならないだろう――この問いを提起する人は〔…〕、反応的態度を通じた人間的な関わりの本性をまったく理解し損ねているのである。（Strawson 1962 74［邦訳 65］）

二つの「正当化」概念を区別することによって、ストローソンの主張をより良く理解することができる（Strawson 1962 78［邦訳 74］）。責任実践の「内的」正当化とは、責任実践の枠組みの内部の、局所的・個別的なケースにおける正当化のことを指す。しかじかの罪を犯した人に対してどれくらいの罰を与えるべきか、無知が正当な弁解要因となるのはどのような場合かといった問いは、この内的正当化の問いに属する。対して、責任実践の「外的」正当化とは、その枠組み全体に対する、外部からの体系的な正当化である。「決定論が真ならば、私たちの責任実践が正当化されえないのではないか」

と哲学者が問うとき、問題となっているのはこの外的正当化である。ストローソンが不要だと論じるのは、内的正当化ではなく、まさにこの外的正当化の方である。[12]

ストローソンの決定論の問いに対する応答を概観したところで、再び彼の責任理解、すなわち前節で定式化した「責任‐態度テーゼ」に立ち戻ってみよう。

責任‐態度テーゼ：行為者Sが（行為Aについて）責任を負うのは、（Aについて）Sに対して反応的態度を向けることが適切であるとき、かつそのときに限る。

実を言うと、自由論・責任論に与する大半の論者は、このテーゼの額面通りの正しさを受け入れうる。それでは、このテーゼをストローソン理論独自のものとする点は何か。それは、テーゼの左辺「Sが責任を負う」と右辺「Sに対して反応的態度を向けることが適切である」の間の説明の方向性にある。大半の論者は、行為者Sに対して反応的態度を向けることが適切であるのはなぜか、と問う。そしてその問いに対して、「なぜなら、Sには責任があるからだ」と答える。大半の論者の理解では、右辺の正しさは、左辺の正しさによって説明される。言い換えれば、左辺で述べられる「責任」についての事実の方が、右辺で述べられる「反応的態度」の実践についての事実よりも、説明的に先立つのである。対して、ストローソンはその説明の方向性を逆転させる。[13] すでに見たように、私たちが互いに反応的態度を向けあうという事実は、私たちの人間本性に根ざした、所与の事実であり、それ以上の外的正当化を必要としない。この所与の事実を根拠として、私たちが責任を有する主体であるという事実が説明される。ストローソンの理解では、いわば、右辺の事実は左辺の事実よりも説明的に先立つのである。[14]

3　反応的態度は人間本性にとって本質的か？——ストローソンへのいくつかの批判

本節では、ストローソンの責任理論に対して提起されるいくつかの反論のうち、特に重要と思われる二つの議論を検討することとしたい。第一の反論は、「免責」要因についてのストローソンの説明に関連する。決定論の真理が普遍的な免責要因とはなりえないのだ、と結論するストローソンの論拠を思い出そう。前節で見たように、彼の議論は、すべての人が「異常」であるということは概念上ありえない、という前提に依拠するものであった。しかし、ポール・ラッセル（Russell 1992）が（筆者の見立てでは）正しくも指摘するように、ストローソンの議論は、「異常である」（abnormal）と「能力が欠如している」（incapacitated）を混同しているように思われる。本来、主体が免責されるのは、責任帰属に必要とされる何らかの能力——善悪を分別する認識能力や、自己の欲求を抑制するコントロールなど——が欠如していると判断されるからである。能力が欠如しているから「異常」とみなされるのであって、免責を説明する根拠となるのは「能力の欠如」の方であるはずだ。さて、ストローソンの議論において「異常」という概念を「能力の欠如」に置き換えると、彼の論理は破綻してしまうように思われる。というのも、すべての人が「異常」であることは概念上ありえないとしても、すべての人に「能力が欠如している」可能性は、少なくとも概念上は可能であるからである。そしてそれこそ、非両立論者が懸念する可能性、つまり決定論の真理が人の普遍的な能力の欠如を示すという可能性に他ならない。

ストローソンは反応的態度を「他人のふるまいに現れた、その人が自分に向ける意志の質に対する反応」であると述べるが、この説明はこれだけでは不完全である。というのも、免責の事例から明らかなように、私たちは、明らかな悪意を表出する主体に対してもときに反応的態度を差し控える場合があるからだ。ワトソンが指摘するように、「意地悪な子ども、敵意を示す精神病患者、無関心な社会病質者、極度の緊張にさらされた失礼な人、不遇な幼少期を過ごした残酷な人、こういった人たちが存在しうる」(Watson 1987 228)。このことが示唆するのは、私たちの反応的態度は、行為者の意志の質だけでなく、行為者の状態や行為者を取り巻く環境に関する事実についての信念にも依存している、ということだ。では、行為者が免責されるための条件は具体的には何であろうか。この問いに対するストローソンの説明には、右記のような欠陥があるか、少なくともかなり不十分である。しかし、私たちが反応的態度を向けあうという実践が自然的事実であるのと同様に、ときに私たちが他者を免責するという実践も自然的事実であろう。だから、ストローソンには、免責要因における説明上の空白を埋める責務があるように思われる。そして、その空白を埋めない限り、その空白地点に非両立論者が付け入るスキが生じてしまうと思われるのである。

もっとも、第一の反論が的確に刺さっているとしても、ストローソンの「心理学的不可能性」からの議論の方はまだ切り崩されていない。その議論の核となるのは、「反応的態度を互いに向けあうという実践は人間本性に根ざす事実である」という主張である。もし、ストローソンに反して、反応的態度を他者に向けるという実践は私たちにとって偶然的なものであり、反応的態度なしの人間社会を構築することも可能なのだとしたら、前章までで見たストローソンの理論の大部分は瓦解してしまう。実は私たちはすでに、そのような可能性を示唆する議論に触れている。それは、第6章で詳細に検討した楽観的懐疑論である。第6章では非難実践の代表とも言える「刑罰」を中心に楽観的懐疑論を検討したが、本節では「反応的態度」との関連から、再び楽観的懐疑論の側からの議論を取り上げることとしたい。

ストローソンは、客体的態度のみの世界は非人間的で冷たく、いま私たちが住むこの世界よりもはるかに悪いものだ、と示唆する（本章の注8も参照）。この種の見解は、ストローソン哲学に共感する哲学者、スーザン・ウルフの論文中でより明確に述べられている（Wolf 1981）。以下、少し長くなるが、彼女による客体的態度のみの世界の描写を引用する。

〔客体的態度のみの〕世界と私たちの世界との間の最もおぞましい違いは、最も緊密な人間関係、すなわち、きょうだいや親子関係、とりわけ配偶者や友人との関係に現れる。依然として私たちは、友人関係や愛として記述されうる種類の結びつきを形成することはできるだろう。ある人は別のある人に楽しさや有益性を見出すかもしれない。またある人は別のある人の存在を、好きな楽曲の音色のように、慰安的で勇気づけられるものとみなすかもしれない。〔…〕それでも、称賛や敬意や感謝が意味をなさないような関係に適用される「友好」や「愛」という語が、なぜ虚しい、うわべだけの響きしか持たないのかは、明らかであると私は信じる。反応的態度なしで形成・保持されうるような人間関係に制限された世界は、あまりに冷たく荒涼とした人間的孤立の世界であるので、極端な皮肉屋でもない限り、それを想像するだに震えおののいてしまうことだろう。(Wolf 1981 391)

しかし、反応的態度なしの世界、客体的態度のみの世界は、ウルフが想像するような陰惨な世界なのだろうか。タムラー・ソマーズはこれに異を唱える(Sommers 2007)。たとえ私たちが他者に客体的態度をとるとしても、そのことは相手を単なるものだとみなすことを意味しない。ソマーズが説得的に指摘するように、「人間は依然として人間である——世界に存在する自然物のうちで最も刺激的で、私たちを憤慨させ、予測不可能で、愛らしく、忌まわしい存在なのである」(Sommers 2007 326)。だから、客体的態度を採用するとしても、それによって相手を単に「楽しみ」や「有益性」の対象としてみなすことにはならない。家具や趣味や歌やペットを選ぶときと同様の仕方で、友人を選ぶようになるわけではない。客体的態度には、他の人間の豊かさや素晴らしさを認識し、理解し、慈しむことを妨げるような何ものも含まれてはいないのである。ソマーズは論文中で、怒りや感謝、許し、愛など(に対応する感情)が客体的態度のみの世界でいかに保持されうるかを詳細に論じている。

客体的態度のみの世界の良し悪しとは別に、私たちが全面的に反応的態度を捨て去ることが心理学的に可能なのか、というストローソンの論点が残っている。これに対しては、現実の社会でも、(「ストイック」という語の由来である)ストア派の思想や私たちにもなじみの深い仏教思想において、反応的態度の抑制が説かれ、実践されているという見解がある（cf. Pereboom 2001, Goodman 2002）。もちろん（特定の宗派の）仏教徒もすべての反応的態度を抑制するわけではないだろうし、その境地に達するために想像を絶する精神的鍛錬が必要であることは否めない。とはいえ、ある宗教的・思想的観点からは、反応的態度を抑制するという生き方が単に可能であるだけでなく、「徳の高い」あり方であるとみなされているという事実は、ストローソン理論の是非を語るうえで注目に値するだろう。

4　マッケンナの「責任の会話理論」

人間関係の中で私たちが向けあう反応的態度によって責任を理解しようとするストローソンのプログラムは、従来の論争状況から見て非常に画期的であった。以降、ストローソンの見解に共感する多くの哲学者がさらに理論を展開・発展させて、「ストローソニアン」とも呼ぶべき派閥が形成されることとなる[15]。本節では、ストローソン理論の代表的な継承者であるマッケンナの責任理論（McKenna 2012）を検討することで、ストローソン的なプログラムの現在地を見定めることとしたい。

ストローソンの後継者とはいっても、彼のすべての主張をマッケンナが受け継いでいるわけではない。したがって、ストローソンの責任理論のどの部分を引き継いでおり、どの部分を棄却しているのかをあらかじめ明らかにすることが重要だ。まずマッケンナは、ストローソンの責任理論の最も中心的な主張、すなわち、責任を理解するうえで反応的態度が本質的な役割を果たすという主張を受け入れる。さらに、反応的態度が重要なのは、その引き金となる行為者の意志の質――他者が私たちに対して向ける敬意や不敬や無関心――が私たちにとって決定的に重要であるためである、というストローソンの主張にも同意する。マッケンナがストローソンと袂を分かつのは、「責任」と「反応的態度」の間の説明関係についてである。第2節で詳しく見たように、ストローソンは、反応的態度に代表される前者に関わる概念は、責任概念に説明的に先立つと考えた。それに対しマッケンナは、両者のどちらか一方が説明的に先立つという主張を拒否する。すなわち、「責任を問うこと」と「責任があること」のどちらかが説明的に優位にあるのではなく、これらは相互的な依存関係にあるのだ、というういわば折衷的な態度をとる。このマッケンナの方針には、どっちつかずなのではないかという懸念も提起されてはいるのだが[16]、本書ではこの種の懸念は脇に置いておこう。いずれにしても、反応的態度に象徴される私たちの実践をつぶさに観察することで責任概念を理解しようとする、というマッケンナの基本方針はストローソンと軌を一にするものであり、この点でマックンナは紛れもなく「ストローソニアン」である。

さて、マッケンナはある点においてストローソンよりもさらに一歩先を進む。それは、反応的態度の意義を、非難や称賛、道徳的な抗議や弁明といった私たちの相互的なやりとり――道徳的コミュニケーションとでも呼ぼう――において果たす役割の中に求める、という点だ。マッケンナの理解では、単に反応的態度を表出することができるだけでは、責任を有する主体とみなすのは不十分である。さらに、相手が表出する反応的態度がどのような意味を持つのかを理解したり、自らの相手への道徳的な抗議や賛同を相手に伝えるために適切な仕方で反応的態度を表出する技能を持っていなければならない。これらの能力は、相互的な道徳的コミュニケーションを成立させるために、ひいては責任を有する主体たるために必須となる要件なのである。

では、道徳的コミュニケーションにおいて私たちが要求される能力とはいったいどのようなものだろうか。マッケンナはこの問いに対し、道徳的コミュニケーションと言語的会話との間の構造的な類比性に着目して応答する。[17] この、責任実践と会話との類比から責任概念を解明しようとする方針が、マッケンナの理論の特にユニークな点だ。この点から、彼の理論は「**責任の会話理論**」（conversation theory of responsibility）と呼ばれる。以下で、責任の会話理論の内実を順を追って説明していくこととしよう。

まずは、言語的会話において、それに参与する主体、つまり話し手や聞き手にどのような能力が要請されるのかを明らかにすることから始める。[18] 次のような日常的なやり取りを考えよう。

太郎：「ドアが開いているよ」
花子：「あ、ごめんごめん」

太郎は花子がドアを開けっ放しにして部屋に入ってきたことに気づき、右のように発話する。その発言を受けて花子は「ごめんごめん」と応じ、ドアを閉めにいく。これは何の変哲もない日常の一コマだが、この中には言語的会話の能力を理解するために必要な要素がふんだんに含まれている。この事例では花子は太郎の意図する通りに行動してくれており、会話は無事に成功したと言えるわけだが、そもそも会話が成功するために話し手や聞き手に要求される能力とはどのようなものだろうか。まず、当然のこととして、太郎と花子はともに、「ドアが開いている」という文が何を意味しているか（「文の意味」（sentence meaning）と呼ばれる）を理解している必要がある。それに加えて、聞き手である花子は、「ドアが開いている」という発話によって太郎、つまり話し手が何を意味しているか（「話し手の意味」（speaker meaning）と呼ばれる）を理解しなければならない。すなわち、ここで太郎はこの発話によって、「ドアが開いているから閉めてほしい」という依頼を意味している。たとえ「ドアが開いている」という文の文字通りの意味を理解していても、それによって太郎が何を意味しているかを汲み取れずに「本当だ、ドアが開いているね」といってドアをそのままにしてしまうならば、花子は彼の言ったことをきちんと理解しているとは言えないだろう。さらに、これと関連するが、話し手である太郎の側も、花子にドアを閉めてもらうという目的を達成するためにどのような発話を行うのがよいのかをきちんと理解できており、それを実践することができるのでなければならない。このように、右のほんのささいな会話の中にも、話し手と聞き手は様々な言語運用の能力を活用しているのである。

では、今度は「責任」に関するやり取り——言語的な会話と対比して「責任会話」と呼ぼう——において、それに参与する人にどのような能力が必要とされるのだろうか。第1節で挙げた、あなたと友人のパーティーでのやり取りを次のように発展させてみよう。

責任会話の一例：あなたと友人はあるパーティーに参加している。その場で友人は、あなたの絶対に知られたくない秘密を他の人々にバラシてしまう。あなたは、顔を紅潮させて友人を睨みつけ、怒りをあらわにする。自分の非に気づいた友人は、あなたに「ごめんなさい。場を盛り上げたくて、つい言ってしまった」と謝罪する。

責任会話においてその参与者に要請される能力がどのようなものか、この事例から抽出してみよう。まず、あなたの怒りの表出には、異なる二つの能力が反映されていると言える。まずあなたは、友人のふるまいが、あなたへのある種の悪意、ないし敬意の欠如を示すものであることを、的確に見て取ることができている（意志の質を認識する能力）。さらに、怒りの表出によって、相手への道徳的な抗議の姿勢を相手に適切に伝えることができている（反応的態度を適切に表出する能力）。そして、友人の側の「謝罪」という形でのあなたへの応答にも、友人が有する責任に関する二つの能力が表れている。一つ目は、あなたの反応的態度の表出が自分への道徳的な抗議を表していることを認識・理解する能力であり、もう一つは、相手に対して謝罪なり説明なり正当化なりといった仕方で応答する能力である。両者の持つこれらの能力のどれか一つでも欠けていたら、右のようなスムーズな責任会話は実現しないだろう。

言語的会話と責任会話の事例を比較してみると、両者の間に「能力」という観点からの重要な類似点が存在することが明らかとなる。すなわち、どちらの種類の会話においても、会話の参与者は相手を解釈・理解する能力と、自身（の考えや態度）を表現する能力の両方を有していなければならない、という点での類比性である。そして、マッケンナが反応的態度に見出す重要な役割は、まさに自身の考えや態度を相手に伝える、という会話のパートに存在しているのである。

これまでの考察から、言語的会話と責任会話との間には、それに参与する主体に要請される能力という点において重要な類比が存在する、というマッケンナの洞察のもっともらしさを確認することができた。では、具体的に責任会話はどのような構造をしているのだろうか。言語的会話にはその発端となる発話があり、それに聞き手が応答し、さらに話し手が応答し……という明確な構造が存在するが、それと類する構造が責任会話にも見出されるのだろうか。マッケンナは、責任会話のプロセスには大きく分けて三つの段階があると考える（McKenna 2012 88-92）。それは、「**道徳的貢献**」（Moral Contribution）、「**道徳的働きかけ**」（Moral Address）、「**道徳的応答**」（Moral Account）の三つである。[19] 順に説明していこう。

道徳的貢献の段階では、責任会話が始まるきっかけとなる、行為者の何らかの行為が生じる。その行為は、行為者の持つ意志の質について何らかの示唆を与えるものであり、その行為の道徳的な善悪や、行為者の持つ意志の質を主題として、その行為の対象となった人、あるいはその行為を目撃した人と行為者の間で責任会話が展開されていくこととなる。[20] 道徳的働きかけは、道徳的貢献の段階で生じた行為者の行為について、他者が反応する段階である。怒りに代表される反応的態度の表出や、行為者への非難や称賛の表明は、この段階において生じる。反応的態度の表出が必ずしも言葉を伴わない――あなたの激昂した顔は何よりも鮮明にあなたの怒りを相手に伝えるだろう――ことからも明らかなように、この段階において言語を介したやり取りは本質的ではない。次に道徳的応答は、他者からの道徳的働きかけに対して、当の行為を行った行為者が応答する段階である。その応答の仕方には、その行為をなぜ行ったのかに対する説明（正当化や弁解）や、自分の非を認めての謝罪（あるいは居

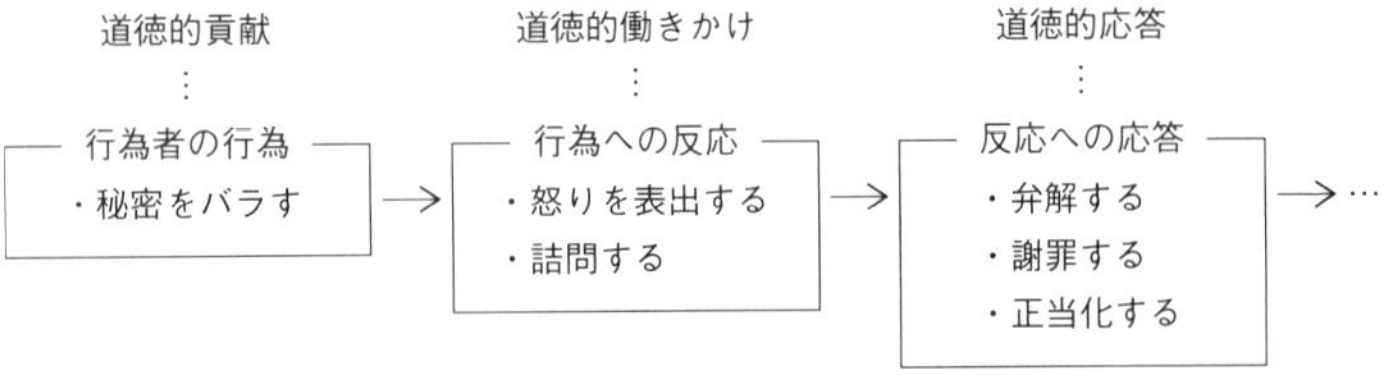

図7.1 （会話理論のモデル図）

直り）、などが含まれる。

この三つの責任会話の段階を、再びパーティーの事例にあてはめてみよう（図7・1）。友人がパーティーであなたの知られたくない秘密を場のみんなにばらした、この行為が道徳的貢献である。その行為に対してあなたは、友人に対して怒ったり、「なぜそんなことをしたのか」と詰問したりする。この反応が、道徳的働きかけの段階に相当する。それに対して友人は、様々な仕方で応答しうる。直ちに過ちを認めてあなたに謝罪するかもしれないし、場を盛り上げたくてやってしまったのだ、と言い訳するかもしれないし、以前あなたが友人に対して行った不義理の仕返しなのだ、と正当化しようとするかもしれない。これらの友人の応答はすべて、第三の段階、道徳的応答の段階に属する。言語的会話と同様に、責任会話も原理的には無際限に続きうる。友人の応答に対しさらにあなたが反応し、それに対して友人が応じ……という仕方で責任会話は展開されていくかもしれない。このことは、第二段階と第三段階が交互に現れていく、という形で理解することができるだろう。

最後に、マッケンナの責任の会話理論に対して提起されうる懸念を二つほど検討しておきたい（なお、ストローソン的な理論一般に適用される類の懸念は割愛する）。一点目の懸念は、言語的会話においては明確に存在する「意味」という概念を、責任会話にも見出すことができるのか、という点だ。言語的会話においては

「文の意味」と「話し手の意味」という二つの種類の意味概念が働いているのを先に見たが、これらに対応する意味概念は責任会話にも存在するのだろうか。これに対しマッケンナは次のように説明している（McKenna 2012 92-100）。言語的会話における「意味」の担い手が文であるとすれば、責任会話における「意味」の担い手は（道徳的貢献の段階を構成する）行為である。それぞれの行為は、私たちの社会の道徳的な慣習によって、大まかに特定の種類の意志の質と結びつけられている。たとえば、嘘をついたり、秘密をばらしたり、中指を立てたりといった行為は、その人の悪意や不敬といった意志の質と結びつけられる。この、行為の種類に対して慣習的に結びつけられる意志の質を、マッケンナは「**行為の意味**」（action meaning）と呼ぶ。これが、言語的会話における「文の意味」と対応する意味概念である。さて、ある種類の行為が特定の意志の質と結びつけられるとしても、個々の行為において実際に行為者がその意志の質を発露しているとは限らない——たとえば、相手への善意から嘘をつく場合も存在する。つまり、慣習的に結びつけられる「行為の意味」と、その行為によって実際に行為者が意味していることが乖離する場合がある。この、行為者が実際に特定の行為において発露する意志の質が、「話し手の意味」に対応する意味概念であり、マッケンナはこれを「**行為者の意味**」（agent meaning）と呼ぶ。

　言語的会話における「意味」概念に相当するものが責任会話にも見出される、というマッケンナの主張が正しければ、そのことは「責任実践と言語的会話を類比的に理解する」という彼のアイデアをさらに補強するものとなるだろう。

　マッケンナの理論の第二の懸念に移ろう。[21] マッケンナは責任会話のモデルとして、非難の対象となる主体（＝被非難者）と、非難する側の主体（＝非難者）の二者間のやり取りを念頭に置いている。しかし、このモデルにおいて、三人称的な視点、すなわちこのやり取りの「目撃者」の存在が軽視されているように思われる。しかし、私たちの実践において、私たちが怒りを、当の相手にではなく周りの人々に伝えるために表出する場合が存在すると思われる。たとえば、非難に値する行為を行った主体と責任会話をすることが無益だとあなたが感じる場合でも、あなたが依拠する道徳的な規範や感情を他の人々に共感してほしい、という思いから怒りを発露する、といったことは十分に考えられる。実際、マッケンナの理論において「義憤」に代表される三人称的な反応的態度がどのように説明されるのか、一見すると明らかではない。

もちろん、この懸念はマッケンナ理論の根源的な難点を指摘するものではなく、むしろさらなる精緻化の可能性を示唆するものと解釈すべきであろう。責任の会話理論を、三人称的な反応的態度、さらには一人称的な反応的態度にどのように拡張しうるかは、マッケンナにとっての今後の課題であると言えるだろう。

第8章　「責任」のレンズを外して自由を探求する

なぜ、哲学者は二千年来、自由についてあれこれと思索をめぐらせてきたのだろうか。序章で私たちはこのように問い、一つの比較的シンプルな答えを提示した。それは、「自由は非難や称賛といった責任実践が成立するために必要なものであるから」というものだ。「自由は責任に必要であり、責任に必要であるからこそ自由は私たちにとって重要である」という主張は、実際、現代の自由論論争に与する哲学者たちの共通了解でもある。本書の第Ⅰ部と第Ⅱ部を通じて、私たちは多岐にわたる自由論の立場を検討してきたが、それらすべての理論は――両立論と非両立論、他行為可能性モデルか源泉性モデルかといった差異を問わず――責任に必要な意味での自由を探求するという点で、軌を一にしていたと言える。[1]

しかし、「自由」概念の重要性や意義は、責任実践の根拠を基礎づけるという役割に尽くされているのだろうか。あえて挑発的な言い方を試みるならば、自由をもっぱら責任との関わりから考察することで、自由という概念の持つ別の豊饒な意義の可能性が軽視、ないし看過されている可能性はないだろうか。これが、本章が設定する問いである。本章では、従来の論争で自明視されてきた自由と責任との関わりをいったん括弧に付して、より多面的な自由の価値を探求することを目指す[2]。

本章の構成を示そう。第1節では、冒頭で記述した、「責任ファーストの自由論」と形容しうる従来の論争的態度の内実を、それがコミットする二つのテーゼを定式化することで明確化する。第2節で、責任とは別の観点から自由の価値を探求する試みとして、自己表現、人生の意味、愛といったテーマについて考察する。第3節で、多面的な自由の価値を見定めるという本章のアプローチが、従来の論争に対してどのような新しい論点や議論を提起しうるかを描いてみたい。

1 責任ファーストの自由論

現代の自由論の論争を評して、ヴィヴェリンは次のように述べる――「自由意志と決定論の問題はほぼ常に、道徳的責任のレンズを通して見られてきた」（Vihvelin 2011 2）。本書をここまで読み進めてきた読者ならば、ヴィヴェリンの診断は実感をもって受け入れられるところだろう。実に、哲学者が問題とする種類の「自由」とは、まさに責任に関連する意味での自由である。哲学者が「自由と決定論の両立可能性」に頭を悩ませるのは、それが私たちの責任やそれに関連する道徳的実践に重大な帰結をもたらしうるがゆえにである。このような仕方でラフに特徴づけられる、責任との密接な連関の下で「自由」概念を理解するという方法論、ないし論争的スタンスを、本書では「**責任ファーストの**

自由論」と呼ぶこととする。筆者の見立てでは、責任ファーストの自由論は、その論争に与する哲学者が受け入れる二つのテーゼによって特徴づけられる。以下で、その二つのテーゼを順に見ていくこととしよう。

自由と責任はどのような関係にあるのだろうか。この問いに対する最もシンプルな答えは、「自由は責任の必要条件である」というものである。責任は行為に対する行為者のある種のコントロールないし能力を要請するという、比較的異論の余地のない前提をふまえれば、自由と責任の関係性についての先の主張を次のように定式化することができる。

必要条件テーゼ：自由とは、責任に必要な種類のコントロール、ないし能力である。

これが、責任ファーストの自由論の核となる第一のテーゼだ。既に述べたように、必要条件テーゼは現代の自由論においてほぼ普遍的に受け入れられていると言ってよい。この種の自由理解が明示的に表明されている例として、何人かの哲学者からの一節を紹介しよう。

> 私は自由意志を、道徳的に有責的な行為者性のコントロール条件に必要とされるすべてを満たすものとして理解する。ひとが道徳的責任をもつのは、行為に対してコントロールをもちうるときに限る。自由意志はつまるところ、道徳的に有責的な行為者性に必要とされる種類の適切なコントロールをひとに与える能力なのである。（McKenna 2008b 187-188）

私たちは自由な行為者であるのか。その答えは「自由」という語で何を意味するかに依存する。この本では、「自由」という語を、その語の日常的で、強固な意味で用いる。それによれば、自由な行為者であるとは、自身の行為について真に責任を負うことができるということである。(Strawson 1986 1)

当然のことながら、責任とは何か、ここで問題になるコントロールや能力とはいかなるものか、それをもつことは決定論の真理と両立するか、といった一連の問題群について、論者たちは意見を異にする(実際、引用したマッケンナは両立論者であり、ゲーレン・ストローソンは自由の懐疑論者だ)。ここで強調したいポイントは、「自由」の内実が何であれ、それが責任に必要な種類のコントロールないし能力を指すのだ、という点において、論争に与する哲学者たちは概ね同意しているということである。

ところで必要条件テーゼは、自由と責任との間の概念的なつながりに関する主張だが、このテーゼ自体は、責任以外の概念と自由との間にも重要な連関が存在することを否定するものではない。もっぱら責任に関連する自由を探求するという従来の論争的傾向の原動力となっているのは、責任ファーストの自由論の第二のテーゼ、すなわち「第一義性テーゼ」と名付けられる次の主張である。

第一義性テーゼ:責任に関連する意味での「自由」こそが、哲学的探究に値する自由である。

再び哲学者の言から、このテーゼが明示的に表明されている部分を引用しておこう。

我々が問題にする種類の自由が、何らかの意味で道徳的責任の前提条件であると一般に認識されている自由であるという主張に、真剣に異論を唱えることはできまい。明らかに、「自由意志」の問題がかくも比類ない重要性を帯び続けてきたのは、まさに自由意志と道徳的責任の統合的な連関のゆえになのである。(Campbell 1957 159)

必要条件テーゼと第一義性テーゼを合わせると、「責任に必要な種類のコントロール、ないし能力こそが、哲学的探究に値する自由である」という主張が出てくる。次節では、責任に留まらない自由の価値を探求するべく、第一義性テーゼの正しさを批判的吟味にかけることになる。だがその前に、本節の残りで、なぜ第一義性テーゼが共有前提として受け入れられてきたか、つまりその方法論上の動機について、若干の考察を加えておこう。

なぜ第一義性テーゼを議論の上で前提するのか。その理由の一つは、テーゼ自体のもっともらしさに求められるが、別の理由も存在する。それは、一言で述べれば、このテーゼが哲学者の関心、および論争における「自由」という語の指示を固定する役割を果たしているという点である。[3]

「自由」という語は様々な仕方で多義的である。「自由」はまず、この語が適用される対象の種類に関して多義的である。「彼の行為は自由になされたものだ」という場合のように行為者の行為に対して帰属されることもあれば、「彼は自由な性格だ」「私も彼のように自由にありたい」など、人の性格やありかたを表現する語として用いられることもある。さらには「自由電子」「自由律」などのように、人間ではない対象に適用される場合まである。また「自由」は、それが使用される文脈においても多義的である。素朴心理学の観点からは「自由」であるとみなされる行為であっても、認知神経科学の観点からは脳内の物理的プロセスの結果にすぎない「不自由」な行為であるとみなされるかもしれない。「自由」という語の日常的な語りに見いだされるこのような広汎な多義性をふまえれば、哲学者が「自由」について論じるとき、果たして同一のものについて論じられているのか、論争がすれ違っていないのかと問うことはもっともなことである。したがって、自由について論じる際には、あらかじめいかなる意味での「自由」を問題にするのかを論者間で取り決めておくのが望ましい。

そこで、第一義性テーゼを共有前提とすることで、哲学者が自由について語るときどのような意味での自由を語っているかを特定することができる。「自由」という語には様々な意味があるが、とりわけ「責任に必要な種類の自由」を探求しよう、と取り決めることによって、哲学者たちが「自由」という語の用法についてすれ違いを起こすのを防ぐことができるのである。

もっとも、第一義性テーゼを前提するという選択が理にかなっているからといって、そのテーゼ自体が正しいとは限らない。あえて「責任のレンズ」を外して自由を考察してみることで、従来は軽視、ないし看過されていた自由の側面が浮かび上がってくるかもしれない。そういうわけで、次節では、「責任」の文脈から離れたところに自由の価値を見出す試みをいくつか検討してみることとしよう。

2　自由の価値の多面性——自己表現、人生の意味、愛

本節では、責任概念との連関に留まらない、豊饒な自由の価値の可能性の候補として、どのようなものが考えられるか、その見取り図を素描することとしたい。

まず注目したいのは、自由と「**自己表現**」(self-expression)との関連性である。私たちは、異なる選択肢から一つの行為を選び取るとき、その選択によって、まさに「自分という存在の何たるか」を表現していると言える。[4]本書のこれまでの例では、暴行現場を見過ごすか助けに行くかといった、道徳的な良し悪しを伴う行為が取り上げられることが多かったが、行為による自己表現の例は道徳的な責任が問題になる文脈には限られない。昼ご飯に何を食べるかという日常的な選択でさえも(やや大げさかもしれないが)ある種の自己表現と言えるし、画家がキャンバスに描く作品——それは画家による無数の選択の上に成り立つものだ——などは自己表現の最も純粋な形であると言えるだろう。

私たちが本当の意味で自己を表現するために、自由でなければならない、という想定は非常にもっともらしい——自らの意志によるのではなく、誰かから強制されて行うことによって、自己を表現することができるとは考え難いだろう。だとすれば、ここに自由という概念の持つ、責任とは別の観点からの意義が現れてくる。というのも、自己表現は、私たちの自己理解にもかかわる実践的な生の重要な一側面であり、その限りで、自己表現の必要条件である自由は、哲学的に真剣な考察に値する自由であると言えるからだ。

自己表現としての自由についても、決定論との両立可能性の問いを立てることができる。第5章で

主題的に検討したケインは、「自己形成行為」というアイデアからも示唆されるように自由の自己表現的な側面を重視する哲学者だが、彼は自己表現としての自由と決定論は両立し得ないと考えている。一方、フィッシャーは、芸術家の創造的な営みとのアナロジーから、自己表現としての自由と決定論の両立可能性を主張する（Fischer 1999）[5]。ある彫刻家が大理石の塊を切り出して、美しい彫像を完成させたとしよう。さて、仮にこの彫刻家がこの作品を造らなかったとしても、別の彫刻家が、まったく同一の彫像を造っていたと仮定しよう。その場合、ある意味で、彫刻家による創作は世界に何らの変化も生じさせないことになる。だがそうだとしても、彫刻家による創作がその価値や意義を失うことはない、とフィッシャーは論じる。というのも、彫刻家がその彫像を造ったことの価値や意義は、まさにその創作を通じて彫刻家が自分自身を表現していることに見出されるからだ。このことは、自己表現としての自由が決定論と両立することを示唆する。というのも、もし決定論が正しければ、私たちはこの世界に何らかの変化をもたらすことはできないかもしれないが、そのことは、私たちが行為を通じて自己を表現することの価値をいささかも減じはしないからである。

次に、自由と「**人生の意味**」（meaning in life）の関係性について考えよう。もし私たちに自由がないとしたら、私たちの人生は無意味なものとなってしまうのだろうか。人生の意味はまさに私たちの実存に関わる重要なテーマで、現代でも広く論じられている[6]。本節では、その広汎な議論のほんの一端を紹介するに留めよう。

私たちが自らの人生に意味を見出すのはどのような場合だろうか。これは非常に難しい問いだが、私たちが（典型的には）努力のすえに経験する、ある種の重要な「**達成**」（achievement）においてである、という答えはそこまで的外れではないだろう（cf. Pereboom 2014）。どのような達成に意味を見出すかは人それぞれである——ある人にとっては山の頂上に登ることかもしれないし、ある人にとっては立身出世をすることかもしれない。いずれにせよ、達成は、私たちにとっての人生の意味を構成する重要な要素の一つであると思われる。

さて、ここでも同様に、世界が決定論的だとしても私たちの達成は意義を持ちうるのだろうか、という疑問を提起することができる。もしこの世界の出来事がそう起こるよう決定づけられているのだとしたら、私たちが「達成」したと思っていることはいわば既定路線にすぎないことになるのではないだろうか。もし決定論が真ならば、私たちが目標の実現に向けて行う「努力」は無意味なものとなってしまうのだろうか。このように問うことは自然だろう。

第6章で主題的に検討したペレブームは、仮に世界が決定論的であり、ゆえに私たちは自由でないのだとしても、ある重要な意味での「達成」概念は無傷のまま生き残るのだ、と主張する。その論拠は、以下の一節に明瞭に述べられている。

たとえ、自らの行動的な傾向性や環境が、未来が特定の仕方で生じると信じる理由を与えるのだということを知っているとしても、未来が違った仕方で実現してほしいという願いはしばしば理にかなったものでありうる。それが理にかなったものであるためには、私たちが自身の傾向性や環境的な条件についての十全な知識を欠いているということがときに重要であるかもしれない〔…〕。たとえば、ある人が政治家として成功したいという大志を抱いているが、彼は自身の対人への恐怖心がその弊害となりうるのではないかと懸念しているとしよう。実際にその恐怖心が自身の大志を挫くことになるのかどうか、彼は知らない。というのも、その種の障害を乗り越えるための徹底した自己訓練を行う傾向性によって、この問題を克服するといった可能性は彼に開かれているからだ。結果として、恐怖心を克服し、野望を実現したいと彼は願うかもしれないが、それは理にかなったものだろう。強硬な非決定論をふまえれば、仮に彼が問題を克服して政治家生活を送ることになったとしても、それは頑健な意味での達成と自然に想定されるものとは言えないかもしれない。だがそれでも、ある実質的な意味で、それは彼の達成であると言えるだろう。

（Pereboom 2011 464-465）

ペレブームの議論は、私たちが未来を予測する上で非常に不十分な知識しか持っていない、という点に依拠している。私たちはラプラスの悪魔ではないので、仮にこの世界が決定論的だとしても、その行く末を正確に予期することはできない。それならば、不確かな未来の実現に向かって努力することは理にかなっているし、その結果得られた達成も当人にとって価値のあるものだろう、というわけだ。[7]

最後に、自由と「**愛**」の関係性について考察しよう。[8]愛といっても、家族愛や友人愛など様々な形があるが、ここでは恋人とのロマンティックな関係としての愛に議論を限定しよう。真の愛に自由は必要なのだろうか。もう少し具体化して述べるならば、あなたがある人を本当の意味で愛していると言えるためには、あなたはその人を自由な意志によって選び取る必要があるのだろうか。このように問うと、先ほどの自己表現や人生の意味ほどには、愛と自由の関係性は明らかでないように思われるかもしれない。むしろ、「恋に落ちる」や「一目ぼれ」といった言葉があるように、真の愛とは、自らの意志とは無関係な、抗いがたい力によって突き動かされるものなのではないだろうか。とはいえ、真の愛に自由が必要であることを示唆する議論も存在する。次の事例を考えてみよう。[9]

惚れ薬の事例：ジョンとメアリーは長年、お互いに相手を恋愛対象としてみることはなく、友人として親しく過ごしていた。ある日、ジョンは、メアリーの何気ない仕草の中に、これまでにまったく気付かなかった魅力を感じた。そしてメアリーを異性として意識し始めてからというもの、ジョンは日に日にメアリーへの思いを募らせていった。やがて、彼は自分のメアリーへの感情は「愛」に他ならないのだと考えた。実は、ジョンが急にメアリーに惚れ込んでしまったのにはわけがあった。いたずら好きの魔女が、ジョンの飲むコーヒーの中に密かに惚れ薬を混入させており、それと知らずにコーヒーを飲んだジョンは、メアリーへの内なる熱情を感じずにはいられなくなったのである。

この事例で、ジョンのメアリーに対する熱情は、少なくとも当人にとっての経験のレベルでは、通常の恋愛感情――操作や強制を含まない――とまったく区別がつかない。彼は、まさに自らの内なる欲求から、メアリーのことを愛しているのだと信じて疑わない。しかし、事の顛末を知っている私たちは、ジョンがメアリーに抱く「愛」は真正なものではない、と言いたくならないだろうか。もしそうであるならば、この事例は真の愛には自由が必要であるということを示唆するように思われる。

本節の議論を総括しよう。「自由」概念は、私たちの責任実践だけでなく、自己表現や人生の意味や愛といった、責任実践に勝るとも劣らず私たちの生にとって重要な営みを基礎づける役割を果たしうる。[10] 責任に必要な自由と、本節で考察した他の諸概念と関わる自由については、最終的に統一的な説明が可能であるかもしれない。あるいは、前者の自由は決定論の真理と両立し、後者の自由は決定論の真理と両立しない、といったように、別種の概念であることが明らかになるかもしれない。本章で腑分けしたいくつかの種類の自由概念が一元的に説明されうるのかという問いは、本書では未決の課題としておきたい。

3　新しい自由論の可能性

前節で特徴づけた、責任とは独立な観点からの様々な価値を自由概念に見出すことで、従来の自由論論争に対してどのような貢献をすることができるだろうか。本節では、これまでの議論から示唆される新しい自由論のアプローチの展望について、大きく二つの論点に分けて論じることとしたい。

第一の論点は、他行為可能性としての自由、つまり、「そうしないこともありえた」自由の復権の可能性である。このことは、第1章で主題的に検討したフランクファート型事例の論争的影響を考察することで明らかになる。まずは、フランクファート型事例の概要を簡単におさらいしておこう。第

1章で考察したフランクファート型事例は次のようなものだった。

ラスの事例：ラスは、金品目当てで質屋の老婆の殺害を計画する。葛藤と熟慮のすえ、彼はついに斧を手に持ち、老婆の殺害を決行する。さて悪のマッドサイエンティスト、ドクターXもラスと同様、その老婆を憎んでおり、この世から葬り去ってしまいたいと思っていた。だがドクターXはずる賢いことに、なるべく自分の手を汚さずに老婆を亡きものにしてしまう術がないものか思案する。そこでラスが老婆を殺そうと計画していることに気づいた彼は、こんな妙案を思いつく——ラスの脳内に（気づかれないように）あるチップを埋め込もう。そのチップは、ラスが自分の意志で老婆の殺害を決行する限りでは、作動することはなく、ラスの行為に何の影響ももたらさない。ただし、もしラスが熟慮の末殺害を思いとどまり、殺害をやめようと決心する素振りを見せたならば、その瞬間にチップが作動し、彼の脳神経に変化を生じさせ、当初の計画通り老婆の殺害へと向かわせる。つまりこうすれば、仮にラスが殺害を思いとどまったとしても、憎き老婆の殺害が約束されるのだ。実際はというと、ラスは彼自身の意志で老婆を殺したため、ドクターXが仕込んだチップは作動しなかった。

フランクファート型事例のポイントは、一見して他行為可能性がないにもかかわらず、行為に対して責任を負うように思われる行為者を描写するところにある。もしその目論見が成功していれば、フランクファート型事例は責任についての日常的でもっともらしい原理、他行為可能性原理（PAP）

への反例となる。

他行為可能性原理（ＰＡＰ）：行為者が彼の行為に責任を負うのは、彼が実際にしたのとは別の行為をすることができたときに限る。

フランクファート型事例がＰＡＰの反例として成功しているかどうかは、第1章で詳しく検討したので、本章で繰り返すことはしない。代わりに、フランクファート型事例が与えた論争的影響について、考察を施してみたい。フランクファート型事例に説得された多くの論者は、「他行為可能性なしの自由」を掲げて、自由の源泉性モデルの探求へと舵を切ることとなった。その代表が、第2章で紹介したフランクファートの二階の意欲説である。自由の他行為可能性モデルから源泉性モデルへ、というこの論争的傾向は、フランクファート型事例の巧妙さに鑑みても自然なものに思われるかもしれない。しかし、実はこの論争的傾向に、第一義性テーゼが哲学者たちの間で明に暗に前提として共有されていることが現れている。つまりこういうことだ。仮にフランクファート型事例の威力を認めて、他行為可能性としての自由は責任に必要でないのだ――つまりＰＡＰは偽だ――と結論したとしよう。すると、第一義性テーゼ、つまり責任に必要な種類の「自由」こそが哲学的探究に値する自由なのだ、という主張を前提すれば、他行為可能性としての自由は――仮にそのような種類の自由が存在するとしても――哲学的探究に値する自由ではない、という結論が導かれる。

しかし、他行為可能性としての自由は、仮に責任の必要条件ではないとしても、自己表現や人生の意味や愛といった、実践的生の他の重要な構成要素の必要条件であるという概念的な可能性は開かれている。つまり、他行為可能性は責任には必要ではないが、自己表現、人生の意味、もしくは愛には必要であるかもしれない。従来の論争において、他行為可能性としての自由を重要視する論者は、フランクファート型事例に対して何らかの反論を提起すべし、という論証の責を負うとされてきた。しかし、多元的な自由の価値を認めるならば、必ずしもフランクファート型事例に説得されたからといって他行為可能性としての自由を全面的に諦めてしまう必要はないのである[11]。

多面的な自由の価値を認めるというアプローチが従来の論争に貢献しうる第二の論点は、自由についての懐疑論の実践的帰結という論点である。「自由」についての信念を棄却することは、私たちの生や社会に対して壊滅的な影響をもたらすのだろうか。それとも、私たちの信念体系や社会制度に何らかの改訂を施すことで、私たちの生や社会をディストピアへの道から救うことができるのだろうか。第6章で紹介した楽観的懐疑論は、とりわけ「刑罰」（ないしそれに代わる社会制度）の正当化という観点から、後者の問いに対して肯定的に応えようとする立場であった。

ここが強調すべき点だが、懐疑論の実践的帰結をめぐる論争では、これまで、ほぼ「責任」に関わる論点しか扱われてこなかった。たしかに、刑罰に代表される道徳実践が自由の否定によってどのような影響を被るかは重要な論点である。しかし本章の議論が正しければ、「自由」に関連する私たちにとって重要な概念は責任には限られない。たとえば、自由の否定に伴って「自己表現」や「達成への努力」の意義が失われるならば、私たちの自己理解は甚大な影響を受け、人生の意味のニヒリズムを招来することになるかもしれない。また、自由の否定は、真正な愛の否定を導くことになるかもしれない。これらは、懐疑論者が避けて通ることはできない実践的に重要な問題であり、楽観的懐疑論者は、責任や刑罰よりも広い文脈で、自由なき世界にどの程度の見込みがあるのかをきめ細かく考察する必要がある。このように、自由の価値の多面性を認識することは、懐疑論の実践的帰結という論点においても新しい視座を提供しうるだろう。

註

序章

1　ここまでの運命論の説明は私たちが日常で用いる「運命」の語法に則した、カジュアルなものだが、伝統的に哲学で論じられていたのは、より理論的なバージョンの運命論（fatalism）である。この種の議論は遡れば、アリストテレス（Aristotle 1963）に見出すことができる。運命論については、テイラー（Taylor 1962）、ヴァン・インワーゲン（van Inwagen 1983 Ch.2）を参照のこと。

2　本書では導入の分かりやすさを重視して、「運命論のアイデアを科学的にしたものが（因果的）決定論」であるかのような語り方——運命論と決定論とが概念的に地続きであるような語り方——をしたが、「運命論」と「決定論」という二つの思想の間には本質的な違いがあるのだ、という見解も存在する。たとえば木島は、「因果的決定論は目的論の要素を含まない思想であるのに対し、運命論は本質的に目的論の一形態として解される思想である」（木島 2020 75）と述べている。

3　この書き方は、少々語弊があるかもしれない。というのも、現代の物理学の理論の中には、「因果性」に関わる概念が明示的に含まれることはないからだ。したがって、ここで言うところの「科学的世界観」は、あくまで私たちの日常的な思考や推論の中に見出される種類の思考法を指すと理解していただきたい。

4　この種の問題——人間の心と身体の関係に関する問題——は伝統的に「心身問題」と呼ばれ、哲学者たちは膨大な量のインクをこの問題に費やしてきた。なお、ここでの議論はデカルトの有名な「心身二元論」と呼ばれる立場を念頭に置いている（cf. Descartes 1649）。

5　実は、科学的世界観を背景としながら「因果的決定論」とは異なる決定論の定式化が存在する。それは「法則論的決定論」（ないし「物理的決定論」）と呼ばれるものだ。法則論的決定論によれば、任意の時点における世界の状態は、それ以前の時点における世界の全状態に関する情報及び自然法則が与えられれば、一意的に決定される。このタイプの決定論については、第3章で詳論する。

6　自然主義的世界観の中にどのようにして「自由」を位置づけるかを最も真剣に探求した哲学者として、ダニエル・デネットを挙げることができる（Dennett 1984, 2003）。

7　これはさすがに極論であるとしても、驚くべきことに、似たような論拠から弁論を展開した、クラレンス・ダロウ弁護士による「レオナルドとローブ事件」

の弁護という実例が存在する。ダロウの弁護は奏功し、予想されていた死刑判決を覆して終身刑の判決を勝ち取った。

8 本書では「責任」を、自由論の論争で「道徳的責任」（moral responsibility）と呼ばれる概念を指す語として用いる。なぜ「道徳的」という修飾句を省くことにしたかといえば、哲学者が「道徳的責任」という語で意味するものは、私たちが日常で「責任」という語で意味するものの一つに他ならないと思われるからだ。とはいえ、この修飾句の意味するところを明確にしておくことは重要だろう。責任概念の中で、「道徳的責任」と「法的責任」を区別することができる。法的責任は、国家が定める法に則って主体に帰属される。道徳的に責任を問われる全ての行為が法的責任を含意するわけではない（たとえば、友人に軽い嘘をつく場合など）し、「悪法でも法は法だ」という言葉があるように、法的に責任を問われる全ての行為が道徳的責任を含意するわけでもない。一般的に、道徳的責任は法的責任よりも概念的に先立つとされる。すなわち、ある人の行為に法的責任を問うことの正当性は、その行為についての道徳的責任という観点から基礎づけられるとされる。

9 ただし、「責任」概念は多義的であり、ここで特徴づけられた、非難や称賛といった行いへの「報い」と結びつく意味での責任は「責任」概念の一面にすぎない、という見方もある。ワトソンは有名な論文で、「帰属責任」（attributability）と「応答責任」（accountability）という二つの責任概念の区別を論じている（Watson 1996）。応答責任は、本書が特徴づけた「報い」と関連する意味での責任概念に対応する。行為者が帰属責任の意味で行為に責任を負うとは、ラフに述べれば、その行為が行為者の在り方を表出しているということを意味する。フィッシャーとトグナツィーニ（Fischer and Tognazzini 2011）は、ワトソンの区別をさらに発展させて、「責任」概念を一五の位相に区分している。

10 認識的条件のアイデアは、遡ればアリストテレスの『ニコマコス倫理学』に見出すことができる（Aristotle 1985）。自由や認識的条件以外の責任の条件が論じられることは少ないが、キャンベル（Campbell 2011）でまとめられている。

11 もっとも、「知らなかった」という弁明が常に正当であるとは限らない。「知らなかった」というまさにその事実が本人の怠惰に由来すると判断される場合には、その人はその事実について責任を負い、場合によっては非難を受けることになるだろう。

12 たとえばローゼン（Rosen 2004）は、責任の認識的条件についての考察から出発して、責任の懐疑論を導く論証を提出している。これは、責任の懐疑論の大多数は「自由」の否定を媒介して懐疑的な結論へと至ることに鑑みても、大変ユニークな議論であると言える。

13　すぐ後で説明するように、「両立する」という概念は、真偽を問いうる複数の命題の間に成り立つ関係である。だから、文字通りには、「自由と決定論が両立する／しない」というのはいささか奇妙な表現なのだが、これは、私たちは（ときに）自由であるという命題と、決定論を表現する命題が両立する／しないという文を簡略化して表記したものと理解していただきたい。

14　「命題」とは、真であるか偽である（真理値を持つ）ような文の意味内容のことであると理解してもらえれば、本書を読み進めるのには十分だろう。たとえば、「東京は日本の首都だ」といった平叙文のほとんどは命題を表すが、疑問文や命令文などは真偽を問うたぐいの文でないので、命題を表さない。また、「雪は白い」と"Snow is white"はそれぞれ異なる文だが、同一の命題を表す。

15　「自由と非決定論は両立するか？」という問いは、「自由と決定論は両立するか？」という問いとは独立の問いである。したがって、後者の問いに肯定的に答える両立論者も、前者の問いに否定的に答えることは理論的に可能である。その場合、決定論と自由は単に両立するだけでなく、決定論が真であることは私たちが自由であるために必要なのだ、と主張する両立論の立場が生まれる。この種の見解をとる古典的な哲学者としてヒュームを挙げることができる（cf. Hume 1739）が、現代のほとんどの両立論者は、自由は決定論とも非決定論とも両立すると考えている。この現代的なタイプの両立論は、両立論一般から区別して「超両立論」（supercompatibilism）などと呼ばれることもある（cf. Vargas 2013）。

16　本書が扱うのは概ね二〇世紀後半以降の哲学者の議論であるが、「分析哲学」の端緒は、フレーゲやラッセルに求められる。このあたりの分析哲学の黎明期の議論は、飯田（1987）で詳しく解説されている。

17　概念分析という方法論について二点、補足的注意を施しておきたい。第一に、分析はただ正しいだけでなく、私たちの概念理解に貢献するような、実質をもったものでなければならない。たとえば、「xが哺乳類であるのは、xが哺乳類であるとき、かつそのときに限る」は（自明に）真な分析だが、これによって何ら「哺乳類」概念について新しいことを学ぶことはできない。第二に、分析の説明項（分析の右辺）は、とうぜん被説明項（分析の左辺）を「説明」することができるのでなければならない。つまり、被説明項に現れる概念（右記の例で言えば「胎生」）は、少なくとも説明項に現れる概念（「哺乳類」）よりは問題の少ない、より説明を要さない概念であることが望ましい。

18　もちろん、概念分析という方法論そのものに対する批判という視座も存在する。概念分析に関して日本語で読める文献として、戸田山・唐沢（2019）を挙げておきたい。

第1章

1　この短編小説は『伝記集』（鼓直訳）に収められており、邦題は「八岐の園」である。

2　何かを行わないことは、「行為」と対比して、「不作為」（omission）と呼ばれる。行為を、デイヴィッドソン（Davidson 1963）に倣って、何らかの記述の下で意図的になるような出来事（典型的には身体運動）と理解するならば、不作為は行為の定義から外れてしまうように思われる。というのも、不作為には対応する出来事の生起が必ずしも存在しないからだ。しかし本書では、「行為」という語を、不作為も含む広い意味で用いることとしたい。そうすることの最も大きな理由は、私たちは行為に対して責任を問う／負うのと同様に、不作為に対しても責任を問う／負うということにある。たとえば、あなたが花瓶に水をやらなかったことによって花を枯らしてしまったならば、あなたはそのことに責任を負うだろう。いずれにせよ、本書の議論は、不作為の本性に関する問いに立ち入ることなく理解することができる。

3　他行為可能性としての自由、というアイデアは非常に由緒あるものだ。たとえば『ニコマコス倫理学』におけるアリストテレスの次の一節を、自由の他行為可能性モデルを表現しているものとしてみることができるかもしれない（cf. Kane 1996）――「行為の起源が行為者のうちにあるときには、彼がそれをすることも、それをしないことも、彼次第なのである」（Aristotle 1985 2）。

4　「PAP」は、“Principle of Alternative Possibility”の頭文字をとった略語である。以下、逐一「他行為可能性原理」と表記するといかにも長ったらしいので、「PAP」という略称の方を用いることとする。

5　「予見可能な」という限定句は重要だ。私たちは明らかに、自身の自由な行為のすべての因果的帰結について責任を負うことはない（ふたたび、「風が吹けば桶屋が儲かる」の故事を思い起こされたい）。

6　この種の思考実験の先駆として、ジョン・ロックによる「施錠された扉」の事例を挙げることができるかもしれない（cf. Locke 1689）。またデネットは、フランクファートの思考実験よりも「日常的」なPAPへの反例として、マルティン・ルターが壇上で「私は今ここに立っている。そうする以外のことはできない」と演説を打ったという逸話を挙げている（Dennett 1984）。

7　フランクファート事例をめぐる議論が収録された包括的なアンソロジーとしては、ワイダーカーとマッケンナ（Widerker and McKenna 2003）を参照。

8　この路線の反論者としては、たとえばヴァン・インワーゲン（van Inwagen 1983）やネイラー（Naylor 1984）が挙げられる。

9　本書では“alternative possibility”という語に「他行為可能性」という訳語を充てたが、この事例ではこの訳語は適切でないかもしれない。というのも、頬が紅潮するか否かは、行為者が選び取る「行為」とは言えないからだ。この点に引っかかりを感じた読者は、以下の議論の「他行為可能性」という語句を、より原語に忠実に「別可能性」などとして理解して読み進めてもらいたい。

10　この用語は、「自由の微光」説の批判者である後述のフィッシャー（Fischer 1994）に由来する。

11　やや専門的な話になるが、自由の微光に訴えるこの種の反論の一種として、「行為の個別化」という観点からの議論が存在する。現実シナリオでラスが遂行する行為と、仮想シナリオで彼が遂行する行為は、「老婆の殺害」と記述する限りでは同一の行為であるように思われる。しかし一部の論者は、もっときめ細かい行為の個別化の基準を主張する（van Inwagen 1978, 1983）。つまり、行為が生じる因果的プロセスも考慮に入れて、前者を「ラスの自発的な意志によって遂行された殺害」、後者を「チップの介入によって遂行された殺害」と記述すれば、彼には異なる行為を遂行する可能性があったと言えるのではないだろうか、と論じるのである。この種の議論は、行為の存在論についての形而上学的見解が、フランクファート型事例における他行為可能性の有無に影響しうる、ということを示唆している。

12　「頑健さ」が厳密には何を意味するのかについては、むろん探求の余地がある。頑健さについての詳細な分析としては、たとえばペレブーム（Pereboom 2014）を参照のこと。

13　デラロッカ（Della Rocca 1998）は、非両立論者に利用可能な種類のフィッシャーへの応答を提案している。その議論は次のように進む。自由の微光の存在は、フランクファート型事例において行為者の現実の行為が外的な要因によって決定されたものでないことの証拠となる。しかし、非両立論の見解をふまえれば、行為者の行為が外的な要因によって決定されていないことは、行為者の責任を基礎づける条件の一つをなす。ゆえに、自由の微光の存在は行為者の責任の基礎づけに関わるのであり、決してとるに足らない些細な可能性ではない。

14　たとえば、マッケンナ（McKenna 1997）、ワイマ（Wyma 1997）などを参照。

15　ジレンマ批判に関しては、成田（2004）でも詳しく紹介されている。

16　したがって構造としては、ジレンマ批判は条件（1）に対する反論と条件（2）に対する反論のハイブリッドのようになっている。とはいえ、次節で考察する「条件（2）への反論」は、私たちの道徳的直観に反する主張を行う点でこれまでの批判とは大きく毛色が異なるため、本書ではジレンマ批判を条件（1）への反論として分類することとした。

17　コラム①で紹介したペレブーム（Pereboom 2000）以外にも、スタンプ（Stump 1996）、ミーリーとロブ（Mele and Robb 1998）、ハント（Hunt 2000）などがフランクファート型事例の改良を試みている。

18　この種のフランクファート型事例への反論としては、本節で紹介するワイダーカー（Widerker 2003）のほかに、ケイプス（Capes 2010）も参照。この種の議論への応答としては、フランクファート（Frankfurt 2003）、マッケンナ（Mckenna 2005）を挙げることができる。

19　ちなみに、「非難に値すること」の対概念である「称賛に値すること」については、PAPとPAP－Bのような類比が成り立たない、とする見解が存在する（Wolf 1990, Nelkin 2011）。この種の見解によれば、人が行為について非難に値するためには他行為可能性が必要だが（PAP－Bの肯定）、人が行為について称賛に値するためには他行為可能性は必要でない。つまり、他行為可能性の必要性の有無において、「非難に値すること」と「称賛に値すること」の間には非対称性が存在する。この種の見解のアピールポイントの一つとしては、いわゆる「道徳的聖者」――正しく善い行いしかできない人――への称賛を正当化することが可能になるという点が挙げられる。

20　この命題は、ワイダーカーが「他行為期待原理」（Principle of Alternative Expectation: PAE）と呼ぶものである（Widerker 2003 63-64）。なお、ここで「正当な」（reasonable）という語が厳密にどのような意味であるのかは議論の的となっている（cf. Zimmerman 2003）。とはいえ、議論のポイントを理解するうえでは、「正当な」という語の常識的な理解で問題ないと思われる。

21　前提（2）を見て、哲学になじみのある読者の中には、カントに帰せられる有名な格率「「べし」は「できる」を含意する」（‘Ought’ implies ‘Can’）を想起した方がいるのではないだろうか。実に、ワイダーカーの前提（2）と格率の関連は興味深い話題であり、多くの論者が論じている（Yaffe 1999, Copp 2003, 2007, Capes 2010）。ワイダーカー自身は格率とは独立の観点から前提（2）をサポートしている（Widerker 2003）が、格率が前提（2）を、ひいてはPAP－Bをサポートすると考える論者もいる。

22　念のため注記しておくと、「AであるのはBのときに限る」（「BはAの必要条件である」）は、「AならばB」と言い換えることができる。

第2章

1　この風潮を後押しした他の重要な契機としては、

ヴァン・インワーゲンによる帰結論証、ストローソンの「反応的態度」に基づく責任論が挙げられる（cf. McKenna and Coates 2019）。前者については第3章、後者については第7章で、本書でも主題的に取り扱う。

2　もしかすると、「自由」という語を漢語風に読み下して「自ラニ由《よ》ル」と解釈すると、「源泉性としての自由」との親近性が現れてくるかもしれない。

3　「著者性」（authorship）という語に言及して自由や責任を理解しようとする見方は、たとえばケインやバラガーにも見られる（Kane 1996, Balaguer 2010）。

4　チザムを現代的な先駆とする行為者因果説は、リバタリアニズムの一派として知られる（cf. Chisholm 1964, Taylor 1966, O'Conner 2000, Clarke 2003, Griffith 2010）。一方で、行為者因果というアイデアは両立論的な枠組みの中でも実現されうると考える論者もいる（Markosian 1999）。

5　付言しておけば、彼女の先述の弁解が正当なものと認められ、自白したことの責任から逃れられるかと言えば、それは別問題だ。というのも、敵国に捕縛されるきっかけとなった彼女のスパイ行為自体は、彼女自身によって自由になされたものであるかもしれないからだ。前章で提示した「直接的責任」と「派生的責任」の区別を思い出そう。

6　実は、この種の自由理解は、ホッブズ（Hobbes 1651）にも見られる由緒正しいものである。「外的な強制の不在」として特徴づけられるこの種の自由は、ときに「消極的自由」などとも呼ばれる。

7　筆者の知る限り、他行為可能性モデルと源泉性モデルという二分法を初めて明示的に提示したのはペレブーム（Pereboom 2003）である。もっともペレブームは、自由論における理論全体ではなく、非両立論の内部で適用されるものとしてこの二分法を導入している。彼の用語法では非両立論者は「**余地－非両立論**」（leeway incompatibilism）と「**源泉－非両立論**」（source incompatibilism）に分けられ、前者が本書で言うところの他行為可能性モデル、後者が源泉性モデルに対応する。本書の二分法はこれを、両立論の理論にも適用しうるものとして拡張したものである。本書と同様の論争的な整理を支持する哲学者としては、ティンペ（Timpe 2017）を参照のこと。

8　この意味では、自由の源泉性モデルを「現実系列モデル」などと表現することもできるかもしれない。現実の行為の因果系列という観点から形而上学的に精緻な理論を構築した両立論者としては、サルトリオを挙げることができる（Sartorio 2016）。

9　以下の説明は、フランクファート型事例の支持者が持つ直観を明瞭に記述した、マッケンナ（McKenna 2005）の議論に依拠している。

10　またワトソン（Watson 1987）は、ヒュームに由来する二つの種類の自由、すなわち「無差別の自由」

(liberty of indifference) と「自発性の自由」(liberty of spontaneity) を区別した上で、この二つは二者択一の自由理解ではなく、両理解ともに「自由」概念にとって本質的なのであって、二つの関係性を明らかにすることが自由論者の課題なのであると論じている。もし、ヒューム的なこの自由概念の区別が、本書の二つの自由のモデルと(緩やかな仕方であれ)対応しているのであれば、ワトソンの議論は両モデルが両立可能であるという主張にサポートを与えるものとなるだろう。

11 他行為可能性モデルと源泉性モデルが必ずしも相互に排他的な自由理解でないという点に関しては、トグナツィーニ(Tognazzini 2011)も参照のこと。

12 ここでの「人間」という概念は「ヒト」という生物学的に定義される種概念とは異なる。本章を読み進めれば分かるように、「人間」概念はすべての「ヒト」に適用されるものではないし、「ヒト」以外の生物や人工物(自律的に思考するアンドロイドなど?)が「人間」とみなされる概念的な可能性も開かれている。

13 「人間」(person)はしばしば「人格」と訳されるが、本書では次の二つの理由から、「人間」という訳語を採用した。第一に、「人格」という語は専門用語チックで堅苦しい響きがあり、「人間」の方がより自然な日本語であるように思われる。第二に、日本語で「人格」というと、むしろその人の為人《ひととなり》や性格を意味することの方が多い。

14 もっとも、人間と他の動物の間にクリアカットな断絶が存在するのでは必ずしもなく、いわゆる「行為者性」には様々なレベル、段階があり、人間はその段階の(おそらく)最上位に位置するのだ、という理解の方が適切であるかもしれない。この考えに基づけば、人間には「自由」はあるが他の動物には「自由」はないという一元的な理解ではなく、動物の持つ様々なレベルの行為者性に応じて、様々なレベルの「自由」概念も存在するのだ、という主張に自然と導かれるだろう。このような段階的な行為者性、自由概念の体系的な研究としては、スチュアートを参照のこと(Steward 2012)。

15 一階の欲求の中でも、行為者が実際に行う行為の動機として働く欲求のことを、フランクファートの用語で「**意志**」(will)と呼ぶ。したがって二階の意欲とは、「ある特定の一階の欲求が意志となってほしい」という欲求のことだと言い換えられる。

16 ただし、本当に人間以外の動物が二階の意欲をもちえないかは、部分的には経験的な探求によって明らかにされるべきことがらであるかもしれない。たとえばデネットは、イヌが二階の意欲をもつ可能性について論じている(Dennett 1976)。また、ハーマンは、意図を持つことは二階の意欲を持つことを含意するという論拠から、二階の意欲が人間に特有の機構であるというフランクファートの主張に反対している

(Harman 2007)。

17 「気にかける」という概念は、後年のフランクファート哲学において中心的な役割を果たす概念でもある。これは彼の論文集(Frankfurt 1988)のタイトルが『私たちが気にかけることの重要性』(*The Importance of What We Care About*)であることにも表れている。「ケア」概念は成田(2021)でも主題的に論じられている。

18 もちろん、実践的推論の能力や言語運用能力が「人間」であるための必要条件の一つである、という主張にはフランクファートも同意しうる。なぜなら、そもそも二階の意欲を形成する能力を持つためには、その種の合理的・言語的能力が必要であるかもしれないからである。

19 二階の意欲説のように、自由の本質を、行為者の動機(行為を導く一群の欲求や信念)と行為との間の調和、ないし「噛み合い」(mesh)に求める理論のことを、総称して「**噛み合い説**」(mesh theory)と呼ぶ。噛み合い説の代表論者としては、フランクファートの他に、ワトソン(Watson 1975)、ブラットマン(Bratman 1997, 2007)、スリパダ(Sripada 2015)などを挙げることができる。

20 本意からの依存者については、スリパダ(Sripada 2017)で詳細に論じられている。

21 もっとも、本意からの依存症者を「自由」であるとみなすかどうかは、人によって見解が分かれるところかもしれない。実際、他行為可能性としての自由に直観的な魅力を感じる人は、本意からの依存症者を「不自由」であるとみなすだろう。というのも、不本意な依存症者も本意からの依存症者も、抗いがたい欲求によって麻薬を摂取しており、他行為可能性が開かれていないという点では同様だからだ。ゆえに、本意からの依存症者の事例は、自由の他行為可能性モデルをとるか源泉性モデル(の一つである二階の意欲説)をとるかによって行為者が自由か否かの診断が異なってくるという点で、自由を探求するうえでの重要な試金石となる(cf. Sripada 2017)。

22 「なぜ(一階や三階でなく)二階の意欲がいわば「真の自己」(real self)とみなされるのか?」という同様の論点はタルバーグも提起している(Thalberg 1978)。しかしタルバーグの議論はワトソンのものとは異なる方向へ進む。タルバーグによれば、主体の本質を構成する「真の自己」が、一階の意欲を統制する「二階の意欲」のような主体の理性的な側面であるという保証はない。むしろ、フロイトの精神医学や社会心理学の知見をふまえれば、主体の無意識的、非理性的な側面こそが主体の「真の自己」であるという可能性があるのではないか、とタルバーグは指摘する。

23 もっとも、「決断」や「判断」といった主体の合理的能力の行使が責任に必要だとするのはあまりに合理主義的で過大な要求なのではないか、という批判も存在する。たとえばスキャンロン（Scanlon 1998）やスミス（Smith 2005）は、誕生日や記念日を忘れることや、嫉妬や軽蔑といった感情に対しても人は責任帰属を行うことを指摘する。これらは行為者の合理的熟慮の産物であるどころか、意図的行為ですらない。

24　この種の批判としては、ツィマーマン（Zimmerman 1981）、フィッシャー（Fischer 2012b）、スリパダ（Sripada 2015）、ペレブームとマッケンナ（Pereboom and McKenna 2016）を参照。

25　意志の弱さを含めた人間の非合理性についての日本語で読める文献としては、浅野（2012）が良い。また、「自己欺瞞」や「自己犠牲」といった別種の非合理的な現象については、柏端（2007）を参照。非合理性をめぐる、哲学、社会学などを巻き込んだ学際的な研究のサーヴェイとしては、ボルトロッティ（2019）が挙げられる。

26　もっとも、意志の弱い行為が常に二階の意欲に反した行為であるかは、異論の余地がある。たとえばビゲローらは、高階の欲求が意志の弱さ（彼らの用語では「無自制な」（incontinent）行為）にとって本質的であると論じる（Bigelow et.al. 1990）。その議論に対する反論としては、ミーリー（Mele 1992）を参照。

27　本書で考察する以外の別の反論としては、そもそも意志の弱さという現象など存在しないのだ、といういわば意志の弱さの懐疑論にコミットする路線が考えられる。この種の懐疑論は伝統的にはソクラテス（あるいは初期プラトン）に帰せられる（プラトン 1988）。ソクラテスによれば、誘惑に負けて窃盗を行ってしまう泥棒は、意志の弱さからそうするのではなく、物事の善悪について、つまり何をなすのが良いのかについての「無知」からそうしてしまう。ソクラテスにおいては、意志の弱さと私たちが記述する現象は、無知からの行為という現象へと回収されるのである。

28　この種の路線に沿って、二階の意欲説を、責任よりも強い概念、たとえば「自律性」概念の必要十分条件を述べているのだ、と再解釈することもできるかもしれない（ここでXがYよりも「強い」概念であるとは、XであることはYであることを含意するが、その逆は成り立たないという意味である）。

第３章

1　実は、帰結論証に類する論証は、ヴァン・インワーゲンと同時期に、かつ独立に、他の哲学者からも示されている。たとえば、ウィギンズ（Wiggins 1973）、ラム（Lamb 1977）、ジネット（Ginet 1966）を参照のこと。

2　「因果性」に言及することを避けるもう一つの理由は、因果性と、決定論概念が含む必然性との間に明確な連関が存在しない点にある。かつては、因果性は必然性と結びつけられて理解されることがほとんどだった（ゆえに、「非決定論的である」は「原因がない」（uncaused）としばしば同一視されていた）。しかし、アンスコムによる業績（Anscombe 1971）や、近年の量子力学の知見を受けて、現在では因果性概念は必ずしも必然性を伴わないと了解されている。「非決定論的な因果性」は、「丸い四角」のような矛盾概念ではないのである。

3　ライフゲームは一九七〇年に、ジョン・ホートン・コンウェイという数学者によって考案された。決定論とライフゲームとの関連については、ホッジソンで言及されている（Hodgson 2002）。

4　物理学に親しんでいる方ならば、相対性理論に基づいて、そもそも世界全体を貫いて存在する「時点」や「同時性」という概念自体が疑わしいのではないか、と考えるかもしれない。これは確かに鋭い指摘であり、ヴァン・インワーゲン自身もこの点に関して弁明している（van Inwagen 1983 59-60）。彼は「退屈で哲学とは無関連な定義の精緻化」によってこの種の懸念を払拭することができると論じているが、本書ではその詳細には立ち入らない。

5　ここでは、ヴァン・インワーゲンに倣って、ＰとＱが表現する世界の状態の時点に関しては対称的に決定論を定義している。つまり、ＰとＱのどちらが前の時点の世界の状態を表す命題であってもよい。とはいえ、決定論は、前の時点の世界の状態から後の時点の世界の状態が決定される（が逆は必ずしも成り立たない）という一方向的なものとして理解されるのが普通であるため、時点に関して非対称的に決定論を定義する論者もいる（cf. Fischer 1994）。もっとも、時点の対称性／非対称性は本書の議論に影響を与えないので、本書の目的に鑑みればどちらの仕方で決定論を定義しても差し支えない。

6　そもそも「状態」とは何であろうか。これは厳密に答えるのが難しい問いだが、さしあたってヴァン・インワーゲンは次のようなミニマルな規定を与えている（cf. van Inwagen 1983 59-60）。第一に、ある時点の状態を表す命題は、それ単独で他の時点の状態を表す命題を含意するようなものであってはならない。たとえば、「時点Ｔに、ある人の腕がＴの一〇秒後に挙げられることになるような世界」という状態の記述は、Ｔの一〇秒後の世界の状態についての命題を含意してしまうので、適切な世界の状態の記述とは認められない。第二に、色や温度や位置の変化といった観察可能な変化は、世界の状態の何らかの変化を含意するのでなければならない。言い換えれば、「状態」という概念は、私たちにとって観察可能な真理から大きく乖離するものであってはならない。

7　もちろん、「自然法則」という概念も、それ自体哲学的な探求の主題となるものである。自然法則についての現代的な論考としては、たとえばアームストロング（Armstrong 1983）やルイス（Lewis 1973）を参照のこと。

8　ヴァン・インワーゲンは、主著で帰結論証の三つのバージョンを提示している。本書で紹介する論証は、そのうち「第三論証」と呼ばれる最も有名なものである（van Inwagen 1983 93-104）。もっとも彼は、三つの論証は用いる論理的語彙や形式の複雑さにおいて異なるものの、いわば論証の実質は同じであり、どれかの論証に不備があれば他の論証にも不備が見出されるだろう、とコメントしている。

9　とはいえ、前提（1）や（2）を否定することで帰結論証に応答しようとする論者もいる。とりわけ前提（2）、すなわち「私たちは自然法則を記述する命題を偽にすることができない」という前提を否定する戦略（Lewis 1981）は、「**局所的奇跡両立論**」（Local Miracle Compatibilism）と呼ばれる。局所的奇跡両立論に関しては、ビービー（Beebee 2003）、グレアム（Graham 2008）、ペンダーグラフト（Pendergraft 2011）も参照のこと。

10　もっとも、もしタイムトラベルが形而上学的に可能ならば、話は変わってくる。タイムトラベルは単なるSF的な空想物と考えられがちだが、実は「時間」や「空間」の本性に関わる重要な哲学的主題であり、帰結論証の健全性とも関わってくる、無視できない論点なのである。タイムトラベルと帰結論証の関連については、キャンベル（Campbell 2011）も参照のこと。

11　帰結論証の様々なバージョンに応じて、どのような移行規則が用いられてくるかは変わってくる。この点についてはキャピタン（Kapitan 2011）を参照。

12　厳密には、ここの議論のステップには異論の余地がある。というのも、ここでは「NpとNqから$N(p \wedge q)$を推論してよい」という推論規則（「凝集律」(agglomeration)と呼ばれる）を用いているが、この推論規則には反例が存在することが知られているからである（McKay and Johnson 1996）。

13　移行原理に対する初期の反論としてはスロート（Slote 1982）を参照。より精緻な反論としては、コラム②で紹介しているマッケイとジョンソンの議論が有名である（McKay and Johnson 1996）。

14　以下の例は、ハッジ（Haji 2009 31）のものを参考にした。

15　様相句とは、ラフに言えば、可能性や必然性を表す表現のことである。「できる」の他にも、「必然的に」、「かもしれない」、「は偶然的だ」などが様相句の一例となる。

16　帰結論証がかくも大きな影響力を誇ってきたことの一因が古典両立論の衰退にあることは疑いえない。実際、ヴァン・インワーゲンは主著で「移行原理と古典両立論のもっともらしさを比較した場合、前者の方が勝る」という趣旨の議論を展開しているが、この議論は一九七〇年前後に提示された古典両立論への諸批判に依拠している（van Inwagen 1983 114-126）。

17　この解釈について、起こりうる誤解を未然に防いでおきたい。この解釈は、非両立論的見解に親和的な「できる」の解釈ではあるが、帰結論証がこの解釈の正しさを議論の上で前提しているわけではない（そうだとしたら、帰結論証は両立論に対して論点先取の誤りを犯していることになってしまう）。

18　条件文分析の説明項に現れる「選ぶ」という句についてである。本書では「〜することを選ぶ」という語を採用したが、この部分は論者によって、「〜することを決断する」、「〜することを欲する／望む」、「〜する気になる」、「〜することを試みる」など、様々な語彙によって表現される。これらは厳密には同義ではなく、微妙な違いがあるのだが、本書ではこれらの違いにはふみこまない。その代わりに、これらの語が共通に表現しようとしている内容を特定しておきたい。これらの語が表現するのは、行為者がある行為をするという意図を形成する、という心の働きである。すべての行為は意図的行為であり、何かをする際には必ずその行為をしようという意図が伴う。要するに条件文分析の右辺は、もし行為者がある行為を行うという意図を形成したならば、その行為を遂行しただろう、ということを意味するのである。

19　もっとも理論上は、「反事実的」の文字通りの意味に反して、前件（「もし〇〇ならば」の部分）で現実に成立している事実が述べられていても構わない。

20　反事実的条件文の意味論は、一九七〇年前後にルイスやスタルネイカーによって整備された（cf. Lewis 1973, Stalnaker 1968）。なので、古典両立論が勢力を持っていた二〇世紀の中葉の時点では、反事実的条件文の厳密な意味論が確立されておらず、やや直観的で不明瞭な理解に留まっていたという事情がある。本書の古典両立論（条件文分析）の説明は、したがって、一九七〇年代以降の理論的進展を後知恵的に援用したものとなっている。反事実的条件文の意味論についての日本語で読める解説としては、野上（2019）を挙げておきたい。

21　現代の形而上学の理論的成果とは、具体的には、一九七〇年前後に整備された可能世界意味論、および一九九〇年代あたりに形而上学のホットトピックとなった「傾向性」概念についての理論を指す。

22　「傾向性両立論」という名称は、ヴィヴェリンに拠る（Vihvelin 2017）。傾向性両立論は、その代表的な批判者であるランドルフ・クラークによって「新傾向性主義」とも呼ばれている（Clarke 2009）。傾向性両立論者としては、本節で紹介するヴィヴェリンの他に、マイケル・ファラ（Fara 2008）、マイケル・スミス（Smith 2003）、ジョン・キャンベル（Campbell 1997）、ダナ・ネルキン（Nelkin 2011）などが挙げられる。このうちスミスの議論については、成田（2004）で紹介されている。

23　あらかじめ断っておかねばならないが、本節で紹介するヴィヴェリンの議論は、彼女の議論をいくぶん簡略化したものである（なぜ簡略化したかというと、本書で解説するにはあまりにテクニカルな内容を含むからだ）。より十全な議論はヴィヴェリン（Vihvelin 2013）を参照のこと。

24　もっとひねった別種の答えとしては、「対象が特定の分子構造をしていること」といったものが考えられる。これは次段落の用語を先取りすれば、傾向性を定言的性質によって還元的に理解する見解である。

25　この反応のことを、哲学の用語で顕在化（manifestation）とも呼ぶ。また、傾向性は、次段落の「定言的性質」と対比して「傾向的性質」とも呼ばれる。

26　もう少し議論の余地のある傾向性の例としては、信念の保持（という性質）を挙げることができる（cf. Mumford 1998）。たとえば、私が「5 + 7 = 12である」という信念を持っていることは、「もし5 + 7 = 12であるかを尋ねられたならば、肯定するだろう」という傾向性として理解される。

27　「信念」（belief）という語は、哲学では日常の用法とは少し異なる意味で用いられることに注意されたい。ここでの信念とは、ざっくり言えば、「主体が正しいものとして心の中に抱いている命題内容」を意味する。たとえば、いま私は「パソコンで原稿を執筆している」という信念や、「富士山は日本一高い山だ」という信念を持っている。

28　この種の説明は、マンリーとワサーマン（Manley and Wasserman 2008）によってきわめて精緻に展開されており、ヴィヴェリンもこの議論に追随している。

29　ただし、「十分な割合」という概念を導入することで、別の懸念が提起されうる。反事実的条件文の前件が真であるような世界は、少なくとも実数個、つまり非可算無限個存在するように思われる。しかしそうだとすると、「割合」という概念が意味をなすかどうか疑わしい。つまり、傾向性の束説はこの種の批判を回避できるような仕方で刺激ケースの個別化の基準を設ける必要がある。

第4章

1　「源泉－非両立論／余地－非両立論」という区別は、本章の主役である哲学者、ペレブームの著作（Pereboom 2000, 2001）によって導入され、現在では一般的な用語として普及している。なお、他行為可能性を「余地」（leeway）と呼ぶ慣例は、さらにさかのぼればワイマ（Wyma 1997）の論文に辿ることができるようである（この点は本間宗一郎氏の指摘による）。

2　源泉－非両立論を支持する他の論証としては、ヴァン・インワーゲンによる「**直接論証**」(Direct Argument)、ゲーレン・ストローソンによる「**基本論証**」(Basic Argument) が挙げられる (van Inwagen 1983, Strawson 1986)。直接論証は、帰結論証の「無力さの移行規則」と類似した規則を用いて、他行為可能性 (としての自由) という概念を媒介せずに、直接的に決定論と責任の非両立性を導く論証だ。

3　より現代的なこの種の議論としては、ゲーレン・ストローソンによる「基本論証」が有名である。ただし、ストローソンの議論は「決定論」という概念に必ずしも依拠しないところに特色がある。

4　以上の論理は、必ずしも「他行為可能性」という概念に依拠していない。ペレブームの比喩を借りれば、私たちが何のカードを切るか――つまり、何を行うか――は、生まれる前からすでに決まっている。私たちは、配られた手札から、順番にカードを切っていくしかないのである (cf. Pereboom 2001 3)。

5　「操作論証」として広く認知される以前にも、たとえばケイン (Kane 1996) やフィッシャー (Fischer 1994) などで、操作に関する話題は扱われている。

6　もっとも、操作論証は両立論だけでなく、源泉性モデルをとる非両立論 (リバタリアニズム) に対しても適用されうると主張する論者もいる (cf. Clarke 2012, Haji and Cuypers 2006)。この種の議論に対する応答としては、シア (Cyr 2020) を参照。

7　他行為可能性モデルをとる両立論 (たとえば前章で紹介したヴィヴェリンの傾向性両立論) に対しても操作論証が問題となるのだという趣旨の議論としては、コーエン (Cohen 2015) やトッド (Todd 2017) が挙げられる。

8　「操作ケース」を論証に用いることの明白な利点は、操作されている行為者も自身の行為に責任を負うのだと主張することが一見して難しそうに思われる、という点にある。先ほどの殺人鬼ロバートの事例は、彼に責任があるとも責任がないとも断言しがたいような、異論の余地のある事例であった。とりわけ両立論者や両立論にシンパシーを感じる人ならば、彼の壮絶な過去をふまえてもなお彼には責任があるのだ、と主張することは十分に考えられる。しかし、すぐ後で見るように、操作された行為者に責任がないという主張には、抗いがたい直観的な牽引力がある。両立論者も行為者の責任の欠如を認めざるを得ないような事例から議論を始めるというのが、操作論証の重要なポイントなのである。

9　このため、彼の操作論証は別名「**四事例論証**」(Four Case Argument) とも呼ばれる。

10　ペレブーム自身が念頭に置いているその他の両立論的理論としては、強制の不在として特徴づけられるヒュームの「自発性の自由」(Hume 1739; cf. Ayer

1954）、フィッシャーとラヴィッツァの理由応答性説（Fischer and Ravizza 1998）、ウォレスによる反省的自己コントロール説（Wallace 1994）などがある。

11　この事例はペレブーム（Pereboom 2001）のものを参考にしている。ただし、ケース1に対しては、Xによる介入の仕方によってプラムに責任に必要な種類の「行為者性」が損なわれているのではないか、という批判が提示された（cf. Fischer 2004, Baker 2006, Demetriou 2010）。その批判を受けてペレブームは、二〇一四年の著書にて改訂版のケース1を提示している（Pereboom 2014 76-77）。

12　この用語は、ケイン（Kane 1996）の「制約的なコントロール」（constraining control: CC）という用語を参考にした。

13　本書で扱わなかった、ミーリーのバージョンの操作論証における操作ケースは、ケース2に対応するものと考えられる（ミーリーは、行為者が将来の特定の時刻に特定の行為をすることを保証するような仕方で、ある女神が受精卵をデザインする事例を提示する）。ミーリーの操作論証は、特に「**受精卵論証**」（Zygote Argument）などとも呼ばれる。受精卵論証をめぐる議論としては、フィッシャー（Fischer 2011, 2016）、カーンズ（Kearns 2012）、トッド（Todd 2013）、シュロッサー（Schlosser 2015）などを参照のこと。

14　専門家向けの注だが、ペレブームの議論はいわゆる「ソライティーズ論法」ではない。つまり、個々の事例の間の類似性、ないし識別不可能性に訴えて、遠く隔たった二つの間にも類似性を主張する論法ではない。

15　厳密には、ペレブームは操作論証においてアブダクション（最善の説明からの推論）を用いている（Pereboom 2001 116; cf. Mickelson 2015, Matheson 2016）。つまり、ケース1からケース4を観察する限り、直観的にはすべての事例でプラムは責任を負わないように思われるが、そのことは「行為者にとってコントロール外の決定論的な因果過程から行為が生み出されている」という事実によって最も良く説明されるのだ、という仕方で源泉－非両立論の主張を引き出している。

16　「穏健な応答／強硬な応答」という命名は、マッケンナ（McKenna 2008a）に由来する。

17　実はこの二つの路線のどちらにも分類されない、第三の道が近年注目を集めている。それは、操作論証が依拠する方法論の妥当性に疑義を呈するものである（cf. King 2013, Fischer 2016, Schlosser 2015, Mickelson 2015, Matheson 2016, 2018, Takasaki 2021）。

18　以下ではケース3とケース4の間に線引きをしようとする試みのみを考察するが、ペレブームの操作論証への応答としては、穏健な応答にはグラデーションが存在しうることに注意されたい。すなわち、ケース1とケース2の間や、ケース2とケース3の間に責任に関する違いを見出そうとする応答も理論的に可能である。この種の応答は、一部の操作ケースにおいて行為者の責任を認めるので、純粋な穏健策というよりは、穏健策と強硬策のハイブリッド的な応答だと言えるだろう。

19　以下では簡便のために、第2章第4節での「決定的なコミットメント」に基づく修正を経ていない、よりシンプルなバージョンの二階の意欲説の定式化を用いている。

20　このような場当たりな対処を、専門的な言い回しで「アドホック」な応答と呼んだりもする。アドホックな応答の筋の悪さに直ちに気づくようになれば、分析哲学的な思考に慣れてきたことの一つの証拠と言えるだろう。

21　この限定句の内実を具体化する方法としてはいくつか考えられるだろう。たとえば、介入の度合いや影響度によって区別することができるかもしれない。あるいは、介入に対する行為者当人の同意や受け入れといった心的契機の有無から区別することができるかもしれない。

22　「他者の意図の介入」という観点から穏健な応答を展開する哲学者としては、ウォーラー（Waller 2014）が挙げられる。

23　たとえばバーンズは、自由や責任には「潜在的な創造性」が本質的であると主張し、操作という介入はその創造性を行為者から奪うのだ、と論じる（Barnes 2015）。またディーリーとナーミアスは、因果の介入主義理論に訴えて、穏健策の議論を展開している（Deery and Nahmias 2017）。

第5章

1　「運」という概念に必ずしも依拠せずに非決定論と自由の非両立性を示す議論として、「**『マインド』論証**」（the *Mind* argument）と呼ばれるものがある（Ayer 1954, Hobart 1934, Nowell-Smith 1948, Smart 1961）。この命名はヴァン・インワーゲンによるもので（cf. van Inwagen 1983）、この種の議論の多くが哲学雑誌『マインド』から発表されたことに由来する。『マインド』論証のポイントは、帰結論証で用いられた「無力さの移行規則」に依拠して自由と非決定論の非両立性を示す点にある。『マインド』論証に関しては、フィンチとウォーフィールド（Finch and Warfield 1998）、ネルキン（Nelkin 2001）、コフマンとスミス（Coffman and Smith 2010）、グレアム（Graham 2010）、シャボ（Shabo 2013）も参照のこと。

2　「リバタリアニズム」というと、個人の自由権を尊重して国家の干渉を最小限度に留めようとする政治思想上の立場を思い浮かべる方が多いかもしれないが、それとは全くの別物である。

3　本書の特徴づけとは異なる仕方でリバタリアニズム

が定義されることもある（cf. van Inwagen 2011）。それによれば、リバタリアニズムとは、自由と決定論の両立性を否定し、かつ、私たちは実際に自由であると主張する立場である。つまり（この理解の下での）リバタリアンは、現実の私たちの世界が、リバタリアニズムが自由の条件に要求する特定の種類の非決定論的構造を備えているという、世界の物理的構造についての実質的な主張にコミットすることになる。本章で紹介するケインは、まさにこの種の主張を積極的に行なっている。とはいえ、すべてのリバタリアニズムがこのような経験的な主張にまでコミットしているわけではない。実際、現代のリバタリアニズムを牽引する一人であるバラガーは、私たちが自由であるかどうかは最終的に経験的な探求に帰着するのだ、と論じている（Balaguer 2010）。

4　現代を代表する論者として、本章の主役を担うケインのほかに、エクストロム（Ekstrom 2000）、バラガー（Balaguer 2010）、フランクリン（Franklin 2018）などを挙げることができる。

5　行為者因果説をとっていた近代の哲学者として、たとえばトマス・リードを挙げることができる（Reid 1788）。現代における行為者因果説の支持者としては、先述のチザムの他、オコナー（O'Conner 2000）やクラーク（Clarke 2003）などを参照のこと。

6　非因果説の代表的な論者として、ジネット（Ginet 1990）、マッキャン（McCann 1998, 2012）、ピンク（Pink 2004）、ゴーツ（Goetz 2008）などが挙げられる。

7　この種の見解は「**行為の因果説**」と呼ばれ、デイヴィッドソンによって明示的に理論化された（Davidson 1963, 1980）。

8　ケインは主著の冒頭で、「自由意志」を次のように定義する。「自由意志とは〔…〕、行為者が自身の目標や目的の究極的な創造者・保持者であるための力能である」（Kane 1996 4）。

9　ケインは、この「自身の在り方に対する自由」を、「**意志の自由**」という言葉で表現する。ケインはこの用語によって、「行為の自由」、つまりホッブズに帰される、外から強制されることなく自分の望む通りのことをする自由との区別を強調している。

10　たとえばヴァン・インワーゲンは、人が自由でありうる瞬間は熟考しても「何をすべきか」の問いに決着がつかないような葛藤の場面に限られると主張し、ゆえに私たちは（仮に自由でありうるとしても）めったに自由であることはないのだ、という悲観的な結論を下している（van Inwagen 1989）。

11　一つ注記しておくと、自己形成行為というアイデア自体は両立論の枠組みの中で実現可能である。たとえばファインバーグは、ケインの自己形成行為と通ずる「自己創造」のアイデアを両立論に親和的な形で提示している（Feinberg 1986; cf. Fischer 2006）。

12　ここでケインは、「カオス理論」と呼ばれる物理学の知見を援用している。カオス理論とは、ざっくり言えば、物理系における微少な初期状態の違いが、時間経過とともにマクロな違いをもたらしうるという現象を解明しようとする物理学理論である。

13　脳内のミクロレベルの非決定性が（たとえあるとして）マクロレベルの行為産出の違いをもたらすという見解への懐疑は、たとえばデネットも表明している（cf. Dennett 1984 Ch.4）。

14　ここでの「運」という語は、価値中立的な仕方で、つまり「幸運」も「不運」も含むような仕方で用いられている。

15　実は、日常的な意味での「運」、つまり当人にとってコントロール外の要因が私たちの自由や責任に影響を与えうるという論点も、非常に重要な倫理的問題として存在する。この種の問題は「**道徳的運**」（モラル・ラック）の問題として知られ、現代ではバーナード・ウィリアムズ（Williams 1981）やトマス・ネーゲル（Nagel 1979）らによって主題化され、現在でも盛んに論じられている。道徳的運についての日本語で読める良書として、古田（2019）を薦めておきたい。

16　ヴァン・インワーゲンはこの思考実験を提示するに留まらず、なぜ事例の中の行為者（アリス）が自由でないのかを説明する論証をも展開している。その骨子は次のようなものだ（van Inwagen 2000, 2011）。（i）もしアリスが助けに向かう決断をすることができるなら、彼女はそうすることを約束する資格がある。（ii）もし助けに向かう決断をするかどうかが非決定論的ならば、アリスは助けに向かう決断をすることを約束する資格はない。（iii）したがって、アリスは助けに向かう決断をすることができない。この論証は「約束」という概念に依拠して行為者の能力の不在を結論することから、「**約束論証**」（Promising Argument）と呼ばれる。約束論証に対する反論としては、アルマイダとバーンシュタイン（Almeida and Bernstein 2011）や、ワイダーカーとシュノール（Widerker and Schnall 2015）を参照のこと。

17　もっとも、この思考実験がいかに運の問題の直観的な魅力を喚起するとしても、それ単体で運の問題を支える根拠として用いることはできない。フランクリンが（筆者の見立てでは正しくも）指摘するように、巻き戻しの事例はリバタリアニズムという理論が含意する事実を（ヴィヴィッドな仕方で）記述しているだけであって、リバタリアニズムを否定する根拠として用いることはできない（Franklin 2018）。それはちょうど、決定論的な世界の行為者が一〇〇〇回中一〇〇〇回同じ行為をするという巻き戻しの事例でもって両立論の否定を論証することが不適切であるのと同様である。

18　決定論とも非決定論とも自由は両立する、と考える

（両立論の中で多数派の）立場を、「超両立論」などと呼ぶこともある（cf. Vargas 2013）。

19　運の問題はリバタリアニズムだけでなく両立論にとっても問題となる、という指摘については、ハッジ（Haji 2003）、レヴィー（Levy 2011）、ヴァルガス（Vargas 2012, 2013）などを参照。また両立論の側からの運の問題への応答としては、カーンズとミーリー（Kearns and Mele 2014）やフィッシャー（Fischer 2014）を参照。

20　もっとも、仮にスナイパーが自身の行為に対するコントロールを十分に有していないとしても、それによって大統領の暗殺という結果についての責任が減じられるとは限らない。このことは、第1章で確認した直接的責任／派生的責任の区別から説明される。スナイパーは確固たる決意を持って暗殺を決断し、引き金を引いた。彼のその決断は、紛れもなく彼が自由に行なったものであり、彼はそれに対して直接的責任を負う。そして、大統領の暗殺は、それが決定論的でないとしても、その行為から十分に予期される結果である。その限りで、彼は大統領の暗殺に対しても派生的に責任を負うと考えられる。

21　今回の事例では、「引き金を引く」という身体運動を行った後で非決定性が生じているが、決断と身体運動の間に非決定性が存在する——たとえば、決断の後に脳内の何らかのノイズによって本来の意図と異なる身体運動が生じてしまうなど——場合でも、同様の議論が成立する。

22　ケイン自身はこの種のコントロールを「複数方向への自発的コントロール」と呼ぶ（Kane 1996 111）。「複数方向への」（plural）という修飾句がついているのは、現実の行為をもたらす自発的コントロールと数的に同一のコントロールが、代わりに別の行為をもたらす際にも行使される（つまり、別のコントロールがそれぞれの行為をもたらすわけではない）とケインが考えていることによる。

23　ハッジの議論は「保証」（ensurance）という概念に訴えるため、「保証からの論証」と呼ばれることもある。なお、ハッジは後年、運の問題において「コントロール」という観点は本質的なものではなく、むしろ本質的なのは「行為の（対比的でない）説明の不在」である、という見解に宗旨替えしているように見受けられる（cf. Haji 2005, 2009）。

24　この種のハッジへの批判についてはフランクリン（Franklin 2011, 2018）を、フランクリンの議論からハッジを擁護する試みについてはシュロッサー（Schlosser 2014）を参照のこと。

25　前者のタイプの応答としては、ヒッチコック（Hitchcock 1999）、クラーク（Clarke 2003, 2004）を参照。

第6章

1　実は、懐疑論者の間でも、自由を否定する度合いにおいていくつかのバリエーションがみられる。最もラディカルな懐疑論者は、私たち人間が自由であることは形而上学的に不可能だと考える（cf. G. Strawson 1986, 1994）。一方で、私たちが自由であることは形而上学的には可能であるものの、現行の科学理論と整合的に理解する限り、現実の私たちには自由はない、と考える立場もある（cf. Pereboom 2001）。前者の立場を懐疑論的見解一般から区別して、「（自由についての）**不可能説**」と呼ぶこともある。とはいえ本章では、懐疑の度合いについてのこうした理論的差異にはこだわらないこととする。

2　本章で主題的に検討することはできないが、認知科学的所見から自由の懐疑論へと向かう議論を提示する論者もいる（cf. Libet 2004）。リベット周りの議論に関する日本語で読める文献としては、青山・柏端（2020）を参照のこと。

3　楽観的懐疑論をめぐる最新の議論は、ショー、ペレブームとカルーゾ（Shaw, Pereboom, and Caruso 2019）に収められている。

4　代表的な楽観的懐疑論者としては、本書で主題的に論じるペレブーム以外にも、カルーゾ（Caruso 2016, 2019）、ウォーラー（Waller 2011, 2015）などが挙げられる。

5　もちろん懐疑論への実践的挑戦は非難をめぐる実践に留まらない。他者の功績への褒賞といった私たちの称賛をめぐる実践の正当性も同様に疑問符に付されることになる。また、ピーター・ストローソンが「反応的態度」と呼ぶ、他者への怒りや感謝といった一群の心情を維持しうるのかという問題も、非常に重要な論点の一つである。

6　実際、現行の刑法の条文にも応報主義への明確な言及を見出すことができる。アメリカ合衆国の模範刑法典（二〇一七年度版）には次のような条項がある（cf. Shaw, Pereboom and Caruso 2019 13）。

第1.02節（2）目的・構成の原理

（2）刑事宣告制度に携わるすべての関係者に適用される、宣告に係る条項の一般的な目的は以下である

a）個々の加害者への宣告に影響する決断について

i．すべての場合において、〔加害者への〕宣告の厳しさを、その加害の重大性、被害者が受けた害、加害者の当非難性（blameworthiness）に比例するようにする。

この条項の（2.a.i）は、まさしく明示的に刑罰の応報主義的な目的を述べたものである。

7　この点について、「**基礎的な報い**」（basic desert）と

いう語が用いられることもある（cf. Pereboom 2001, 2014）。ペレブームによれば、人が自身の行為に「基礎的な報い」の意味で責任を負うとは、彼女が自身の行為を、それが道徳的に悪いと分かっていて行った場合には非難に値し、道徳的に模範的だと分かっていて行った場合には称賛に値する、という意味である。ここでの「値すること」、ないし「報い」（desert）が「基礎的」であるとは、帰結主義的、契約主義的な考慮によるのではなく、まさに彼女が（その道徳的なステータスを分かったうえで）行為を行ったという理由によって彼女が非難や称賛に値する、ということを意味する。

8　応報主義に対しては、自由論の論争とは独立の論点からの疑義も呈されている。たとえばウォーラー（Waller 2019）は、応報主義は加害者に対する復讐の欲求に根差すものであり、動物的な本能に由来する本質的に野蛮な信念である（よって刑罰の正当な根拠とはなりえない）と指摘している。

9　洗練された帰結主義的正当化の理論としては、たとえばフェルドマン（Feldman 1997）を参照。

10　本書では、応報主義を前提しない、「懐疑論フレンドリー」な素朴帰結主義を検討する。とはいえ素朴帰結主義自体は、自由論の論争とは独立の見解であり、必ずしも懐疑論にコミットしているわけではない。だからたとえば、帰結主義的な正当化と応報主義による正当化を組み合わせた見解も十分に可能である（cf. Nelkin 2018）。

11　ペレブームは、素朴帰結主義以外にも、懐疑論者にとって利用可能な刑罰の正当化の候補として、道徳教育理論なども検討し、批判を加えている。道徳教育理論とは、子どもに対する「しつけ」と類比的な仕方で刑罰を理解しようとするものだ。両親はときに悪いことをした我が子に対して、厳しく叱りつけたりおもちゃを没収したりといった仕方で「しつけ」を行うことがある。しつけが子どもに対して（ある意味での）「害」を与える行為であるにもかかわらずそれが正当化されることの一つの理由として、それが子どもの情操教育に資するという点が挙げられる。子どもはもともと十分な善悪の分別能力を持たないが、そうした「しつけ」の経験によって、何が行って良いことで何が悪いことかを理解することができる。それと同様に、刑罰の存在と執行は犯罪者の道徳教育に資するために正当化されうると主張するのが、刑罰の道徳教育理論である（cf. Morris 1981, Hampton 1984）。

12　伝染病と刑罰のアナロジーについては、シューマン（Schoeman 1979）も参照。

13　ペレブームの隔離モデルに類する理論として、カルーゾの「公衆衛生隔離モデル」（Public Health Quarantine Model）が挙げられる（Caruso 2016, 2017, 2019）。カルーゾの議論は、伝染病者の隔離と類比的な仕方で加害者の隔離を理解する点でペレブームの理論と同様であるが、より公衆衛生倫理の観点からの考慮に重きを置いた理論を提案している点に特色がある。具体的には、ペレブームが主に議論の重点を「加害者の隔離」に置いているのに対し、カルーゾは危害の発生の「予防」という点により議論の紙幅を割いている。

14　もっとも、すべての論者がペレブームのこの議論に説得されているわけではない。たとえばスミランスキー（Smilansky 2019）は、無実の人と有罪の人との間に存する道徳的な区別は基礎的な報いという概念なしには設けることのできないものであり、ゆえに懐疑論者は無実の人を罰することを原理的に禁止する手段をもちえないのだ、と論じる。

15　実際この問題は、近年のペレブームの一番の関心事でもある（cf. Pereboom 2017, 2019b）

16　この定式化は、スミランスキー自身の定式化を筆者なりに簡略化してまとめたものだ（cf. Smilansky 2011, 2017）。

17　レヴィーはこの前提を否定することで、「刑楽（次の前提（3）を参照）は非現実的なコストがかかる」というスミランスキーの結論を棄却しようとする（Levy 2012）。レヴィーは、殺人者やレイピストの再犯率は他の犯罪の再犯率よりも低いといった犯罪学上のデータを根拠に、実際に隔離が必要となる重大な加害者は、道徳的な分別を持たないいわゆる「サイコパス」に限られるだろう、と主張する。たしかにレヴィーの議論が正しければ、隔離モデルにおいて隔離の対象となる人の数は、現在の刑務所に収容されている人数よりもはるかに少なくなることが予想されるだろう。もっとも、スミランスキーとレヴィーの見立てのどちらが正しいかは、社会学、法学、犯罪学といった経験的な見地からの探求に大部分委ねられることになるだろう。

18　興味深いことに、このように論じるスミランスキー自身も、自由についての懐疑論的立場をとる（Smilansky 2000）。スミランスキーは、ペレブームのような楽観的懐疑論でも、ニヒリスト的な悲観的懐疑論でもなく、いわば第三の道をとる。それは端的に言えば、「私たちの自由や責任についての信念は大々的に誤っているのだが、自由・責任概念は現行の社会制度や私たちの生にとって本質的な役割を果たしているので、自由・責任概念を「幻想」として保持し、あたかも私たちに自由／責任があるかのようにふるまうべきである」というものだ。このようなスミランスキーの立場は**幻想主義**（Illusionism）と呼ばれる。幻想主義に対する反論としては、ネーデルホッファー（Nadelhoffer 2011）などを参照のこと。

第7章

1　以下、ストローソンの論文からの引用については邦訳のページ数を併記するが、訳は筆者自身によるものである。

2　もちろん、ストローソン以前の哲学者たちも、責任と私たちの感情が無関係と考えていたわけでは必ずしもない。ここでの差異は、私たちの感情が責任を理解するうえで本質的な役割を果たすかどうか、という点に見出される。

3　ストローソンが着目する種類の「感情」が認知的な要素、つまり主体の信念や判断を本質的に含むものなのか否かには論争の余地がある（cf. Bennett 1980, Wallace 1994）。本書では、この点については中立の立場をとることとしたい。

4　「態度」という語について注記しておきたい。日本語で「態度」というと、人の感情や思っていることが表情・身振り・言葉などに表立って現れたものが意味される。対して「感情」は、必ずしもそのような表出を伴うとは限らない（誰にも悟られることなく、内に秘めた怒りを覚えることは可能だ）。このような点から、たとえば成田（2004）は「反応的態度」ではなく「反応的心情」という語を採用している。とはいえ、とりわけ本書の第4節で検討されるマッケンナの責任理論は、私たちの感情の表出が果たす役割に着目した理論であるので、本書では感情の「表出」という観点に重きを置いた、そして原語の"attitude"の逐語訳に近い「態度」という訳語を採用することとする。

5　「これまでに論じてきた反応的態度は本質的に、他人のふるまいに現れた、その人が自分に向ける意志の質に対する反応、すなわち善意や悪意、無関心、配慮の欠如などに対する反応である」（Strawson 1962 70［邦訳56］）

6　もちろん、この点でこれらの対象に差異がない、と主張するわけではない。ストローソン自身も指摘するように、幼児はいずれ反応的態度を向けることが適切となる可能性を持った存在である（cf. Strawson 1962）。

7　この定式化は、ストローソン自身によるものではなく、その後継者の一人、ウォレス（Wallace 1994）によるストローソン理論の定式化を参考にした。

8　本節で扱わないものとして、「実践的合理性」からの議論がある（Strawson 1962 70［邦訳55］）。この議論の要旨は、次のようなものだ。たとえ私たちが決定論を受け入れて反応的態度を全面的に棄却することが可能なのだとしても（本節で見るようにストローソンはこれを不可能だと考えているのだが）、棄却という選択をとることは実践的な観点から不合理である。なぜなら、そうすることで、人間的な生の豊かさや価値が大きく損なわれてしまうからである。鋭い読者の方はすでにお気づきかと思うが、ストローソンのこの議論の成否は、前章で詳論した楽観的懐疑論の成否と直接的に関連している。

9　同時にストローソンは決定論が普遍的な「弁解」要

因になりうるか、という問いも論じているが、本書では割愛する。

10 以上は典型的な非両立論の主張だが、すべての非両立論者がこれを受け入れる必要はない。たとえばスミランスキーのように、事実レベルでは責任は存在しないのだが、「責任」概念を幻想として保持して、現行の責任実践を維持するべきである、などと主張する方途も存在する。

11 ちなみに、免責要因に基づく先ほどの議論と、これから解説する「心理学的不可能性」からの議論の間には、ストローソン自身が気づいていない緊張関係が存在するのではないか、という反論が存在する（Russell 1992）。

12 ストローソンのこの種の思考は、自由や責任の文脈を越えて、懐疑論一般への応答にも適用される。ストローソン（Strawson 1985）を参照。

13 この点で、ストローソンの方法論は「自然主義的転回」（naturalistic turn）とも形容される。

14 ストローソンと他の論者の相違点を理解する上で、行為者に「**責任があること**」（being responsible）と、行為者に「**責任を問うこと**」（holding (someone) responsible）という概念の区別が有用かもしれない。粗っぽく言えば、前者は「事実」レベルの概念、後者は「実践」レベルの概念である。大半の論者は前者の方が後者よりも基礎的な概念だと考えるが、ストローソンは後者の方が基礎的な概念だと考える、という形で両者のコントラストを述べ直すことができる。

15 本節で主題的に検討するマッケンナのほか、ワトソン（Watson 1987）、フィッシャーとラヴィッツァ（Fischer and Ravizza 1998）、ウォレス（Wallace 1994）、シューメイカー（Schoemaker 2015）などを挙げることができる。

16 この種の批判としては、ネルキン（Nelkin 2013）を参照。

17 「会話」とは普通は言語を介するものなので、「言語的な会話」の表現は冗長に思われるかもしれない。この表現は、後述する「責任会話」と区別するために用いている。

18 マッケンナは言語的会話の説明において、言語哲学における語用論（プラグマティクス）の大家であるポール・グライスの理論をふまえている（cf. Grice 1989）。本節ではなるべくグライスの理論的詳細についての理解を前提しない仕方で、その基本的なポイントを敷衍して説明することを目指す。

19 マッケンナ自身も気づいているように、このモデルは責任会話という事象を単純化したものである。たとえば、この三つの段階の他にも、行為を行った主体の意志がどのようなものであったか、その状況を精査することで明らかにしようとする「道徳的探求」（Moral Inquiry）という段階を設けることができるかもしれない。さらに、それぞれの段階は必ずしもクリアに区別されるわけではなく、時間的に重なり合うこともあるかもしれない。とはいえ、このような複雑化の可能性はあるにせよ、三つの段階による責任会話の特徴づけで十分マッケンナのアイデアを理解することができるだろう。

20　会話の起点という段階において、言語的会話と責任会話の間には一つの相違点が存在する。言語的会話においては、起点はある主体の発話であり、そこには「会話を開始する」という主体の明確な意図が（たいていの場合）存在する。一方で、パーティーの事例からも示唆されるように、責任会話においては、その起点となる主体の行為が、責任会話を開始するという明確な意図を伴っていることはあまり多くない。

21　以下の議論は、ラッセル（Russell 2017）に依拠している。

第8章

1　もちろん、自由は責任の必要条件であるという主張自体、決して論争の余地のない自明な主張ではない。そのことは、自由とは独立の、「怒り」という人間的な感情に着目して責任概念を理解しようとした前章のストローソンの理論からも示唆される。

2　本章の論述は、部分的に高崎（2021）に依拠している。

3　ダブルは、まさに哲学者たちの「自由」概念に対する関心――なぜ自由を論じるのか、自由の哲学の目的は何かといったメタ哲学的な見解――の不一致のために、自由論論争は原理的に解決不可能であるという興味深い議論を展開している（Double 1996）。

4　「自己表現」という概念は「責任」概念とは独立であると考えられる。第一に、責任は道徳的概念、つまり道徳性に関わる概念だが、自己実現という概念は道徳性からは中立である。たとえば、道徳性全般の懐疑論から責任の存在の否定が帰結するが、必ずしも私たちが自己実現しうるという事実は否定されない。第二に、責任は共同体の中で、他者とのかかわりの中ではじめて有意味になる概念である。対して自己実現は、第一義的に自己理解、自己評価に関わるものであり、共同体の存在を前提するものではない。したがって、責任に関連する意味での自由と自己実現に関連する意味での自由は、それぞれ独立の概念として別種の分析を受ける可能性に開かれているのである。

5　正確には、フィッシャーは「自由」という語ではなく、責任に必要な種類のコントロールを意味する「誘導コントロール」という語を用いている。

6　人生の意味の哲学については、ホンデリック（Honderich 1993）、フィッシャー（Fischer 1999, 2009）、ペレブーム（Pereboom 2014）、チャスティン（Chastain 2019）、山口（2019）を参照のこと。

7　ピスキオッタは、皮肉にも、ペレブーム自身が両立論を批判する際に用いた「操作論証」と同様の論理を用いて、ペレブームの人生の意味論に反論している（Pisciotta 2008）。すなわち、行為者の行為が操作者によって秘密裏に操作されたものであったとしたら、彼の達成は真正なものであるとは言えないだろう、という前提から、決定論的世界での真正な達成の不可能性を導く論証を提示している。

8　自由論の文脈から愛を論じる文献としては、スピーク（Speak 2015）、エクストロム（Ekstrom 2019）などが挙げられる。

9　この種の事例をめぐる議論としては、たとえばニーホルム（Nyholm 2015）やナール（Naar 2016）を参照。

10　本節では触れなかったが、自由は他の何かを基礎づけるためといった外在的な価値だけでなく、自由であることそれ自体に内在的な価値があるのだ、と論じる余地も存在する（cf. Swinburne 1998, Ekstrom 2019）。

11　もしかすると、責任を自己表現や人生の意味や愛に置き換えたバージョンのフランクファート型事例を構築することができる、という批判が考えられるかもしれない。すなわち、フランクファート型事例と構造的に同型の事例によって、行為者に他行為可能性がないにもかかわらず、行為者が自己表現する／重要な目標を達成する／人を愛することに成功しているような事例を構築することができるかもしれない。とはいえ、責任に関するもとのフランクファート型事例を、そのまま類比的に自己表現その他に関しても適用できるかは、直ちには明らかではない。というのもフランクファート型事例は、行為者（先述の事例ではラス）が責任を負うか否か、より厳密には行為者が行為に対して非難に値するか否かという道徳性に関わる直観的な判断に決定的に依拠しているが、自己表現などはそのような道徳的な判断とは中立であるからである。

あとがき

この世界は原子というミクロな粒子で出来ていて、例外なく物理法則によって支配されているのだ、といったことを朧気ながらも理解し始めた頃だったと思う。小学校の四年生か五年生の頃だったか、学校からの帰り道、ふと唐突に、「いま自分がこうして歩いていることも、すべて決定されていることのではないか?」という感覚に襲われたことがある。私の身体も原子のような微粒子の集合体にすぎず、その微粒子は物理法則に従って運動しているのだとしたら、私のすべての行為は、そう起こるようあらかじめ決まっていたことになるのではないか? 自由というものは、実は幻想にすぎないのではないか? 子どもながらにそうした思考に居心地の悪さを感じて、運命に抗うかのごとく、突然立ち止まってみたりしてみる。しかし、いま立ち止まったことだって、そうするよう決まっていたことなのではないだろうか? どう足掻こうと、物理法則の網の目から逃れることはできないのではないだろうか?――当時は「決定論」という言葉は知らなかったが、いま思い返せば、下校中の「自由の感覚」と「決定論の懸念」との間を往復した葛藤の経験が、私自身の自由論との初めての出会いであり、私にとっての哲学の原体験である。

その後、大学の哲学の授業で、かつて私を悩ませた自由の問題と再会することとなった。そのときに扱われたテキストが、本書の第3章で紹介したピーター・ヴァン・インワーゲンの論文である。学部生の私は、自由という雲を掴むような問題に、きわめて明晰、論理的な仕方でアプローチするヴァン・インワーゲンの議論にいたく感銘を受けたのを覚えている（いまでも、彼の主著*An Essay on Free Will*は私のバイブルである）。そんなわけで私は、とりわけ分析哲学――二〇世紀以降の英語圏で展開されてきた哲学――における議論を研究の焦点に据えて自由論の研究を進め、幸いにも今回このような入門書を執筆する機会をいただくことができた。

本書を貫くモットーは、私自身が魅力を感じている分析哲学の自由論の議論を、できる限り分かりやすく、極力専門知識を必要としない形で解説し、哲学を専攻しない一般読者の方にも読み進めてもらえる本を書くことである。この目標がどれだけ達成されたかはいささか心もとないが、これまでに哲学に触れてこなかった方にも、是非この本を手に取って、現代の自由をめぐる議論の最前線の雰囲気を感じていただければと願う。

本書の執筆にあたっては、大変多くの方々にお世話になった。本書は、雑誌『フィルカル』（ミュー）（1-1号・2016年3月、1-2号・2016年9月、2-1号・2017年3月）にて三回にわたって連載した自由論の入門記事を、大幅に加筆修正し、さらにいくつかの新たな章を書き下ろしたものである。ほぼ原型を留めていないものの、本書の序章、第1章、第2章の内容の一部は第一回記事、第4章の内容の一部は第二回記事、第5章の内容の一部は第三回記事に対応している。私のような駆け出しの研究者に自由論の入門記事を書いてみないかと声をかけていただいた『フィルカル』編集長の長田怜氏、および、『フィルカル』記事の使用を快諾していただいた株式会社ミュー社長の櫨山雄二氏に、深く感謝の意を記したい。また、私に先立って『フィルカル』の連載記事を単著として刊行した野上志学氏（『デイヴィッド・ルイスの哲学』青土社、二〇二〇年）は、私の入門記事を青土社の編集者の方（後述の加藤峻氏）に紹介してくれた。その紹介と、彼の著作の成功がなければ、本書の企画は始まっていなかった。野上志学氏には大学の同級生としても長い間お世話になってきたが、ここに改めて感謝を述べさせていただきたい。

本書の企画が始動してからも、主に私の力不足と怠慢さにより、なかなか思うように執筆が進まなかった。前編集者の加藤峻氏は、そんな私に常に温かい激励を下さり、私のペースで執筆を進めさせてくれた。実は、本書のタイトル『そうしないことはありえたか？』も、もとは加藤氏の発案である。深く感謝申し上げます。

執筆の過程では、研究会その他で多くの方に有益な助言をいただいた。本書の第6章のもととなった草稿を、金沢大学准教授の佐々木拓氏が主宰する「非難の哲学・倫理学研究会」（2021年3月26日）にて検討させていただいた。佐々木拓氏と、その場で的確なご指摘をしてくれた出席者の方々にお礼を申し上げたい。また、自由論を研究する同僚である李太喜氏、本間宗一郎氏、稲荷森輝一氏にも、定期的に開催している研究会などで、原稿の一部についての有益なコメントをいただいた。後輩の若手研究者・松本将平氏は、本書のほぼすべての部分に目を通し、非常に丁寧かつ重厚なコメントを返してくれた。友人の清水佑太氏は、哲学を専門としない一般読者の観点から、とても率直に意見や感想をくれた。本書の完成は、ここに挙げた諸氏のご協力のおかげである。ありがとうございました。

最後に、加藤峻氏から引き継いで、本書の編集者を務めていただいた青土社編集部の永井愛氏は、ともすれば怠けがちな私を常に鼓舞してくださり、叱咤激励をいただいた。本書をなんとか完成までこぎつけることができたのは、紛れもなく永井氏の尽力の賜物である。ここに、最大限の感謝の意を示したい。

二〇二二年　八月

高崎将平

索　引

事項

あ行

か行

た行

や行

アルファベット

人名

参考文献

Almeida, M, and Bernstein, M. 2011. "Rollbacks, Endorsements, and Indeterminism", in Kane, R. ed., 2011. *The Oxford Handbook of Free Will*, 2nd ed, Oxford University Press: 484-95.

Anscombe, G. E. M. 1971. *Causality and Determinism*, Cambridge: Cambridge University Press.

Aristotle. 1985. *Nicomachean Ethics*.〔神崎繁訳『新版 アリストテレス全集 15 ニコマコス倫理学』, 岩波書店, 2014〕

———. 1963. *Categories and De Interpretatione*.〔中畑正志他訳『新版 アリストテレス全集 1 カテゴリー論 命題論』, 岩波書店, 2013〕

Armstrong, D. 1983. *What Is a Law of Nature?*, Cambridge: Cambridge University Press.

Austin, J. L. 1956. "Ifs and Cans", *Philosophical Papers*, London: Oxford University Press: 205-32.

Ayer, A.J. 1954. "Freedom and Necessity", *Philosophical Essays*. New York: St. Martin's Press: 3-20.

Baker, L. R. 2006. "Moral Responsibility without Libertarianism", *Noûs* 40(2): 307-30.

Balaguer, M. 2010. *Free Will as an Open Scientific Problem*, Cambridge, MA: MIT Press.

Barnes, E. 2015. "Freedom, Creativity, and Manipulation", *Noûs* 49(3): 560-88.

Beebee, H. 2003. "Local Miracle Compatibilism", *Noûs* 37(2): 258-77.

Bennett, J. 1980. "Accountability", in van Straaten, V. ed., *Philosophical Subjects: Essays Presented to P. F. Strawson*, Oxford: Oxford University Press.

Bigelow, J, Dodds, S and Pargetter, R. "Temptation and the Will", *American Philosophical Querterly* 27: 39-49.

Bratman, M. 2007. *Structures of Agency*. New York: Oxford University Press.

———. 1997. "Responsibility and Planning", *Journal of Ethics* 1 (1): 27-43.

Campbell, C. A. 1957. *On Selfhood and Godhood*, London: George Allen and Unwin, Ltd.

Campbell, J. K. 2011. *Free Will*, Polity.〔高崎将平訳『現代哲学のキーコンセプト 自由意志』, 岩波書店, 2019〕

———. 1997. "A Compatibilist Theory of Alternative Possibilities", *Philosophical Studies* 88: 319-30.

Capes, J. 2010. "The W-Defense", *Philosophical Studies* 150: 61-77.
Caruso, G. 2019. "Free Will Skepticism and Its Implications: An Argument for Optimism", in Shaw, E, Pereboom, D, and Caruso, G. eds., 2019. *Free Will Skepticism in Law and Society: Challenging Retributive Justice*, Cambridge: Cambridge University Press: 43-72.
————. 2017. *Public Health and Safety: The Social Determinants of Health and Criminal Behavior*, London: Research Links Books.
————. 2016. "Free Will Skepticism and Criminal Behavior: A Public Health-quarantine Model", *Southwest Philosophy Review* 32(1): 25-48.
Chastain, D. 2019. "Can Life Be Meaningful without Free Will?", *Philosophia* 47(4): 1069-86.
Chisholm, R. 1964. "Human Freedom and the Self", *The Lindley Lectures*. Copyright by the Department of Philosophy, University of Kansas.
Clarke, Randolph. 2009. "Dispositions, Abilities to Act, and Free Will: The New Dispositionalism", *Mind* 118: 323-51.
————. 2004. "Reflections on an Argument from Luck", *Philosophical Topics* 32: 47-64.
————. 2003. *Libertarian Accounts of Free Will*, New York: Oxford University Press.
Clarke, Roger. 2012. "How to Manipulate an Incompatibilistically Free Agent", *American Philosophical Querterly* 49(2): 139-49.
Coffman, J, and Smith, D. 2010. "The Fall of the Mind Argument and Some Lessons about Freedom", in Campbell, J, O'Rourke, M, and Silverstein, H., eds., *Action, Ethics and Responsibility*. Cambridge: MIT Press: 127-48.
Cohen, Y. 2015. "The Manipulation Argument, at the Very Least, Undermines Classical Compatibilism", *Philosophia* 43: 291-307.
Copp, D. 2007. "'Ought' Implies 'Can' and the Derivation of the Principle of Alternate Possibilities", *Analysis* 68(1): 67-75.
————. 2003. "'Ought' Implies 'Can', Blameworthiness, and the Principle of Alternate Possibilities", in Widerker, D, and McKenna, M, eds., 2003. *Moral Responsibility and Alternative Possibilities*, Aldershot: Ashgate Press: 265-99.
Crisp, T. and Warfield, T. 2000. "The Irrelevance to Indeterministic Counterexamples to Principle Beta", *Philosophy and Phenomenological Reserach* 61(1): 173-84.
Cyr, T. 2020. "Manipulation Arguments and Libertarian Accounts of Free Will", *Journal of the American Philosophical Association* 6(1):57-73.
Davidson, D. 1980. *Actions and Events*, Oxford: Oxford University Press.〔服部裕幸,

柴田正良訳『行為と出来事』, 勁草書房, 1990〕
———. 1970, "How Is Weakness of the Will Possible?", in Davidson 1980. *Actions and Events*, Oxford: Oxford University Press: 21-42.
———. 1963. "Actions, Reasons, and Causes", *Journal of Philosophy* 60: 685-700.
Deery, O. and Nahmias, E. 2017. "Defeating Manipulation Arguments: Interventionist Causation and Compatibilist Sourcehood", *Philosophical Studies* 174: 1255-76.
Della Rocca, M. 1998. "Frankfurt, Fischer, and Flickers", *Noûs* 32: 99-105.
Demetriou, K. 2010. "The Soft-Line Solution to Pereboom's Four-case Argument", *Australasian Journal of Philosophy* 88(4): 595-617.
Dennett, D. 2003. *Freedom Evolves*, London: Penguin Books. 〔山形浩生訳『自由は進化する』, NTT 出版, 2005〕
———. 1984. *Elbow Room: The Varieties of Free Will Worth Wanting*, Cambridge, MA: MIT Press. 〔戸田山和久訳『自由の余地』, 名古屋大学出版会, 2020〕
———. 1976. "Conditions of Personhood", in Rorty, A. ed., *The Identities of Persons*, University of California Press.
Descartes, R. 1649. *Les Passions de l'âme*. 〔野田又男訳『情念論』, 中公文庫, 1974〕
Double, R. 1996. *Metaphilosophy and Free Will*, New York: Oxford University Press.
Edwards, P. 1958. "Hard and Soft Determinism", in Sydney Hook, ed., *Determinism and Freedom in the Age of Modern Science*, London, Collier Books: 117-25.
Ekstrom, L. 2019. *God, Suffering, and the Value of Free Will*, Oxford: Oxford University Press.
———. 2000. *Free Will: A Philosophical Study*, Boulder, CO: Westview.
Fara, M. 2008. "Masked Abilities and Compatibilism", *Mind* 117 (468): 843-65.
Feinberg, J. 1986. "God Ordains All Things", in Basinger, D and Basinger, R. eds., *Predestination and Free Will: Four Views of Divine Sovereignty and Human Freedom*, Intervarsity Press: 17-60.
Feldman, F. 1996. "Responsibility as a Condition for Desert", *Mind* 105(417): 165-8.
Finch, A, and Warfield, T. 1998. "The Mind Argument and Libertarianism", *Mind* 107: 515-28.
Fischer, J. M. 2016. "How Do Manipulation Arguments Work?", *Journal of Ethics* 20: 47-67.
———. 2014. "Toward a Solution to the Luck Problem", in Palmer, D. ed., *Libertarian Free Will: Contemporary Debates*, Oxford: Oxford University Press: 52-69.
———. 2012. "Responsibility and Autonomy: The Problem of Mission Creep",

Philosophical Issues 22: 165-84.
———. 2011. "The Zygote Argument Remixed", *Analysis* 71: 267-72.
———. 2009. "Stories and the Meaning of Life," in Fischer, J. M. 2009. *Our Stories: Essays on Life, Death, and Free Will*, Oxford: Oxford University Press: 165-77.
———. 2006. *My Way*. New York: Oxford University Press.
———. 2004. "Responsibility and Manipulation", *Journal of Ethics* 8: 145-77.
———. 1999. "Responsibility and Self-Expression", *The Journal of Ethics* 3: 277-97.
———. 1994. *The Metaphysics of Free Will*, Oxford: Blackwell Publishers.
Fischer, J. M. Kane, R, Pereboom, D, and Vargas, M, 2007. *Four Views on Free Will*, Oxford: Blackwell Publishers.
Fischer, J. M, and Ravizza, M. 1998. *Responsibility and Control: An Essay on Moral Responsibility,* Cambridge: Cambridge University Press.
Fischer, J. M, and Tognazzini, N. 2011. "The Physiognomy of Responsibility", *Philosophy and Phenomenological Research* 82(2): 381-417.
Frankfurt, H. 2003, "Some Thought Concerning PAP", in Widerker, D, and McKenna, M, eds., 2003. *Moral Responsibility and Alternative Possibilities*, Aldershot: Ashgate Press: 339-45.
———. 2002. "Reply to John Martin Fischer", S. Buss and L. Overton eds., *Countours of Agency: Essays on Themes from Harry Frankfurt*, Cambridge, MA: MIT Press.
———. 1988. *The Importance of What We Care About*, Cambridge: Cambridge University Press.
———. 1987. "Identification and Wholeheartedness", in Ferdinand Schoeman, ed., *Responsibility, Character, and the Emotions: New Essays in Moral Psychology*, Cambridge: Cambridge University Press: 27-45.
———. 1971. "Freedom of the Will and the Concept of a Person", *Journal of Philosophy* 68: 5-20.〔近藤智彦訳「意志の自由と人格という概念」, 門脇俊介・野矢茂樹編『自由と行為の哲学』所収, 春秋社, 2010〕
———. 1969. "Alternate Possibilities and Moral Responsibility", *Journal of Philosophy* 66: 829-39.〔三ツ野陽介訳「選択可能性と道徳的責任」, 門脇俊介・野矢茂樹編『自由と行為の哲学』所収, 春秋社, 2010〕
Franklin, C. 2018. *Minimal Libertarianism*, Oxford: Oxford University Press.
———. 2011. "Farewell to the Luck (and Mind) Argument", *Philosophical Studies* 156(2): 199-230.
Ginet, C. 2002. "Review of Living without Free Will", *Journal of Ethics* 6: 305-9.

———. 1990. *On Action*, Cambridge: Cambridge University Press.

———. 1966. "Might We Have No Choice?", in Keith Lehrer, ed., *Freedom and Determinism*. New York: Random House: 87-104.

Goetz, S. 2008. *Freedom, Teleology and Evil*, London: Continuum.

Goodman, C. 2002. "Resentment and Reality: Buddhism on Moral Responsibility", *American Philosophical Quarterly* 39(4): 359-72.

Graham, P. 2010. "Against the Mind Argument", *Philosophical Studies* 148(2): 273-94.

———. 2008. "A Defense of Local Miracle Compatibilism", *Philosophical Studies* 140: 65-82.

Grice, P. 1989. *Studies in the Way of Words*, Cambridge, MA: Harvard University Press.

Griffith, M. 2010. "Why Agent-caused Acts are Not Lucky", *American Philosophical Quarterly* 47: 43-56.

Haji, I. 2009. *Incompatibilism's Allure: Principle Arguments for Incompatibilism*, Peterborough, Ontario: Broadview Press.

———. 2005. "Libertarianism, Luck, and Action Explanation", *Journal of Philosophical Research* 30: 321-40.

———. 2003. "Alternative Possibilities, Luck, and Moral Responsibility", *The Journal of Ethics* 7(3): 253-75.

———. 2001. "Control Conundrums: Modest Libertarianism, Responsibility, and Explanation", *Pacific Philosophical Quarterly* 82: 178-200.

———. 1999. "Indeterminism and Frankfurt-type Examples", *Philosophical Explorations* 2(1): 42-58.

Haji, I. and Cuypers, S. 2006. "Hard- and Soft-Line Responses to Pereboom's Four Case Manipulation Argument", *Acta Analytica* 21: 19-35.

Hampton, J. 1984. "The Moral Education Theory of Punishment", *Philosophy and Public Affairs* 13: 208-38.

Harman, G. 2007. "Desired Desires", in Frey, R and Morris, C eds., *Value, Welfare, and Morality*, Cambridge University Press: 138-57.

Hitchcock, C. 1999. "Contrastive Explanation and the Demon of Determinism", *British Journal of the Philosophy of Science* 50: 585-612.

Hobart, R. E. 1934. "Free Will as Involving Indeterminism and Inconceivable Without It", *Mind* 43: 1-27.

Hobbes, T. 1651. *Leviathan*. R.E. Flatman and D. Johnston, eds., 1997. New York: W.W. Norton & Co.〔水田洋訳『リヴァイアサン 1』, 岩波文庫, 1954〕

Hodgson, D. 2002. "Chess, Life and Superlife", in Kane, R. ed., 2009. *Free Will*, Blackwell Publishing: 249-56.

Honderich, T. 1993. *How Free Are You?,* Oxford: Oxford University Press.

Howard-Snyder, D, and Jordan, J, eds., 1996. *Faith, Freedom, and Rationality*, Lanham, MD: Rowman and Littlefield.

Hume, D. 1739. *A Treatise of Human Nature*.〔石川徹他訳『人間本性論 第 2 巻〈普及版〉情念について』, 法政大学出版局, 2019〕

Hunt, D. 2000. "Moral responsibility and Unavoidable Action", *Philosophical Studies* 97: 195-227.

Kane, R. ed., 2011. *The Oxford Handbook of Free Will*, 2nd ed, Oxford University Press.

———. ed., 2009. *Free Will*, Blackwell Publishing.

———. 2007. "Libertarianism", in Fischer, J. M, Kane, R, Pereboom, D, and Vargas, M, *Four Views on Free Will*, Oxford: Blackwell Publishers: 5-43.

———. 1999. "Responsibility, Luck, and Chance: Reflections on Free Will and Indeterminism", *Journal of Philosophy* 96: 217-40.

———. 1996. *The Significance of Free Will*, Oxford: Oxford University Press.

———. 1985. *Free Will and Values*, Albany, NY: State University of New York Press.

Kapitan, T. 2011. "A Compatibilist Reply to the Consequence Argument", in Kane, R. ed., 2011. *The Oxford Handbook of Free Will*, 2nd ed, Oxford University Press: 131-50.

Kearns, S. 2012. "Aborting the Zygote Argument", *Philosophical Studies* 160: 379-89.

Kearns, S, and Mele, A. 2014. "Have Compatibilists Solved the Luck Problem for Libertarians?", *Philosophical Inquiries* 2(2): 9-36.

King, M. 2013. "The Problem with Manipulation", *Ethics* 124: 65-83.

Lamb, J. 1977. "On a Proof of Incompatibilism", *Philosophical Review* 86: 20-35.

Levy, N. 2012. "Skepticism and Sanctions: The Benefit of Rejecting Moral Responsibility", *Law and Philosophy* 31(5): 477-93.

Levy, N. 2011. *Hard Luck*, Oxford: Oxford University Press.

Lewis, D. 1981. "Are We Free to Break the Laws?", *Theoria* 47: 113-21.

———. 1973. *Counterfactuals*, Cambridge: Harvard University Press.〔吉満昭宏訳『反事実的条件法』, 勁草書房, 2007〕

Libet, B. 2004. *Mind Time*, Cambridge, MA: Harvard University Press.

Locke, J. 1689. *An Essay Concerning Human Understanding*.〔大槻春彦訳『人間知性論』, 岩波書店, 1974〕

Manley, D. and Wasserman, R. 2008. "On Linking Dispositions and Conditionals", *Mind* 117: 59-84.

Markosian, N. 1999. "A Compatibilist View of the Theory of Agent Causation", *Pacific Philosophical Quarterly* 80: 257-77.
Matheson, B. 2018. "The Threat from Manipulation Arguments". *American Philosophical Quarterly* 55:37-50.
———. 2016. "In Defence of the Four-Case Argument", *Philosophical Studies* 173: 1963-82.
McCann, H. 2012. "Making Decisions", *Philosophical Issues* 22: 246-63.
———. 1998. *The Works of Agency*, Ithaca, NY: Cornell University Press.
McKay, T, and Johnson, D. 1996. "A Reconsideration of an Argument against Incompatibilism", *Philosophical Topics* 24: 113-22.
McKenna, M. 2012. *Conversation and Responsibility*, New York: Oxford University Press.
———. 2008a. "A Hard-line Reply to Pereboom's Four-Case Manipulation Argument", *Philosophy and Phenomenological research* 77: 142-78.
———. 2008b. "Ultimacy and Sweet Jane", in Trakakis, N, and Cohen, D. eds., *Essays on Free Will and Moral Responsibility*, Newcastle upon Tyne: Cambridge Scholars Publishing.
———. 2005. "Where Frankfurt and Strawson Meet", *Midwest Studies in Philosophy* 29: 163-80.
———. 1997. "Alternative Possibilities and the Failure of the Counterexample Strategy", *Journal of Social Philosophy* 28: 71-85.
McKenna, M, and Coates, J. 2019. "Compatibilism", in *Stanford Encyclopedia of Philosophy*, E. N. Zalta (ed.), (URL= https://plato.stanford.edu/entries/compatibilism, 2022 年 7 月 28 日最終閲覧)
Mele, A. 2006. *Free Will and Luck*, NY: Oxford University Press.
———. 1992. "Akrasia, Self-Control, and Second-Order Desires", *Noûs* 26(3): 281-302.
Mele, A, and Robb, D. 1998. "Rescuing Frankfurt-Cases", *Philosophical Review* 107: 97-112.
Mickelson, K. 2015. "The Zygote Argument Is Invalid: Now What?", *Philosophical Studies* 172: 2911-29.
Moore, G. E. 1912. *Ethics*, Oxford: Oxford University Press.〔泉谷周三郎他訳『倫理学原理』, 三和書籍, 2010〕
Morris, H. 1981. "A Paternalistic Theory of Punishment", *American Philosophical Quarterly* 18: 263-71.
Mumford, S. 1998. *Dispositions*, Oxford: Oxford University Press.

Naar, H. 2016. "Real-World Love Drugs: Reply to Nyholm", *Journal of Applied Philosophy* 33(2): 197-201.

Nadelhoffer, T. 2011. "The Threat of Shrinking Agency and Free Will Disillusionism", in Nadel, L, and Sinnott-Armstrong, W, eds., *Conscious Will and Responsibility*, Oxford: Oxford University Press: 173-88.

Nagel, T. 1986. *The View from Nowhere*, New York: Oxford University Press.〔中村昇他訳『どこでもないところからの眺め』, 春秋社, 2009〕

————. 1979. *Mortal Questions*, New York: Cambridge University Press.

Naylor, M. 1984. "Frankfurt on the principle of Alternate Possibilities", *Philosophical Studies* 46:249-58.

Nelkin, D. 2019. "Duties, Desert, and the Justification of Punishment", *Criminal Law and Philosophy* 13(3): 425-38.

————. 2011. *Making Sense of Freedom and Responsibility*, Oxford: Oxford University Press.

————. 2001. "The Consequence Argument and the Mind Rgument", *Analysis* 61(2): 107-15.

Nowell-Smith, P. 1948. "Free Will and Moral Responsibility", *Mind* 57: 45-61.

Nyholm, S. 2015. "Love Troubles: Human Attachment and Biomedical Enhancements", *Journal of Applied Philosophy* 32(2): 190-202.

O'Connor, T. 2000. *Persons and Causes*, New York: Oxford University Press.

Pendergraft, G. 2011. "The Explanatory Power of Local Miracle Compatibilism", *Philosophical Studies* 156: 249-66.

Pereboom, D. 2019a. "Free Will Skepticism and Prevention of Crime", in Shaw, E, Pereboom, D, and Caruso, G. eds., 2019. *Free Will Skepticism in Law and Society: Challenging Retributive Justice*, Cambridge: Cambridge University Press: 99-115.

————. 2019b. "Incapacitation, Reintegration, and Limited General Deterrence", *Neuroethics* 13: 87-97.

————. 2017. "A Defense of Free Will Skepticism: Replies to Commentaries by Victor Tadros, Saul Smilansky, Michael McKenna, and Alfred R. Mele on *Free Will, Agency, and Meaning in Life*", *Criminal Law and Philosophy* 11(3): 617-36.

————. 2014. *Free Will, Agency, and Meaning in Life*, New York: Oxford University Press.

————. 2012. "Frankfurt Examples, Derivative Responsibility, and the Timing Objection", *Philosophical Issues* 22: 298-315.

————. 2011. "Why We Have No Free Will and Can Live without It", in Feinberg, J, and Shafer-Landau, R. eds., *Reason and Responsibility: Readings in*

Some Basic Problems of Philosophy (14th ed), Wadsworth: 456-70.
———. 2003. "Source Incompatibilism and Alternative Possibilities", in Widerker, D, and McKenna, M, eds., *Moral Responsibility and Alternative Possibilities*, Aldershot: Ashgate Press: 185-200.
———. 2001. *Living Without Free Will*, Cambridge: Cambridge University Press.
———. 2000. "Alternative Possibilities and Causal Histories", *Philosophical Perspectives* 14: 119-38.
Pereboom, D and McKenna, M. 2016. *Free Will: A Contemporary Introduction*, NY: Routledge.
Pink, T. 2004. *Free Will: A Very Short Introduction*, Oxford: Oxford University Press. 〔戸田剛文他訳『哲学がわかる 自由意志』, 岩波書店, 2017〕
Pisciotta, T. 2008. "Meaningfulness, Hard Determinism, and Objectivity", in Trakakis, N, and Cohen, D. eds., *Essays on Free Will and Moral Responsibility*, Newcastle upon Tyne: Cambridge Scholars Publishing: 71-89.
Pruss, A. 2013. "Incompatibilism Proved", *Canadian Journal of Philosophy*, 43(4): 430-7.
Reid, T. 1788. "Essays on the Active Powers of Man", in Hamilton, S. W, ed., *The Works of Thomas Reid*, Hildesheim: G. Olms Verslagsbuchhandlung, 1983.
Rosen, G. 2004. "Skepticism about Moral Responsibility", *Philosophical Perspectives* 18: 295-313.
Russell, P. 2017. "Review of McKenna, Conversation and Responsibility", *Philosophical Review* 126(2): 285-95.
———. 1995. *Freedom and Moral Sentiment*, New York: Oxford University Press.
———. 1992. "Strawson's Way of Naturalizing Responsibility", *Ethics* 102: 287-302.
Sartorio, C. 2016. *Causation and Free Will*, Oxford: Oxford University Press.
Scanlon, T. 1998. *What We Owe to Each Other,* Cambridge, MA: Harvard University Press.
Schlosser, M. 2015. "Manipulation and the Zygote Argument: Another Reply", *Journal of Ethics* 19: 73-84.
———. 2014. "The Luck Argument against Event-causal Libertarianism: It Is Here to Stay", *Philosophical Studies* 167(2): 375-85.
Schoeman, F. 1979. "On Incapacitating the Dangerous", *American Philosophical Quarterly* 16: 27-35.
Shabo, S. 2013. "Free Will and Mystery: Looking Past the 'Mind' Argument", *Philosophical Studies* 162(2): 291-307.

Shaw, E, Pereboom, D, and Caruso, G. eds., 2019. *Free Will Skepticism in Law and Society: Challenging Retributive Justice,* Cambridge: Cambridge University Press.
Shoemaker, D. 2015. *Responsibility from the Margins,* Oxford: Oxford University Press.
Smart, J.J.C. 1961. "Free Will, Praise, and Blame", *Mind* 70: 291-306.
Smilansky, S. 2019. "Free Will Denial and Deontological Constraints", in Shaw, E, Pereboom, D, and Caruso, G. eds., 2019. *Free Will Skepticism in Law and Society: Challenging Retributive Justice*, Cambridge: Cambridge University Press: 29-42.
————. 2017. "Pereboom on Punishment: Funishment, Innocence, Motivation, and Other Difficulties", *Criminal Law and Philosophy* 11: 591-603.
————. 2011. "Hard Determinism and Punishment: A Practical Reductio", *Law and Philosophy* 30: 353-67.
————. 2000. *Free Will and Illusion*, New York: Oxford University Press.
Smith, A. 2005. "Responsibility for Attitudes: Activity and Passivity in Mental Life", *Ethics* 115(2): 236-71.
Smith, M. 2003. "Rational Capacities, or: How to Distinguish Recklessness, Weakness, and Compulsion", in Sarah, S, and Tappolet, C, eds., *Weakness of Will and Practical Irrationality*, New York: Oxford University Press: 17-38.
Sommers, T. 2007. "The Objective Attitude", *Philosophical Quarterly* 57: 321-41.
Speak, D. 2015. *The Problem of Evil*. Malden, MA: Polity Press.
Sripada, C. 2017. "Frankfurt's Unwilling and Willing Addicts", *Mind* 126(503): 781-815.
————. 2015. "Self-Expression: A Deep Self Theory of Moral Responsibility", *Philosophical Studies* 173: 1203-32.
Stalnaker, R. 1968, "A Theory of Conditionals", in Rescher, N. ed., *Studies in Logical Theory,* Oxford: Basil Blackwell, 98-112.
Steward, H. 2012. *A Metaphysics for Freedom*, Oxford: Oxford University Press.
Strawson, G. 1994. "The Impossibility of Moral Responsibility", *Philosophical Studies* 75: 5-24.
————. 1986. *Freedom and Belief,* Oxford: Clarendon Press.
Strawson, P. F. 1985. *Skepticism and Naturalism: Some Varieties*, New York: Columbia University Press.
————. 1962. "Freedom and resentment", *Proceedings of the British Academy*, reprinted in Watson, G. ed., 1982. *Free Will*, Oxford: Oxford University Press: 59-80.〔法野谷俊哉訳「自由と怒り」, 門脇俊介・野矢茂樹編『自由と行為の哲学』所収, 春秋社, 2010〕
Stump, E. 1996. "Libertarian Freedom and the Principle of Alternative Possibilities",

in Howard-Snyder, D, and Jordan, J, eds., 1996. *Faith, Freedom, and Rationality*, Lanham, MD: Rowman and Littlefield.
Swinburne, R. 1998. *Providence and the Problem of Evil*, Oxford, UK: Oxford University Press.
Takasaki, S. 2021. "An Argument against the Methodology of the Manipulation Argument", *Review of Analytic Philosophy* 1(1): 51-61.
Taylor, R. 1966. *Action and Purpose*, Engelwood Cliffs, NJ: Prentice-Hall.
———. 1962. "Fatalism", *Philosophical Review* 71: 56-66.
Thalberg, I. "Hierarchical Analyses of Unfree Action", *Canadian Journal of Philosophy* 8(2): 211-26.
Timpe, K. 2017. "Leeway vs. Sourcehood Conceptions of Free Will," in Timpe, Griffith and Levy eds., 2017. *Routledge Companion to Free Will*: 213-24.
Timpe, K, Griffith, M and Levy, N eds., 2017. *Routledge Companion to Free Will*, Routledge.
Todd, P. 2017. "Manipulation Arguments and the Freedom to do Otherwise", *Philosophy and Phenomenological Research* 95: 395-407.
———. 2013. "Defending (a Modified Version of the) Zygote Argument", *Philosophical Studies* 164: 189-203.
Tognazzini, N. 2011. "Understanding Source Incompatibilism", *The Modern Schoolman* 88(1-2): 73-88.
van Inwagen, P. 2011. "A Promising Argument", in Kane, R. ed., 2011. *The Oxford Handbook of Free Will*, 2nd ed, Oxford University Press: 475-83.
———. 2000. "Free Will Remains a Mystery", *Philosophical Perspectives* 14: 1-19.
———. 1989. "When Is the Will Free?", *Philosophical Perspectives* 3: 399-422.
———. 1983. *An Essay on Free Will*, Oxford: Clarendon Press.
———. 1978. "Ability and Responsibility" , *Philosophical Review* 87(2): 201-24.
———. 1975. "The Incompatibility of Free Will and Determinism", *Philosophical Studies* 27: 185-99.〔小池翔一訳「自由意志と決定論の両立不可能性」, 門脇俊介・野矢茂樹編『自由と行為の哲学』所収, 春秋社, 2010〕
Vargas, M. 2013. *Building Better Beings*, Oxford: Oxford University Press.
———. 2012. "Why the Luck Problem Isn't", *Philosophical Issues* 22: 491-536.
Vihvelin, K. 2017. "Disositional Compatibilism", in Timpe, K, Griffith, M and Levy, N eds., *Routledge Companion to Free Will*, Routledge.
———. 2013. *Causes, Laws, and Free Will*, Oxford: Oxford University Press.
———. 2011. "How to Think about the Free Will/Determinism Problem", in Campbell, J. K, and O'Rourke, M, eds., *Carving Nature at Its Joints*, Cambridge,

MA: MIT Press.
———. 2004. "Free Will Demystified: A Dispositional Account", *Philosophical Topics* 32: 427-50.
Vohs, K. D, and Schooler, J. 2008. "The Value of Believing in Free Will: Encouraging a Belief in Determinism Increases Cheating", *Psychological Science* 19: 49-54.
Wallace, R. 1994. *Responsibility and the Moral Sentiments*, Cambridge, MA: Harvard University Press.
Waller, B. 2019. "Beyond the Retributive System", in Shaw, E, Pereboom, D, and Caruso, G. eds., 2019. *Free Will Skepticism in Law and Society: Challenging Retributive Justice*, Cambridge: Cambridge University Press: 73-95.
———. 2015. *Restorative Free Will: Back to the Biological Base*. Lanham, MA: Lexington Books.
———. 2014. *The Stubborn System of Moral Responsibility*, MIT Press.
———. 2011. *Against Moral Responsibility*, Cambridge, MA: MIT Press.
Watson, G. 2003. *Free Will* (2nd edition), Oxford: Oxford University Press.
———. 1996. "Two Faces of Moral Responsibility", *Philosophical Topics* 24(2): 227-48.
———. 1987. "Responsibility and the Limits of Evil: Variations on a Strawsonian Theme", in Ferdinand Schoeman, ed., *Responsibility, Character, and the Emotions: New Essays in Moral Psychology*, Cambridge: Cambridge University Press: 256-86.
———. 1977. "Skepticism about Weakness of Will", *Philosophical Review* 86: 316-39.
———. 1975. "Free Agency", *Journal of Philosophy* 72: 205-20.
Widerker, D. 2003. "Blameworthiness, and Frankfurt's Argument against the Principle of Alternative Possibilities", in Widerker, D, and McKenna, M, eds., 2003. *Moral Responsibility and Alternative Possibilities*, Aldershot: Ashgate Press: 53-73.
———. 1995. "Libertarianism and Frankfurt's Attack on the Principle of Alternative Possibilities", *Philosophical Review* 104: 247-61.
Widerker, D, and McKenna, M, eds., 2003. *Moral Responsibility and Alternative Possibilities*, Aldershot: Ashgate Press.
Widerker, D, and Schnall, I. 2015. "On the Luck Objection to Libertarianism", in Moya, C, Buckareff, A, and Rosell, S. eds., *Agency and Responsibility*, Palgrave Macmillian: 94-115.
Wiggins, D. 1973. "Towards a Reasonable Libertarianism", in Watson, G. ed., 2003.

Free Will, Oxford: Oxford University Press: 94-121.
Williams, B. 1981. *Moral Luck*, Cambridge: Cambridge University Press.
Wolf, S. 1990. *Freedom within Reason*, Oxford: Oxford University Press.
———. 1981. "The Importance of Free Will", *Mind* 90: 386-405.
Wyma, K. 1997. "Moral Responsibility and Leeway for Action", *American Philosophical Quarterly* 34: 57-70.
Yaffe, G. 1999. "'Ought' Implies 'Can' and the Principle of Alternate Possibilities", *Analysis* 59(3), 218-22.
Zimmerman, M. 2003. "The Moral Significance of Alternate Possibilities", in Widerker, D, and McKenna, M, eds., 2003. *Moral Responsibility and Alternative Possibilities*, Aldershot: Ashgate Press: 301-25.
———. 1981. "Hierarchical Motivation and Freedom of the Will", *Pacific Philosophical Querterly* 62: 354-68.
Zwaan, R. 2013. "The Value of Believing in Free Will: A Replication Attempt", retrieved from: https://rolfzwaan.blogspot.com/2013/03/the-value-of-believing-in-free-will.html (March 18, 2013).

青山拓央・柏端達也監修. 2020.『自由意志 スキナー／デネット／リベット』, 岩波書店.
浅野光紀. 2012.『非合理性の哲学——アクラシアと自己欺瞞』, 新曜社.
飯田隆. 1987.『言語哲学大全Ⅰ 論理と言語』, 勁草書房.
柏端達也. 2007.『自己欺瞞と自己犠牲——非合理性の哲学入門』, 勁草書房.
木島泰三. 2020.『自由意志の向こう側——決定論をめぐる哲学史』, 講談社選書メチエ.
高崎将平. 2021.「自由の価値の多面性——新しい自由論アプローチの素描」『現代思想 2021 年 8 月号 特集＝自由意志』所収, 青土社.
戸田山和久・唐沢かおり編. 2019.『〈概念工学〉宣言！——哲学×心理学による知のエンジニアリング』, 名古屋大学出版会.
成田和信. 2021.『幸福をめぐる哲学——「大切に思う」ことへと向かって』, 勁草書房.
———. 2004.『責任と自由』, 勁草書房.
野上志学. 2019.『デイヴィッド・ルイスの哲学——なぜ世界は複数存在するのか』, 青土社.
プラトン. 1988.『プロタゴラス——ソフィストたち』藤沢令夫訳, 岩波文庫.
古田徹也. 2019.『不道徳的倫理学講義——人生にとって運とは何か』, 筑摩書房.
ホルヘ・ルイス・ボルヘス. 1993.『伝奇集』鼓直訳, 岩波文庫.

山口尚. 2019.『幸福と人生の意味の哲学――なぜ私たちは生きていかねばならないのか』, トランスビュー.
リサ・ボルトロッティ. 2019.『現代哲学のキーコンセプト 非合理性』鴻浩介訳, 岩波書店.

高崎将平（たかさき・しょうへい）

1990年生まれ。東京大学大学院人文社会系研究科博士課程満期取得退学。現在、早稲田大学講師、國學院大學講師ほか。哲学雑誌『フィルカル』にて、3回にわたり自由論入門記事を連載。論文に“Frankfurt-Style Cases and Unavoidable Blameworthiness”（『論集』37号）、「自由の価値の多面性」（『現代思想』49巻9号）など。訳書にジョセフ・K・キャンベル『現代哲学のキーコンセプト 自由意志』（岩波書店）がある。

そうしないことはありえたか？
——自由論入門

2022年9月28日　第1刷発行
2024年2月10日　第3刷発行

著　者　　高崎将平
発行者　　清水一人
発行所　　青土社
101-0051　東京都千代田区神田神保町1-29　市瀬ビル
電話　03-3291-9831（編集部）　03-3294-7829（営業部）
振替　00190-7-192955

装　幀　　北岡誠吾
印刷・製本　シナノ印刷
組　版　　フレックスアート

ISBN978-4-7917-7492-0 C0010 Printed in Japan